# Guia dos Perplexos

Rodrigo Maimone Pasin
(Maimônides II)

# Guia dos Perplexos
## Os Princípios Sagrados

São Paulo, 2024

*Guia dos Perplexos – os princípios sagrados*
Copyright @ 2024 by Rodrigo Maimone Pasin
Copyright @ 2024 by Novo Século Editora

---

EDITOR: Luiz Vasconcelos
GERENTE EDITORIAL: Letícia Teófilo
PREPARAÇÃO DE TEXTOS: Débora Capella e Luisa Fernandes
REVISÃO DE TEXTOS: Débora Wink
DIAGRAMAÇÃO: 3Pontos Apoio Editorial Ltda.
CAPA: Ian Laurindo

---

Texto de acordo com as normas do Novo Acordo Ortográfico da Língua Portuguesa (1990), em vigor desde 1º de janeiro de 2009.

---

**Dados Internacionais de Catalogação na Publicação (CIP)**
Angélica Ilacqua CRB-8/7057

Pasin, Rodrigo Maimone
 Guia dos perplexos: os princípios sagrados/ Rodrigo Maimone Pasin. – Barueri, SP: Novo Século Editora, 2023.
 224 p.

Bibliografia
ISBN 978-65-5561-339-1

1. Filosofia  2. Religião  3. Política e religião  4. Maimônides, Moses, 1135-1204. Guia dos Perplexos  I. Título

23-5657                                                                                                            CDD 100

**Índice para catálogo sistemático:**

1. Filosofia

---

GRUPO NOVO SÉCULO
Alameda Araguaia, 2190 – Bloco A – 11º andar – Conjunto 1111
CEP 06455-000 – Alphaville Industrial, Barueri – SP – Brasil
Tel.: (11) 3699-7107 | E-mail: atendimento@gruponovoseculo.com.br
www.gruponovoseculo.com.br

# Sumário

Objetivos do *Guia dos Perplexos* ..................................................................... 11

Prefácio ............................................................................................................. 13

Introdução ........................................................................................................ 15
   A vida de Maimônides ................................................................................ 17
   As verdades divinas .................................................................................... 18

1. O Guia dos Perplexos ................................................................................. 23
   1.1 *Guia dos Perplexos* e a iluminação de Maimônides ........................... 23
   1.2 A caridade como meio de redenção .................................................... 25
   1.3 A incorporeidade de Deus e a imagem divina do ser humano
       refletida na inteligência ....................................................................... 26
   1.4 Os mandamentos e a grande busca do *Guia dos Perplexos* ............... 27
       1.4.1 Os males do mundo e a ignorância ............................................ 28
   1.5 Todo extremismo é infundado e ineficiente ....................................... 29
   1.6 Se não puder amar, pelo menos não odeie e não ataque .................... 30
   1.7 Da imagem e da aparência ................................................................... 31
   1.8 Racionalidade e semelhança ................................................................ 33
   1.9 A crença dos tolos ................................................................................ 35
       1.9.1 Deus não pode ser definido ......................................................... 35
   1.10 Sobre a perfeição de Deus e os atributos divinos ............................. 36
   1.11 Os nomes de Deus .............................................................................. 37
       1.11.1 A Providência Divina ................................................................. 39
       1.11.2 A definição de idolatria e o livre-arbítrio ................................ 39
   1.12 A terapia moral e os conflitos religiosos da época de
       Maimônides ........................................................................................ 40
   1.13 Era uma vez e tudo de novo: o eterno retorno ................................. 41

1.14 Dos Dez Mandamentos de Moisés aos 613 preceitos da Torá (e como o amor e o temor a Deus são conciliáveis, na visão de Maimônides) ........................................................................... 43
    1.14.1 Principais preceitos positivos – Mitzvot Aseh ................. 44
    1.14.2 Principais preceitos negativos – Mitzvot Taaseh ............. 44
    1.14.3 Os oito níveis da Tzedaká (caridade ou justiça social).... 45
    1.14.4 As etapas da T'shuva ............................................................ 46
1.15 A busca da iluminação ..................................................................... 46
1.16 Os 13 princípios do judaísmo de Maimônides ............................. 49
1.17 A *Oração do Médico* – composta por Maimônides ..................... 52

2. **A perfeição humana e o amor incondicional ao divino** ........................ 53
    2.1  O domínio das paixões e o aperfeiçoamento das virtues ......... 53
    2.2  O conhecimento de Deus ................................................................. 54
    2.3  As quatro perfeições de Maimônides ............................................ 55
    2.4  O extravasamento de Deus de acordo com Maimônides ............ 56

3. **Os 20 princípios de Maimônides II para a humanidade** ....................... 59
    1.  Deus é Triuno e se transformou em tudo o que existe ............... 59
    2.  Deus é a consciência coletiva dos seres ........................................ 59
    3.  Tempo e espaço não existem para Deus, dado que Ele é eterno ................................................................................................. 60
    4.  Somos divinos .................................................................................... 60
    5.  O ser humano deve evoluir e se tornar uma entidade espiritual iluminada ........................................................................... 60
    6.  O ser humano pode criar seu futuro e realizar milagres ............ 61
    7.  As profecias são mutáveis ................................................................ 61
    8.  A vida é sagrada ................................................................................ 61
    9.  Capte as mensagens divinas ........................................................... 62
    10.  O divino ama e entende .................................................................. 63
    11.  O ser humano é capaz de julgar a si mesmo ............................... 63
    12.  Jesus é o Messias! ............................................................................. 63
    13.  Aceite o mistério da ressurreição (e também o da reencarnação) ................................................................................... 64
    14.  Faça o bem sem saber para quem ................................................. 64
    15.  Mesmo tendo sido agredido, perdoe ............................................ 65
    16.  Não ofenda moralmente e não pense nada de mal sobre as pessoas ........................................................................................... 65
    17.  Amai-vos uns aos outros e sigais os preceitos de Jesus Cristo, a alma mais pura e iluminada que habitou o planeta Terra ....... 65

18. Quando não puder amar, pelo menos não odeie e não ataque . 65
19. Louve a família sagrada ................................................................. 65
20. Honre os santos ............................................................................. 66

4. A Maçonaria e seus graus de aperfeiçoamento ............................................. 67
   4.1 Introdução .................................................................................. 67
   4.2 Os graus no Rito Escocês Antigo e Aceito .................................... 69

5. O Código de Hamurabi, os deuses babilônios e a saga de
   Gilgamesh ............................................................................................... 77
   5.1 A criação do mundo para os assírios e babilônios ....................... 77
   5.2 Inanna, Ishtar, Isis, Asterote, Astarte e Afrodite são a mesma
       divindade? ................................................................................... 78
       5.2.1 O ciclo de Inanna/Ishtar ....................................................... 79
       5.2.2 A religião da Babilônia, mitologia e o Código de
             Hamurabi .............................................................................. 83
   5.3 Enuma Elish – O mito babilônico da criação ............................... 84
   5.4 Mitologia assírio-babilônica ......................................................... 87
   5.5 A Criação e o dilúvio .................................................................... 88
   5.6 A guerra entre Tiamat e Marduk .................................................. 88
       5.6.1 Como antigas divindades cananeias se transformaram
             em demônio na tradição cristã ............................................. 94
   5.7 El, Baal, Bael, Moloch, Moloque: os deuses da Cananeia que
       viraram diabos e outras divindades ............................................. 95
   5.8 Mito sumério da criação: "Enki e Ninhursag" ou "o mito
       de Dilmun" ................................................................................... 98
       5.8.1 Reportagem do Metropolitan Museum de
             Nova York (MET) .................................................................. 99
   5.9 Lista dos reis sumérios e acadianos ............................................ 100
   5.10 Shibum e Iku-Shamagan – o primeiro prefeito e o
        primeiro rei da Suméria ............................................................. 101
   5.11 Os Anunnakis ............................................................................. 102
   5.12 *Gilgamesh* – o primeiro herói e sua saga pela imortalidade ..... 104
        5.12.1 Que seja eterno enquanto dure ........................................ 109
   5.13 O que os deuses podem ensinar aos políticos e religiosos ....... 110
        5.13.1 Seção bíblica: Isaías 44 ..................................................... 112

6. As divindades do Egito e os 42 Mandamentos da deusa
   da justiça ............................................................................................... 115
   6.1 Rá – o Criador do Céu e da Terra .............................................. 115

|       | 6.1.1 Hino a Amon-Rá .................................................................. 118 |
|-------|---|

- 6.2 Osíris – o deus dos mortos ................................................... 118
- 6.3 Anúbis – o deus do embalsamamento e do julgamento dos mortos ................................................................................ 120
  - 6.3.1 Anúbis acompanhava a alma dos defuntos ................... 121
  - 6.3.2 Oração para evitar Ammit ................................................ 123
  - 6.3.3 Políticos corruptos agem como se fossem monarcas divinos ................................................................................ 123
- 6.4 Apep – a serpente inimiga de Rá ......................................... 124
- 6.5 Sekhmet – a leoa da magia e protetora do Faraó .............. 125
- 6.6 Sobek – o devorador ............................................................. 125
- 6.7 Thot – o deus do conhecimento e Maat – a deusa da verdade 125
  - 6.7.1 As almas na balança dos deuses ...................................... 126
  - 6.7.2 As 42 confissões negativas de Maat e os juramentos dos réus ............................................................................... 127
- 6.8 A situação do Egito há 4 mil anos ....................................... 129
- 6.9 Aton – o primeiro deus monoteísta do Egito .................... 129
  - 6.9.1 Seção na imprensa: O hino do deus único .................... 131

## 7. Os caminhos do Oriente .................................................................. 133

- 7.1 O mestre dos mestres do Oriente: Buda ............................ 133
  - 7.1.1 Pensamentos e frases de Buda ......................................... 136
  - 7.1.2 A Roda da Vida: o ensinamento budista tibetano sobre uma psicologia espiritualizada ............................. 137
  - 7.1.3 Quantos radicais budistas existem? Nenhum ............... 140
  - 7.1.4 Seção na imprensa: a paz reside em não julgar ............ 140
  - 7.1.5 Tao – a sabedoria do silêncio interno ............................ 141
  - 7.1.6 O santo Miroku (Maitreya Buda) ................................... 143
- 7.2 As Taras ................................................................................... 145
  - 7.2.1 A transmissão das 21 Taras .............................................. 146
  - 7.2.2 O poder dos mantras das Taras ....................................... 146
  - 7.2.3 Prática de Tara Verde ........................................................ 149
  - 7.2.4 Resumindo os mantras tibetanos das 21 Taras ............. 151
- 7.3 Gandhi – um líder político e religioso e o socorro ao espírito de Hitler ..................................................................... 153
  - 7.3.1 Quando os religiosos da Índia são melhores que os do Brasil ............................................................................. 153
  - 7.3.2 Onde estaria o espírito de Hitler? ................................... 154
  - 7.3.3 Seção bíblica: Apocalipse 20 ............................................ 155

7.4 Osho – a beleza do agora e a libertação do passado ............... 155
    7.4.1 Osho – guerra e paz ............... 156
7.5 O desenvolvimento espiritual não é um fenômeno parapsíquico ............... 157
7.6 Reiki e budismo ............... 157

8. Gaia e Maria: as mães da humanidade ............... 159
    8.1 Pai Nosso! Mãe Nossa! Terra Gaia! ............... 161
        8.1.1 Oração para Mãe Gaia ............... 162

9. Anjos, santos e profetas do Reino de Deus ............... 163
    9.1 São Francisco de Assis estigmatizado – a maior prova da divindade de Jesus ............... 165
        9.1.1 Os milagres de São Francisco ............... 166
        9.1.2 E assim disse São Francisco ............... 169
    9.2 Carlo Acutis – a Eucaristia foi seu caminho ao céu ............... 171
    9.3 Michel – o primeiro arcanjo ............... 171
        9.3.1 Oração para São Miguel arcanjo contra Satanás ............... 172
        9.3.2 Oração: São Jorge, rogai por nós ............... 172
    9.4 A segunda vinda de Elias: João Batista ............... 173
        9.4.1 Os santos dizem amém! ............... 175
    9.5 O herói é aquele que muda a si mesmo ............... 175

10. Apócrifo da assunção da Virgem Maria – Livro de São João evangelista ............... 177

11. Enoque no Paraíso e com o Messias ............... 191

12. Jesus é o Messias e está no topo da Árvore da Vida ............... 193
    12.1 E se Jesus nascesse em seu país? ............... 193
    12.2 A crucificação foi o renascimento de Jesus na vida espiritual . 195
    12.3 *A salvação é dos judeus* – por Roy Schoeman ............... 197
        12.3.1 Orações para a conversão dos judeus – por Roy Schoeman ............... 199
        12.3.2 As visões do lado de lá – por Roy Schoeman ............... 200
    12.4 Jesus Cristo é o Messias e está retornando em breve! – Rabino Kaduri ............... 202
    12.5 E o Verbo se fez carne ............... 203
    12.6 Quem vê o Filho, vê o Pai ............... 204

12.7 Sobre a perplexidade, a perfeição e a paz ................................. 205
12.8 Que mundo ofereceremos para os filhos de Deus? ............... 206
12.9 Deus se transformou em seus seres .......................................... 208
12.10 Oração: Cristo vive em mim ..................................................... 210
12.11 O pai-nosso que Jesus ensinou à Santa Matilde pelas almas do purgatório ................................................................... 212

**Bibliografia** ............................................................................................... 215

# Objetivos do *Guia dos Perplexos*

"*Em nome do Eterno, Deus do Universo, meu pensamento te guiará pelo caminho reto, e trilharás a sua vereda; ai daqueles que se extraviam no campo da Torá! Vem, segue na direção do seu caminho, o impuro e o ignorante por ele não passarão, e para o caminho sagrado ele será chamado*" (MAIMÔNIDES, 2008, p. 26-27).

"*Abri os portões, para que entre a nação justa, que é leal à verdade*" (Isaías 26: 2).

"*A arte da vida está no equilíbrio, no meio-termo: os extremos são sempre expressão de menor eficiência.*" (MAIMÔNIDES apud PIZZINGA, [s.d.], n.p.).

"*Se você tiver renda sem trabalhar duro, isso significa que alguém trabalhou duro sem obter renda*" (MAIMÔNIDES apud PIZZINGA, [s.d.], n.p.).

"*Os grandes males que os homens se infligem uns aos outros – motivados por tendências, paixões, opiniões e crenças – decorrem todos de uma privação, pois todos têm origem na ignorância, isto é, na falta de conhecimento. Se tivessem conhecimento, estariam impedidos de fazer qualquer mal a si próprios e aos outros*" (MAIMÔNIDES, 2008, p. 373).

"*Faz-me saber o caminho que devo seguir, porque a Ti levanto a minha alma*" (Salmos 143: 8).

*"A vós, ó homens, clamo; e a minha voz se dirige aos filhos dos homens"* (Provérbios 8: 4).

*"Inclina o teu ouvido e ouve as palavras dos sábios, e aplica o teu coração à minha ciência"* (Provérbios 22: 17).

*"Faz-me conhecer, ó Eterno, Teus caminhos, e ensina-me a trilhar Tua vereda"* (Salmos 25: 14).

*"É chegado o tempo da intervenção do Eterno, pois eles infringiram Tua Lei"* (Salmos 119: 126).

*"E que sejam todos os teus atos em nome do Eterno"* (Pirkê Avot 2: 17).

Espero que esta obra sirva para ampliar o número de bons e justos, e que nossas orações encontrem abrigo no coração do Senhor.

*Deus, tenha piedade de nós. Kyrie eleison! Kyrie eleison! Kyrie eleison!*

*Panagia Theotokos, Santíssima Mãe de Deus, salve-nos, por favor!*

*Jesus Cristo, Messias ressuscitado, tem piedade de nós! Christe eleison! Christe eleison! Christe eleison!*

# Prefácio

Um dos objetivos desta obra é mostrar como os religiosos e os políticos podem se respeitar e, com isso, reduzir alguns conflitos desnecessários, tendo como alicerce filosófico o tratado de ética e de amor ao divino escrito em 1190 pelo grande mestre Maimônides: o *Guia dos Perplexos*.

Deus quer que seus filhos deixem de lado a corrupção e parem de idolatrar falsas divindades. O ser humano precisa abdicar de sua raiva, de julgar, de odiar e de atacar.

Deus não quer que busquemos o progresso monetário acima da ética e de maneira isolada do bem-estar comum.

Eis o caminho da salvação: fazer o que é bom aos olhos do SENHOR, com fé, amor, humildade e caridade, e parar de julgar negativamente os demais (mesmo que de maneira inconsciente ou automática).

A imundície está no olhar de quem a vê. Tudo é sagrado. O imundo é quem vê a imundície nos outros a fim de esconder a própria, ou como forma de justificar sua superioridade e agir de maneira corrupta.

Esta obra não pretende dar continuidade ao grande tratado de ética de Maimônides, mas sim utilizar tal tratado como alicerce ético e religioso para discorrer sobre as mitologias antigas; bem como mostrar como as religiões e filosofias têm grande valor na luta contra a corrupção e na elevação espiritual dos seres humanos, não rejeitando a essência do judaísmo, tampouco o pensamento e a obra de Maimônides.

Eis um guia que mostra os vários caminhos que os humanos podem seguir em busca da salvação e da iluminação, que atualiza os princípios de Maimônides para o século 21 sob a ótica de um cristão que respeita todas as crenças, inclusive lançando luzes sobre as mitologias seculares para que se possa identificá-las e evitar os caminhos da perdição.

*Maimônides II*

# Introdução

Inicio esta obra com longas citações da obra-prima *Guia dos Perplexos*, um verdadeiro tratado por meio do qual Maimônides harmonizou os conhecimentos da filosofia com a teologia, unindo a Grécia Antiga aos ensinamentos bíblicos no longínquo ano de 1190, no Egito. Um tratado escrito por um judeu entre os mouros, para todo o mundo.

O *Guia dos Perplexos*, escrito em árabe e traduzido para o hebraico em 1204, foi utilizado como arcabouço de sustentação filosófica e teológica para elaborar o *Guia dos Perplexos: Os Princípios Sagrados*.

A presente obra mostra os caminhos dos perdidos e o caminho do divino e poderá ser vista com muito ceticismo pelos judeus ortodoxos. Porém, quero ressaltar que tento seguir os princípios judaicos e que contemplo os símbolos judeus com amor e respeito. Tenho uma bela *Menorah* para iluminar os caminhos, uma *Mezuzah* para proteger meu lar e um Escudo de Davi, que traz proteção e representa as intersecções das *sefirás* na Árvore da Vida (as emanações divinas das sete *sefirás* inferiores).

> Então fizeram os filhos de Israel o que era mau aos olhos do SENHOR; e serviram aos baalins. E deixaram ao SENHOR Deus de seus pais, que os tirara da terra do Egito, e foram-se atrás de outros deuses, dentre os deuses dos povos, que já se haviam ao redor deles, e adoraram a eles; e provocaram a ira do SENHOR. Porquanto deixaram ao SENHOR e serviram a Baal e a Asterote (Juízes 2: 11-13).

Atualizando esse trecho bíblico, reinterpreto-o da seguinte forma:

> "Então fizeram os filhos do mundo o que era mau aos olhos do SENHOR; e renderam-se à corrupção, deixando de respeitar ao próximo e de amar a Jesus Cristo, filho de Deus. Foram atrás do enriquecimento ilícito a qualquer custo e para tal dedicaram-se à política e às religiões,

causando a destruição e provocando a ira de Deus. Tornaram-se ladrões e ficaram impunes, pois os juízes também tinham se vendido."

Em nome do Eterno, Deus do universo, meu pensamento te guiará pelo caminho reto!

Partindo-se do princípio de que diversos mestres deixaram mensagens espirituais importantes e de que todo extremismo é infundado e ineficiente, este livro apresenta os principais caminhos para a evolução ou a iluminação do ser humano e os princípios de Maimônides interpretados e atualizados.

Este livro não pretende criar mais perplexidade, mas sim auxiliar os leitores a não cometerem erros tolos e pecados banais. No entanto, bem como o tesouro anterior, este livro não é de fácil compreensão (e muito menos é possível concordar com tudo).

Aqueles que pensarem que entenderam não terão compreendido nada; e aqueles que pensarem que não entenderam, podem ter compreendido.

O *Guia dos Perplexos: Os Princípios Sagrados* foi escrito por um descendente direto de Maimônides, Rodrigo Maimone Pasin, entre 2018 e 2023.

Esta obra mostra como os deuses egípcios já tinham valores éticos universais enraizados em suas culturas e mandamentos muito semelhantes aos de Moisés; e como profetas e entidades espirituais podem ser chamados para proteger os políticos e seus súditos.

Por mais incrível que possa parecer, os egípcios antigos podem ter sido monoteístas – pelo menos Akhenaton e Nefertiti louvavam a um único deus –, assim como os hindus, os babilônicos e talvez até os gregos. O politeísmo pode ter sido uma forma de representar a pluralidade divina, assim como suas múltiplas e grandiosas qualidades por meio de todo um panteão.

Deus é tão belo e tão complacente que não pode ser representado. Os judeus sequer fazem representações do criador. Deus Pai nunca é pintado, desenhado, esculpido. Ele está em tudo e em todos os lugares, por isso qualquer tentativa de representação é uma forma de limitação.

Maimônides, o grande legislador hebreu e médico, apresentou no século 12 as tábuas éticas da evolução política e, mesmo vivendo no Egito islâmico, desenvolveu toda a organização do Talmud e estruturou os pilares da ética hebraica pós-Moisés.

O rabino dos rabinos, em sua mais tenra idade, passou alguns anos como nômade no sul da Espanha fugindo dos invasores muçulmanos e quase foi condenado à morte no Marrocos. Antes de se mudar para o Egito, teve uma curta passagem por Israel.

Esta obra também aborda o budismo, pois é uma filosofia de paz e que traz muitos benefícios para seus seguidores, ao contrário de religiões que propagam a guerra, pois até mesmo aqueles que não acreditam em Deus podem estar mais perto Dele do que aqueles que seguem uma divindade belicosa.

Chegou a hora de abstrairmos nossas preocupações com o passado e entregarmos nas mãos de Deus o futuro.

Eis a alternativa de transformação rápida, real e honesta. Eis a Era da Regeneração.

Esta obra mostra como as doenças podem ser evitadas com pensamentos e ações positivas e como as técnicas milenares de Reiki e de elevação espiritual, propagadas por líderes orientais, podem auxiliar no bem-estar do ser humano – e talvez até na iluminação, apesar da descrença de alguns sacerdotes cristãos em tais práticas.

## A vida de Maimônides

Moisés Maimônides (em hebraico, *Rabbi Moshe ben Maimon*) nasceu em Córdoba, na Espanha, provavelmente no dia 30 de março (porém não se sabe se foi em 1135, 1137 ou 1138); e faleceu no Egito em 13 de dezembro de 1204. Ficou conhecido como *Rambam*, as iniciais de seu nome. Rambam foi filósofo, rabino, astrônomo e médico, tendo sido extremamente bem-sucedido em todas essas áreas.

Maimônides ou Rambam foi obrigado a fugir da Andaluzia com sua família quando era adolescente, devido à expulsão dos judeus que não haviam se convertido ao islamismo radical do Califado Almóada, que tomou Córdoba em 1148. Durante doze anos, sua família vagou errante pelo sul da Espanha como nômade até se estabelecer em Fez, no Marrocos.

Em 1165, ele precisou fugir do Marrocos, pois foi condenado à morte, e passou por Israel até se instalar definitivamente no Egito; ou seja, provavelmente conheceu bem a religião islâmica e pouco o cristianismo.

Maimônides foi filho de Rabi Maimon ben Yosef e é tido como descendente de uma longa linhagem de juízes (*Dayan*), remontando a Rabi Yehuda Hanassi, o autor da *Mishná* – sábio que havia atingido a perfeição moral e intelectual e que, por sua vez, seria descendente direto da casa real de Davi.

Rambam era vegetariano, fazia jejum com bastante frequência e desenvolvia trabalhos comunitários e sociais quase que diariamente; porém, mesmo sendo constantemente demandado por seus conselhos e suas consultas, amava louvar a Deus em silêncio e orar com devoção ao divino.

Maimônides morreu em Fostate (ou Cairo) e foi enterrado em Tiberíades, em Israel (ou pelo menos teve seus restos mortais enterrados nessa cidade).

Sua grande genialidade lhe rendeu um mausoleu com um Escudo de Davi de trinta metros e a frase adiante já traduzida para o português, que mostra o respeito que os judeus rendem ao grande rabino:

> *Aqui se encontra a grande águia.*
> *Grande no Torá, sabedoria, razão e medicina.*
> *Aquele que curou os reis de carne e sangue.*
> *Autor de "A Mão Forte" (Mishnê Torá).*
> *Nosso Mestre Maimônides pode descansar em paz.*
> *De Moisés a Moisés, nunca houve ninguém como Moisés!*

## As Verdades Divinas

Entre 2018 e 2023, um de seus descendentes se dedicou a esta obra, que transcorre sobre o pecado e o ego. O apego à ideia de que somos separados de Deus trouxe-nos tantos atrasos por dezenas de séculos que agora chegou a hora de revisitar os princípios judaicos e considerar que:

1. O cristianismo não revoga o judaísmo, ele o completa perfeitamente. O espiritismo também não revoga o catolicismo.
2. A reencarnação pode ser a ressurreição para os seres humanos; e apenas Jesus Cristo ressuscitou. Eis um dos maiores mistérios da humanidade que está além da compreensão dos maiores sábios; porém, quem estudou a história do Santo Sudário e sua

composição não tem dúvidas de que este é o próprio negativo, a foto do momento exato da ressurreição.
3. A Trindade Divina é uma forma de expressar a Unidade Divina. Eis outro grande mistério da teologia, extremamente difícil de se discutir e campo fértil para polêmicas.
4. Jesus Cristo é o Messias, o Filho onipotente, onipresente e onisciente de Deus.
5. No topo da Árvore da Vida está Jesus Cristo, que nos redimiu do pecado original. Ele é o Verbo Encarnado, a Lei, a Ressureição, a Verdade, a Vida e o cumprimento da Lei Divina.
6. Todos os seres humanos podem se aproximar de Deus se compartilharem como Ele, se amarem uns aos outros, se forem caridosos e se tiverem fé.
7. Maria está em plena união com o Espírito Santo, é a filha amada de Deus e mãe do Filho Dele e da humanidade. Louvá-la e venerá-la é como louvar e venerar o próprio Jesus Cristo. Ignorá-la e dedicar grande amor ao seu Sagrado Filho é um grande erro.

Maimônides foi o responsável pela estruturação do *Talmud* e fundiu os preceitos da ética hebraica com a filosofia helenística. Apresentou 613 mandamentos positivos e negativos como forma de dirigir a conduta dos judeus, sintetizando o conhecimento da *Torá* (Livro da Revelação, o que, para os cristãos, é o Antigo Testamento). Confesso que prefiro o nome dos judeus, pois o Antigo Testamento é uma revelação divina anterior à dos apóstolos de Jesus e apresentou as fórmulas de conduta para os seguidores.

Esta obra também apresenta outros mestres, santos e espíritos elevados que nos contemplam com diversos caminhos profanos ou sagrados que podem nos desviar da salvação ou que podem nos iluminar ou salvar.

Este livro não tem por objetivo dar destaque a todos eles, pois tornar-se-ia uma enciclopédia celeste sem fim.

Injustiças foram cometidas contra diversos mestres apresentados de maneira superficial ou ignorados, como Confúcio, Hermes de Trismegisto, Zoroastro, Ramatis, dezenas de profetas, milhares de santos, anjos, religiões e divindades. Em especial, não me senti conhecedor da religião hindu nem dos orixás para abordá-los nesta obra com respeito.

Porém, os mitos que levam à perdição serão apresentados, inclusive aqueles que auxiliam em algum desenvolvimento, porém não levam ao Paraíso.

Um capítulo é dedicado ao ensino da Maçonaria e foi elaborado totalmente pelo amigo de longa data Aderbal Nicolas Müller, que também revisou este livro e contribuiu com excelentes melhorias.

Maimônides compreendia que o planeta é um ser vivo e consciente: tudo que se faz ao ser humano se faz ao planeta, e tudo que se faz ao planeta se faz ao ser humano.

São Francisco, o verdadeiro pai da ecologia mundial, indicou quase na mesma época de Maimônides que o amor abnegado a Deus é o caminho da salvação.

Será que Chico Xavier não nos mostrou o mesmo caminho (ou um caminho muito parecido) no século 20? Teria sido Chico Xavier uma nova encarnação do espírito de Francisco de Assis ou de Allan Kardec?

Ramatis exemplifica como espíritos iluminados podem auxiliar na evolução da coletividade por meio de uma série de obras psicografadas.

São Jorge matou o dragão e ensinou como lutar contra a corrupção para sermos heróis. O fim do mundo não é o fim de tudo; pois o Apocalipse é uma transformação, e não o fim do mundo como é amplamente propagado.

O arcanjo Miguel está com a espada da libertação na mão. O dragão de sete cabeças e dez chifres será abatido. Os erros oriundos do radicalismo precisam ser corrigidos e combatidos.

Nossa Senhora nos alertou em Fátima, em 1917, que a Rússia poderia espalhar seus erros para o mundo.

Todo ser humano enfrenta suas lutas e seus dragões. Não existe certo ou errado, mas sim um estado de consciência elevada ou não sobre um determinado assunto.

O foco ultrapassa as definições de bem e mal. O ser humano tem o livre-arbítrio.

É hora da transformação interna. É hora da evolução espiritual, da iluminação do ser humano, da salvação da espécie, do planeta e do espírito.

Chega de perplexidade. O grande herói é aquele que muda a si mesmo antes de querer mudar o mundo.

A bizarrice das leis feitas por juízes corruptos para defender os expropriadores do povo não deve preponderar sobre a ética.

Faça sua parte, ame a Deus e aos homens como a si mesmo, e participe da evolução dos seres iluminados.

Chame a Deus como preferir, mas respeite a natureza e o próximo acima de todas as coisas.

A roda da vida gira sem parar. Em qual direção você está? Dos seres iluminados ou dos deuses Baal ou Moloque?

Você defende o Leviatã e o Estado gigantesco? O populismo? Ou a evolução do pensamento, da liberdade e da individualidade?

Este livro aborda a iluminação do ser humano religado à essência de tudo, e também do ser humano agindo de forma animalesca, focado na barbárie e vítima da loucura.

Os deuses bárbaros e pagãos são apresentados de maneira humanizada. Seus comportamentos, como arquétipos de erros e acertos, fazem parte do inconsciente coletivo de seu povo.

Os seres humanos podem se iluminar. Podem seguir o caminho de Buda. Podem seguir o caminho da ética hebraica. Podem seguir o caminho de Cristo. Podemos seguir o caminho que quisermos.

Tudo depende de onde se quer chegar e do grau de conhecimento de cada um.

Ir para um caminho errado faz parte da escolha individual. Por mais que possamos discordar, temos que respeitar o livre-arbítrio. Somente a religião dos bárbaros tenta converter na foice os seguidores de religiões diferentes.

A era de barbárie dos deuses babilônicos chegou ao fim. O politeísmo político só interessa aos políticos maldosos que propagam conscientemente insanidades e alucinações coletivas.

O satanismo promove a lavagem cerebral por meio do extremismo, da violência e do julgamento depreciativo e culpa os diferentes pelo insucesso do mundo.

A mitologia assírio-babilônica é apresentada para que possamos conhecer os seres que habitaram a Terra logo no começo da história da humanidade. E para tentar evitar que caiamos nas mesmas emboscadas de 4 mil anos atrás.

Também é contada a história da criação do mundo pela mitologia babilônica, a história da dinastia dos reis divinos Iku Shamash e Iku Shamagan, e a história da construção da primeira grande cidade pelo primeiro dos reis da história do mundo – o épico Gilgamesh, que ergueu a primeira grande cidade da Antiguidade e buscou a imortalidade.

A reconstrução dos fundamentos morais da nação nos levará a uma era de regeneração. Porém, precisamos acabar com a corrupção e o fanatismo.

O judaísmo é uma árvore; o cristianismo é seu mais seguro galho, e o espiritismo, a flor mais delicada. Estamos juntos e misturados.

Somos irmãos de todos os povos: de muçulmanos, de chineses e dos americanos. De todos. No entanto, ainda não podemos abraçar a todos. Muito pelo contrário: de alguns precisamos nos defender – pois seus líderes são tiranos e/ou sanguinários, e os seguidores estão iludidos e/ou alucinados.

O espiritismo é a flor da grande árvore que veio de Deus e leva ao divino, trazendo uma mensagem proferida por Jesus Cristo para Allan Kardec.

Mensagens dos céus têm sido enviadas para os grandes mestres espirituais pelo próprio filho do Criador.

Deus Pai, Deus Filho e Deus Espírito Santo, em total comunhão com Nossa Senhora, comunicam-se com seus filhos. Somos todos um. Estamos todos unidos. Não existe segregação. Somos todos abraçados pelo Espírito Santo e protegidos pela Santíssima Virgem Maria, a mãe do Filho de Deus e da Humanidade.

Por fim, Roy Schoeman nos mostra que a salvação vem dos judeus e narra seu encontro com o divino e com Maria. Ore com veneração e aprenda a rezar o pai-nosso com Santa Matilde – em aramaico, a língua de Jesus.

Louvado seja o Senhor Jesus Cristo, e para sempre seja louvado!

## Capítulo 1

# O Guia dos Perplexos

Receba o *Guia dos Perplexos: Os Princípios Sagrados*, com vistas a se aproximar do divino e fugir dos caminhos do que se convencionou chamar de pecado.

Um guia não somente para os judeus, mas principalmente para budistas, pagãos, cristãos, muçulmanos, espíritas e ateus. Esta obra propaga o respeito aos diversos caminhos, mesmo aqueles que não levam à evolução, pois honra o livre-arbítrio. Porém, apresenta o único caminho para a iluminação e para a salvação.

O *Guia dos Perplexos: Os Princípios Sagrados* não é um livro de julgamento; não julga os corruptos nem os idólatras.

### 1.1 *Guia dos Perplexos* e a iluminação de Maimônides

O homem foi criado por Deus para ser livre, conhecer o que quiser e agir da forma que bem entender. Mas Deus, em sua providência, conhece também o futuro das ações humanas. Essas duas coisas – o homem ser livre e responsável por seus atos, e Deus já ter predeterminado o futuro – podem parecer contraditórias. Em Maimônides, contudo, elas são conciliáveis. Em que medida se dá essa conciliação é o que não sabemos e abordamos nesta obra. Seria o livre-arbítrio mais relevante que eventual predestinação? Seria o ser humano capaz de alterar o que está escrito?

Moses Ben Maimon dedicou sua vida ao estudo da Torá e se viu como o continuador da obra de Moisés, tendo posto toda a sua inteligência para cuidar das questões morais mais complexas para a humanidade de sua época.

Os Dez Mandamentos de Moisés tornaram-se 613 para Maimônides. O segundo seria o primeiro *redivivus*? Nunca o saberemos:

o legado de ambos é inegável para a história da humanidade. Mas, de acordo com Kraemer (2008), Maimônides se via constantemente como o novo Moisés.

Maimônides discutiu amplamente o poder da profecia, a natureza das leis orais e as questões éticas. As leis orais teriam sido reveladas diretamente por Deus a Moisés no Monte Sinai, juntamente com os Dez Mandamentos. Maimônides conseguiu se posicionar entre a preservação das tradições e o progresso. Foi a ponte entre o antigo hebreu e o grego moderno.

O conteúdo do *Guia dos Perplexos* está resumido a seguir, apenas com o intento de que a leitura deste livro seja possível dentro de seu contexto, sem desejar substituir a leitura do original, que se faz totalmente necessária:

- linguagem bíblica e hermenêutica;
- atributos divinos;
- criação *versus* eternidade;
- profecia;
- providência;
- mandamentos;
- perfeição humana.

Em seu livro sobre Maimônides *(The life and world of one of civilization's greatest minds)*, Joel L. Kraemer (2008) destacou como ele recomendava a resistência passiva contra o poder opressor.

> E nós carregamos suas humilhações, suas falsidades e seus absurdos, que estão além da capacidade humana de suportar e se tornaram como nas palavras do profeta. Mas eu sou como um surdo homem que ouve. Como os sábios (que a memória deles seja abençoada) nos instruíram para não levantar falso testemunho. [...] Nós treinamos nós mesmos para sustentar sua humilhação. [...] Nós preferimos a paz com eles, mas eles preferem conflitos e guerras conosco, como Davi disse, sou toda a paz, mas como falo, eles são sempre de guerra. Quantas vezes nos vemos nos lançando para a perdição reivindicando a soberania sobre eles por coisas sem sentido e por absurdos? (MAIMÔNIDES apud KRAEMER, 2008, p. 242, tradução nossa).

O conselho de Maimônides, então, era permanecer passivo diante de uma provocação, como os profetas e sábios aconselharam.

O *Guia do Perplexos* começa com um poema do autor sobre a grande missão a que sua obra fora destinada:

> Meu conhecimento é apontar para o caminho, pavimentar a estrada direta.
> Eis que todos os que se desviaram do campo da Torá vêm seguir seus passos.
> O impuro e o tolo não o passarão; devem ser chamados para o Caminho Sagrado (MAIMÔNIDES, 2018, p. 26).

O *Guia* termina com um poema do autor sobre a busca divina pelos seres humanos; são 26 palavras em sua língua original, um tetragrama com o inefável nome de Deus (*YHWH*), sendo Y = 10, H = 5, W = 6, H = 5; logo: 10 + 5 + 6 + 5 = 26.

Até o próprio mausoléu de Maimônides tem este número: 1026.

Maimônides acreditava que Deus está muito perto de todos os que o chamam. Se o chamam de verdade e não têm distrações, Ele é encontrado por todos os que o buscam, marcham em sua direção e não se desviam.

## 1.2 A caridade como meio de redenção

Kraemer (2008) mostra que Maimônides embelezou seu código de lei com passagens líricas e poéticas, para tornar a caridade inspiradora e memorável para o leitor:

> Devemos ter mais cuidado na caridade do que em qualquer outro trabalho positivo, pois a caridade é a marca do homem justo que é da semente de nosso pai Abraão. O trono de Israel não pode ser estabelecido, nem a verdadeira fé se levanta, exceto através da caridade, e Israel não será redimido, exceto através da prática de caridade. Aquele que tem compaixão sobre os outros, outros terão compaixão sobre ele (MAIMÔNIDES apud KRAEMER, 2008, p. 15, tradução nossa).

Maimônides ensinou que a caridade começa em casa. Nós devemos suportar o crescimento de nossos filhos e filhas, a quem somos obrigados a apoiar, para que os filhos possam estudar a Torá e as filhas aprendam a seguir o caminho certo e não se exponham aos que as desprezam. Prover o sustento dos filhos para o pai e para a mãe é contabilizado como um ato de caridade – e, de fato, é um ato de caridade excepcional, uma vez que os parentes têm precedência sobre outras pessoas.

Ele listou a ordem de prioridade para a caridade após os filhos: (1) parentes, (2) famílias, (3) cidades e (4) outras cidades. O agregado familiar é definido como todos os que vivem sob o mesmo telhado, incluindo servos masculinos e femininos, aprendizes e estudantes.

Maimônides acreditava que o amor de Deus é tanto maior quanto mais desenvolvida e aperfeiçoada for nossa inteligência.

Tudo na Terra é sagrado. Aquele que pensa diferente é porque não reconhece a beleza da vida e do próprio planeta. Viva a Mãe Terra! Viva a Mãe Gaia! O planeta está vivo. O ser humano contém a centelha divina do Espírito Santo. Deus é amor e permite que moldemos nossa realidade.

> Tudo o que existe no Universo segue um plano elaborado e constantemente supervisionado por Deus. Assim como tudo o que uma pessoa almeja ter origina nela a vontade e um plano para obter esta coisa (MAIMÔNIDES, 2018, p. 1745-1747).

> Louvado seja Ele, que é tal que, quando nossas mentes tentam vislumbrar Sua essência, nossa inteligência se converte em imbecilidade; quando estudamos a conexão entre Sua ação e Sua vontade, nosso conhecimento se converte em ignorância; e quando nossas línguas desejam declarar Sua grandeza por meio de termos descritivos, toda eloquência torna-se impotência e imbecilidade (MAIMÔNIDES, 2018, p. 1765-1767).

## 1.3 A incorporeidade de Deus e a imagem divina do ser humano refletida na inteligência

> O homem distingue-se do restante das criaturas graças à inteligência e capacidade de raciocínio que possui. É uma função extraordinária, inexistente em qualquer outro ser na esfera terrestre, que não precisa ser exercitada por nenhum órgão humano ou instrumento, e equipara-se à própria percepção Divina (ainda que esta não seja uma comparação de todo verdadeira, mas só uma primeira impressão superficial). Entende-se, então, que o homem é mencionado como tendo sido feito à Imagem Divina tão somente porque foi brindado com a capacidade Divina de raciocinar, e não porque Deus seja um corpo e tenha forma ou contorno (MAIMÔNIDES, 2018, p. 1271-1275).

A beleza divina não pode ser contemplada pelos seres humanos.
Que este livro seja parte do caminho de contemplação do sagrado, que seja um guia para todos aqueles que estão perplexos com os escândalos de corrupção em que o ser humano está se envolvendo; e que seja um instrumento para abrir os olhos dos ignorantes que trilham as trevas.

Eis um guia para o caminho sagrado. Diferentes culturas têm diferentes caminhos de elevação espiritual. Não existe o certo e o errado tão certo e tão errado assim. Tudo depende do nível de evolução de cada um.

## 1.4 Os mandamentos e a grande busca do *Guia dos Perplexos*

Podemos imaginar que os pensadores e os estudiosos atuam assim guiados pela vontade Divina, bem como pela natureza de suas limitações.

> Quando Deus Todo-Poderoso desejou nos orientar para uma vida comunitária aperfeiçoada por meio de Seus mandamentos, sabia que isto só seria possível após nos inculcar algumas crenças racionais, a primeira das quais o conhecimento de Sua Natureza Suprema, de acordo com o melhor de nossa habilidade intelectual (MAIMÔNIDES, 2018, p. 1176-1179).

Os mandamentos serviram para dar as regras de convivência entre os seres humanos; o amor de Jesus Cristo, para mostrar o caminho da salvação; a paz de Buda, para mostrar a iluminação.

A presente obra gera a contemplação dos ícones que fazem parte da história da arte mitológica e religiosa como forma de realçar o conhecimento e de tornar mais afável a leitura.

Maimônides fez a lei respeitável para a filosofia, e a filosofia compatível com a lei. Por isso a busca pelo significado intrínseco das leis e pela natureza real da filosofia.

Esta obra tenta, também, lançar luzes sobre as Escrituras Sagradas, não lendo o conteúdo ao pé da letra e, assim, evitando a perplexidade.

O objetivo do *Guia dos Perplexos* é elevar o indivíduo religioso, é colaborar para a ascensão do ser humano, é ilustrar um homem religioso que foi educado para acreditar na verdade da santa lei, que realiza suas obrigações morais e religiosas e se dedica aos estudos filosóficos.

O *Guia dos Perplexos*, nas palavras de seu autor, mostra-nos que a verdade não se torna mais verdadeira porque o mundo inteiro concorda com ela, nem menos verdadeira mesmo que o mundo inteiro discorde dela. Sem conhecimento a alma não é boa. A melhora do comportamento moral significa a cura da alma e de seus poderes. Eis alguns objetivos ambiciosos da vida de Maimônides que foram cumpridos.

Maimônides acreditava que o homem deixou-se ficar à mercê dos prazeres de sua imaginação e dos deleites de seu corpo. Por isso, o ser humano degradou-se em atos odiosos e corruptos.

Eu, Maimônides II, desejo mostrar que é preciso conter o ódio, transformá-lo em amor com respeito aos princípios básicos da humanidade. Existem coisas que são e sempre serão condenáveis aos olhos do Senhor e de seus povos. Não coadune com zoofilia, pedofilia, crimes, roubos, injustiças, corrupção etc.

Os princípios de Maimônides se encontram presunçosamente atualizados na presente obra. Alguns judeus ortodoxos podem não gostar; mas o conhecimento evoluiu desde 1190 e, com isso, temos os princípios do grande mestre judeu interpretados e audaciosamente atualizados para todos os povos.

Os Dez Mandamentos e o mandamento maior dos cristãos sempre estarão em linha com a vontade do Senhor.

### 1.4.1 Os males do mundo e a ignorância

> Esses grandes males que os homens se infligem uns aos outros – motivados por tendências, paixões, opiniões e crenças – decorrem da privação, pois todos têm origem na ignorância, isto é, na falta de conhecimento. Se tivessem conhecimento, estariam impedidos de fazer qualquer mal a si e aos outros.
>
> Os males que acontecem aos seres humanos são como decorrência de seus abusos dos prazeres mundanos, tais como a bebida, a comida e a luxúria. Ele escreve que "a maioria dos males que atingem os indivíduos provêm deles, quero dizer, dos indivíduos humanos, que são imperfeitos.
>
> Se sofremos é por causa dos males que nós mesmos nos infligimos espontaneamente, mas que atribuímos a Deus..." Este último tipo de mal é o mais nocivo, já que, além de atingir o corpo, prejudica também

a alma, seja porque, sendo uma força corporal, ela é influenciada diretamente pelas alterações ocorridas no corpo, ou porque a alma acaba por se familiarizar com o supérfluo e a se habituar a ele, levando o homem a desenvolver uma ambição sem fim, que o faz buscar riquezas e grandezas não essenciais e totalmente desnecessárias (MAIMÔNIDES, 2018, p. 668-671).

## 1.5 Todo extremismo é infundado e ineficiente

"A arte da vida está no equilíbrio, no meio-termo: os extremos são sempre expressão de menor eficiência". (MAIMÔNIDES apud PIZZINGA, [s.d.], n.p.).

Atualizando esta frase em alguns séculos: *todo extremismo é infundado e ineficiente.*

Aprenda a tolerar as diferenças. Se não concordar com elas, respeite quem pensa diferente. Pratique o perdão, a aceitação. Eis um grande teste que muitas vezes parece impossível.

Como discutir a diferença e aquilo que não se tolera? Agindo com respeito e tentando entender. Você pode não concordar e não amar, mas que tal um pacto de não ataque?

Se não puder amar, pelo menos não odeie; e aprenda a perdoar e a respeitar quem quer seguir crenças e ações diferentes.

Tente chegar ao ponto de não se magoar.

O ser humano precisa ser firme na ação contra a corrupção, pois nem no céu nem no *nirvana* há lugar para aqueles que têm pensamentos, energias e ações impuras. Eis a alma pura: o ser humano precisa respeitar o diferente e não ver os demais como impuros. A alma pura não julga depreciativamente. O justo não aceita a corrupção.

Que este *Guia dos Perplexos: Os Princípios Sagrados* traga paz e tranquilidade para a alma. Não queira entender tudo. Maimônides queria levar o indivíduo para longe das crenças imaginárias que causam medo e ir em busca do conhecimento que traz equanimidade. Não tenha medo de aprender. Viva aprendendo todos os dias.

Uma profunda transformação espiritual pode ser um dos frutos decorrentes da contemplação desta obra e das entidades que aqui são apresentadas como condutoras de possíveis caminhos sagrados (falsos, verdadeiros ou apenas edificantes).

Maimônides acreditava que "o bem-estar da vida advém da boa convivência entre os seres humanos". Então, por que brigar e matar para falar de religião? Por que impor seu Deus ao próximo? Se ele é poderoso, por que Ele mesmo não transforma os impuros em puros? Por que muitos querem assumir o papel de Deus e julgar como Ele?

O século 21 está sendo caracterizado por um substancial aumento da intolerância entre os seres humanos. O número de mortos em atentados terroristas subiu de 3 mil, na década de 1990, para 33 mil por ano, em 2016; e felizmente caiu para 14 mil em 2019.[1]

Na raiz do problema, a violência decorrente da intolerância. Precisamos nos vigiar para descobrir o que não toleramos e o porquê. Precisamos investigar nossos preconceitos, nossos medos, nossas fugas, nossos rancores e a forma como tratamos aquilo de que não gostamos.

A raiva necessita ser contida com fronteiras, barreiras e proteção. A era das fronteiras livres ainda não chegou. O ser humano deve se proteger contra o ser humano. O planeta tenta se revigorar dos ataques. O ódio viralizou. E o que fazer?

## 1.6 Se não puder amar, pelo menos não odeie e não ataque

Eis um novo mandamento de Maimônides II para o século 21.

Aquele que odeia, que sente raiva, que vê que algo é impuro e que ataca deve ser contido ou tratado. O risco de explosão é grande quando as diferenças não tratadas afloram.

E por que querer estar certo? E por que julgar? Por que atacar?

Eis a árvore do conhecimento. O pecado original é o julgamento depreciativo. Porém, algumas verdades não são compreendidas em seu tempo de concepção.

Existem tantas coisas entre o Céu e a Terra que escapam ao nosso conhecimento; por que então acreditar que sua crença e seu caminho são melhores que os dos outros?

Dante Alighieri visitou o Paraíso e teve a oportunidade de encontrar a alma de Justiniano – um antigo imperador romano e politeísta pagão. Eis um dos mistérios dessa obra sacra que nos mostra

---

[1] *Institute for Economics & Peace*, 2020. Disponível em: https://www.prnewswire.com/news-releases/indice-global-de-terrorismo-de-2020-mortes-por-terrorismo-atingem-o-minimo-em-cinco-anos-mas-surgem-novos-riscos-892268064.html.

claramente que os desígnios de Deus nem sempre são entendidos pelos humanos; por isso, não julgue a religião dos outros.

Por que encarar a diferença com perplexidade em vez de aceitá-la? Como desenvolver a compaixão por todos os seres? E por que querer que exista somente um caminho para o sagrado? Eis algumas das questões sobre as quais esta obra discorre.

Maimônides, meu antepassado, era judeu e escreveu muitas vezes para seu povo. Contudo, a interpretação de sua obra pode ser generalizada para toda a humanidade.

Maimônides II, portanto, com muita honra e ousadia, apresenta-vos o *Guia dos Perplexos: Os Princípios Sagrados* – escrito para todos.

## 1.7 Da imagem e da aparência

Muitos creem que o termo *Tsélem* – ou imagem, em hebraico – refere-se a forma ou contorno. Trata-se de um erro, um erro significativo que acabou gerando uma associação entre Deus e a figura humana por conta da interpretação antropomórfica dada ao versículo "Façamos o homem à Nossa imagem" (Gênesis 1: 26).

Mais do que isso: os que pensam assim negariam até as Escrituras, caso chegassem a qualquer outra conclusão. Não conseguem imaginar Deus sem um corpo e uma face semelhantes às dos humanos – as únicas diferenças diriam respeito ao aspecto mais luminoso e à maior estatura de Deus, bem como à suposição de que Ele não seria feito de carne e osso. Esse é o mais alto grau de distanciamento da condição humana que pessoas que pensam assim estão preparadas a creditar ao Eterno.

Você encontra neste tratado uma demonstração completa da falsidade que acompanha o antropomorfismo, bem como os argumentos que sustentam a verdadeira unicidade divina e que não fariam sentido se não rejeitássemos o antropomorfismo. Neste capítulo, temos por objetivo explicar apenas os termos "imagem" e "semelhança".

O termo "imagem", da maneira como é usado habitualmente, tem na verdade o sentido do vocábulo hebraico *Tôar* (forma), como nos versículos "...formoso de porte e de semblante" (Gênesis 39: 6); "...que forma tem Ele?" (1 Samuel 28: 14); e "...como o porte dos príncipes" (Juízes 8: 18).

O verbete "imagem" se aplica aos objetos fabricados pelos artesãos, como "Ele o moldou com giz vermelho... ele o circundou com um compasso" (Isaías 44: 13). Este é um termo que não pode, sob hipótese alguma, ser aplicado ao Eterno e Todo-Poderoso [como se Deus tivesse um molde].

A palavra "imagem" é válida somente para algo que tenha uma representação física, que exiba feições, que possa ser delineado e que traduza o genuíno caráter daquilo que está representando. As imagens compõem o quadro de noções que o ser humano tem daquilo que está à sua volta. É nesse contexto intelectual que a Bíblia se expressa com as palavras "à imagem de Deus o criou" (Gênesis 1: 27). Pelo mesmo motivo, o salmista escreve "Despreza as imagens deles" (Salmos 73: 20), pois nesse contexto o termo "imagem" se refere à alma humana em sua forma mais genérica, e não a alguma outra forma ou ao contorno do corpo.

Sugiro também que o termo "imagem", quando aplicado a ídolos, esteja vinculado à sua pretensa função e à sua forma. O mesmo caso se aplica à expressão "imagens de suas hemorroidas", encontrado no livro de Samuel (1 Samuel 6: 5), empregada como alegoria do que essa enfermidade causa ao homem, e não como comparação de sua imagem ao ferimento que define a doença.

A frase "façamos o homem à Nossa imagem" busca a forma genérica do termo como percepção intelectual [da essência humana moldada ao reflexo da luz divina], e não como um formato ou contorno. Explicaremos, portanto, a diferença entre imagem e forma, assim como o significado do termo "imagem". Quanto ao termo *demút* (aparência, em hebraico), trata-se de um substantivo derivado de *Damê* (parecer-se com), que também se aplica à função ou ao caráter do que representa.

A frase "Pareço uma ave no deserto" (Salmos 102: 7) não significa que eu tenha penas como a ave, mas sim que me sinto só e tristonho, como uma ave se sente no deserto. De modo similar, "Árvore alguma no Jardim de Deus se parecia com ele em sua beleza" refere-se somente à noção de beleza. Do mesmo modo, "Seu veneno se assemelha ao de uma serpente" (Salmos 58: 5) e "Assemelha-se ao leão que espreita" (Salmos 17: 12) são expressões alegóricas que implicam semelhança de atributo, e não de forma ou contorno.

Similarmente, alusões à semelhança com o trono [de Deus] implicam o estado de elevação e grandeza espiritual, e não algo parecido com um trono, alto e de formato quadrado, como alguns pobres de espírito possam vir a pensar. O mesmo se aplica à "Sua aparência era como carvões em brasa" (Ezequiel 1: 13), quando o profeta descreve as figuras da *Mercavá*, o trono ou carruagem de Deus (MAIMÔNIDES, 2018).

## 1.8 Racionalidade e semelhança

Anos atrás, um cientista colocou-me diante de um estranho problema. Estudaremos aqui tanto o problema quanto sua solução, dada a relevância que tem para nosso tratado. Antes, porém, quero ressaltar algo: é do conhecimento dos eruditos que o nome *Elohim* pode significar Deus, anjos ou juízes que governam.

O tradutor de textos bíblicos Unkelos, o prosélito – que em paz esteja – notou com propriedade que, no versículo "E sereis como Deus, conhecedores do bem e do mal" (Gênesis 3: 5), o significado seria o último citado, pois traduziu-o como "E sereis como Senhores".

Uma vez de acordo quanto aos possíveis significados do termo *Elohim*, vamos ao problema mencionado. Meu interlocutor afirmou que uma leitura simples da Bíblia fazia saltar aos olhos sua intenção de ensinar ao homem que, a princípio, a ele caberia o mesmo destino dos animais, isto é, o de ser irracional, e que, ao saborear do fruto da Árvore da Sabedoria, ele adquiriu a habilidade divina de discernir entre o bem e o mal. Quando se rebelou, fez da rebelião a fonte de sua grandeza, ao tornar-se o único animal de posse do atributo da razão, nobre função que transmitiu a seus descendentes e da qual somos dotados até os dias de hoje. Isto, segundo meu interlocutor, seria o mais impressionante: a punição pela rebeldia foi aperfeiçoar o homem e elevá-lo a um estado espiritual em que não se encontrava antes do pecado. Com que mais isso se parece senão com a história [pagã] do homem mau que, de tão mau, foi transformado em uma estrela e atirado ao céu para lá brilhar longe dos homens? Esse seria o sentido geral da questão, ainda que ela não tenha sido apresentada a mim exatamente dessa maneira.

Vejam como respondo ao meu interlocutor: você se dispõe a fazer tal análise filosófica a partir de ideias tão imaturas, achando que pode entender um livro cuja explicação vem sendo dada pelos maiores sábios da Antiguidade e estudiosos contemporâneos assim, entre um gole de vinho e outro, entre um relacionamento amoroso e outro, como quem passa os olhos rapidamente por um livro de poesia? Pare e reflita um pouco, pois essa matéria não é tão simples como parece, e seu significado emerge somente após nos dedicarmos a buscar seu mais profundo sentido.

O intelecto que Deus consagrou ao homem para ser sua eterna marca de perfeição foi concedido a Adão antes de seu ato de desobediência.

É apenas nesse sentido que o homem é visto como tendo sido moldado à imagem divina. Somente como detentor dessa qualidade o homem tem capacidade para se dirigir a Deus e receber Seus comandos, como está escrito: "E ordenou o Eterno Deus ao homem" (Gênesis 2: 16).

São instruções que não foram dadas a animais irracionais. É através do intelecto que o homem pode distinguir entre o verdadeiro e o falso — e dessa forma decidir se obedece ou não. A distinção entre o bem e o mal é, no entanto, de caráter sociocultural e independe da atividade mental humana.

Ninguém diz coisas como "é bom que a abóbada celeste seja esférica", ou "é ruim que a Terra seja plana", mas todos podemos afirmar se esses fatos são verdadeiros ou falsos. No idioma hebraico, expressamos a verdade com a palavra *emêt* e o falso com a palavra *shéker*, enquanto para "bom" usamos o termo *tóv* e para "mal" o termo *rá*.

O intelecto humano discerne claramente entre verdadeiro e falso quando exerce sua capacidade inata de raciocínio. Em relação a essa capacidade, o homem é dotado do mais alto estágio de desenvolvimento a que pode chegar uma criatura, a ponto de o salmista defini-lo como "Pouco menos que Deus, o fizeste" (Salmos 8: 6). Ao mesmo tempo, parece não ter habilidade suficiente para tratar de generalidades que o bom senso determina serem boas ou ruins, tanto que nem mesmo conseguiu chegar à conclusão, usando a própria razão, do que seria necessário para cobrir suas partes íntimas – foi Deus quem confeccionou suas primeiras vestes –, tampouco saberia sozinho que o ato de andar despido constituiria um mal em si.

Quando, no entanto, o Homem deixou-se ficar à mercê dos prazeres de sua imaginação e dos deleites de seu corpo, como está indicado no versículo "E viu a mulher que era boa a árvore para comer e desejável era para os olhos" (Gênesis 3: 6), somente nesse momento passou a ser punido com a privação de sua percepção intelectual. Por essa razão, desobedeceu a uma ordem de Deus que lhe havia sido dada justamente pela virtude de seu intelecto, capaz de decidir entre o falso e o verdadeiro. Não contente com essa virtude, o homem quis também decidir sobre o bem e o mal e acabou por tornar-se descuidado em seu julgamento.

Agora o Homem se dá conta do que perdeu e do estado de degradação pessoal a que chegou. Por isso está escrito "E sereis como Deus, conhecendo o bem e o mal", e não "conhecendo o verdadeiro e o falso", ou "percebendo entre o verdadeiro e o falso".

Discernir entre o bem e o mal não é tão obviamente necessário, como ocorre com a distinção do verdadeiro e do falso. Veja esta passagem: "E foram abertos os olhos de ambos, e souberam que estavam nus". O texto não diz que os olhos de ambos foram abertos e que então eles viram que estavam nus, porque o que eles viram depois [do pecado] foi o mesmo que estavam vendo antes. Nenhum véu foi removido de seus olhos, mas seu estado mental e sua capacidade de julgamento que foram alteradas e, assim, passaram a julgar como mau o que não consideravam como tal anteriormente. Observe ainda que o termo utilizado pela Bíblia para abrir (os olhos) é *Pacach* (astúcia, controle) em vez de *Patach* (abrir), o que denota mudança no estado mental, e não na capacidade física de enxergar, como nos versículos "E abriu Deus seus olhos" (Gênesis 2: 19), "E abrirão os olhos dos cegos" (Isaías 35: 5), "Abriram os ouvidos, mas não escutaram" (Isaías 42: 20), "Têm olhos, mas não enxergam" (Ezequiel 12: 2) (MAIMÔNIDES, 2018).

## 1.9 A crença dos tolos

O tolo crê que o mundo existe somente em sua função, como se não existisse nada fora ele; se as coisas andam no sentido contrário à sua vontade, então conclui que todo o Universo é mal.

Se o Homem examinasse o Universo em toda a sua totalidade, daria conta de sua insignificância e entenderia claramente a verdade.

A maior parte dos males que atingem os homens são causados por eles, ou seja, por indivíduos imperfeitos.

Nossas próprias imperfeições fazem com que nos lamentemos e peçamos para sermos livrados de nossos males.

Quando sofremos por conta dos males que nosso livre-arbítrio traz a nós, atribuímos isso a Deus. Longe disso ser d'Ele!

Como está escrito: "Quando pecam, fazem o mal a eles, e não a Deus; não procedendo corretamente, deixam de ser considerados Seus filhos; é essa sua mancha" (Deuteronômio 32: 5); e como o rei Salomão explica: "A tolice humana perverte seus caminhos" (Provérbios 19: 3) (MAIMÔNIDES, 2018).

### 1.9.1 Deus não pode ser definido

Pois não existem causas que possam ser uma causa da existência de Deus para que Ele possa ser definido por elas. Por essa razão, todos os pensadores que usam termos precisos [para definir algo] estão inteiramente de acordo que Deus não pode ser definido. [...] Louvado seja Ele, que é tal que, quando nossas mentes tentam vislumbrar Sua essência, nossa inteligência se converte em imbecilidade; quando estudamos a conexão entre Sua ação e Sua vontade, nosso conhecimento se converte em ignorância e quando nossas línguas desejam declarar Sua grandeza por meio de termos descritivos, toda eloquência torna-se impotência e imbecilidade (MAIMÔNIDES, 2018, p. 1528-1530).

## 1.10 Sobre a perfeição de Deus e os atributos divinos

Muito foi dito sobre a perfeição de Deus e é inútil retornar a isso aqui. As palavras mais exatas ditas sobre esse assunto foram ditas nos Salmos (65: 2): "Para Ti, o silêncio é o louvor" (*Lechá dumiá tehilá*).

Essa expressão é muito exata para esse significado, pois tudo que é dito com intenção de exaltar e glorificar Deus encontra em si uma ofensa qualquer em relação a Ele e expressa certa imperfeição.

Portanto, deve-se ficar em silêncio e limitar-se à percepção da inteligência, como nos ordenaram os homens perfeitos ao dizerem: "Dizei em vossos corações em vossos leitos e silenciai-vos" (Salmos 4: 4).

Deves conhecer o famoso dito dos nossos Sábios, que, quem dera, todos os ditos fossem como este. Citarei-o literalmente:

Certa pessoa, que estava diante do Rabi Chanina, dizia em sua prece: "Ó grande, poderoso e temível, magnífico e forte, temido e imponente!"

O Rabi interrompeu-o e disse: "Já encerraste todos os louvores ao teu Senhor? Com efeito, se Moisés, nosso mestre, não tivesse enunciado na Torá os três primeiros que citaste e os Homens da Grande Assembleia não tivessem estabelecido atributos na oração, nós não poderíamos pronunciá-los. E tu proferes tantos atributos assim! A que isto se compara? A um rei de carne e osso que possuía milhões de moedas de ouro e foi venerado por possuir moedas de prata. Acaso isso não é um insulto a ele?!" Aqui termina o dito deste homem virtuoso.

A Torá utilizou a linguagem dos seres humanos. Portanto, deveríamos nos limitar àquelas três palavras e não designar outros atributos a Deus, exceto na hora da leitura dos atributos na Torá.

Porém, como os Homens da Grande Assembleia – que eram profetas – decretaram que as palavras *hagadol haguibor vehanorá* ("ó grande, poderoso e temível") fossem recitadas nas preces, devemos proferir somente essas palavras.

Em suma, o Rabi Chanina disse explicitamente que há duas razões, e necessariamente juntas, para as mencionarmos nas preces: a primeira, porque aparecem na Torá, e a segunda, porque os profetas as incluíram nas orações.

Não fosse pela primeira razão, não as mencionaríamos; e não fosse pela segunda, não as teríamos tirado de seu lugar e não as usaríamos nas orações.

"E tu proferes tantos atributos assim?!"

O Rabi Chanina disse: "A que isto se compara?" A um rei de carne e osso que possuía milhões de moedas de ouro e foi venerado por

possuir moedas de prata, pois esta parábola expressaria que as perfeições de Deus são mais perfeitas do que as que foram atribuídas ao rei.
Não, não é assim, como provamos demonstrativamente. A sabedoria dessa parábola é no que diz "e foi venerado por possuir moedas de prata", indicando que o que é considerado perfeição para nós constitui imperfeições em relação a Deus, sendo tudo imperfeição em relação a Ele, como explicado.

Ele disse nesta parábola: "Acaso isso não é um insulto a ele?!". Salomão – que a paz esteja com ele – já nos orientou nesse assunto claramente e disse: "Porque Deus está nos céus e estás na terra, portanto que tuas palavras sejam poucas" (Eclesiastes 5: 2).

Deus não consiste em dizer o que não se deve, mas sim compreender o que é devido (MAIMÔNIDES, 2018, p. 135).

## 1.11 Os nomes de Deus

Todos os nomes de Deus nas Escrituras são derivados de Suas ações, com exceção do Tetragrama.

Todos os nomes de Deus que se encontram nas Escrituras Sagradas são derivados de *Yod-He-Vav-He*, um nome que se refere a Suas ações.

Com exceção de um próprio nome de Deus, e por isso denominado de *shem hameforash* ("Nome explícito"), cujo significado indica claramente a essência de Deus – bendito seja! – sem homônimos.

Quanto aos Seus outros nomes gloriosos, são designados por homônimos por serem derivados de ações que se assemelham às que se encontram em nós, conforme explicado.

Mesmo o nome que é aplicado em substituição a *Yod-He-Vav-He* é derivado.

Mas o nome cujas letras são *Yod-He-Vav-He* é de etimologia desconhecida e não se aplica a nenhum outro ser (MAIMÔNIDES, 2018, p. 141).

Não há dúvida de que esse glorioso nome, que não é pronunciado em nenhum lugar além do Templo – e apenas pelos sacerdotes de Deus, ao recitarem a Bênção dos Sacerdotes, e pelo sumo sacerdote no Dia do Jejum –, aponta para uma ideia que não é compartilhada entre Deus e outros além Dele.

Em suma, a grandiosidade desse nome e a proibição de pronunciá-Lo decorrem do fato de Ele indicar a essência de Deus, de modo que nenhuma das criaturas compartilha o que ele indica, conforme disseram nossos sábios.

Todos os Seus outros nomes indicam os Seus atributos – e não somente Sua essência, e a essência com atributos, pois são derivados. Por isso, eles induzem à falsa crença de que existe multiplicidade em Deus, ou seja, fazem crer que existem atributos, que existe a essência e algo acrescentado à essência; pois assim qualquer derivado indica uma ideia, e um sujeito demonstra que não foi expresso naquele e se junta a essa ideia.

> Os sábios disseram claramente, para quem é verdadeiramente um sábio, que cada uma das forças corporais é um anjo – e, por mais forte razão, as forças espalhadas pelo Universo – e que cada força possui uma ação específica, e não duas ações, como lemos no *Bereshit Rabá*: "Um anjo não executa duas missões e dois anjos não executam a mesma missão". Com efeito, esta é a condição de todas as forças, e é isso que confirma que todas as forças individuais – tanto físicas quanto psíquicas – são chamadas de anjos.
> Os sábios dizem isso em diversos lugares, originalmente no *Bereshit Rabá*: "Todos os dias Deus cria uma legião de anjos, e eles cantam para Ele e se vão".
> Quando foram apresentadas passagens que indicavam que os anjos eram estáveis – e com efeito foi exposto diversas vezes que os anjos vivem e são permanentes –, a resposta é que uns são permanentes e outros perecem.
> E assim é realmente: as forças individuais nascem e perecem continuamente, e algumas espécies dessas forças são permanentes e não se deterioram. E foi dito ainda (*Bereshit Rabá*) com relação à história de Judá e Tamar: "O Rabi Iochanan disse que Judá queria prosseguir, mas Deus enfraqueceu o anjo do desejo, ou seja, a faculdade venérea".
> Essa força também é chamada de anjo. Assim, os sábios dizem sempre que "o anjo tal é designado para isto ou aquilo", pois para qualquer faculdade encarregada por Deus sobre alguma coisa há um anjo incumbido. São imperceptíveis pelos sentidos.
> Uma passagem do *Midrash Eclesiastes* diz: "Quando o homem dorme, sua alma com o anjo, e o anjo com o querubim". Eis que eles disseram claramente que a faculdade imaginativa também é chamada de anjo, e o intelecto também é chamado de *querubim* (MAIMÔNIDES, 2018, p. 141).

Como isso é belo para quem compreende, e quão desagradável é para os ignorantes!

## 1.11.1 A Providência Divina

A Providência Divina protege constantemente quem recebe emanações Divinas, porque se esmera em obtê-las. Quando um Homem alcança pureza de pensamento e clara percepção Divina por meio dos métodos apropriados, tornando-se pio, não é possível que mal algum o aflija, porque ele está com Deus e Deus está com ele. No entanto, quando se afasta de Deus e Deus se oculta dele, torna-se alvo fácil para que o mal lhe acometa. O fator que entra em ação para salvar o Homem dos males que maquinam contra ele é a emanação Divina que penetra seu intelecto. Por isto, a providência pode falhar em alcançar o homem de intelecto falho e jamais alcançará o Homem de intelecto imperfeito ou perverso, deixando-o à deriva dos acontecimentos casuais (MAIMÔNIDES, 2018, p. 3616-3621).

## 1.11.2 A definição de idolatria e o livre-arbítrio

A idolatria em todos os tempos teve sua origem na personificação dos astros, feita pelos sabianos, que acreditavam que os astros eram a divindade e que o Sol era o deus supremo. O próprio Abraão foi educado dentro dessa religião, e sua oposição a ela lhe valeu a prisão, o confisco de seus bens e o exílio da Síria. Os sabianos adoravam os sete planetas e os doze signos do Zodíaco e diziam ainda que Adão era o apóstolo da Lua, e que Noé foi encarcerado porque não aprovava o culto dos ídolos e porque se dedicava ao culto a Deus. Assim, eles ergueram estátuas aos planetas, estátuas de ouro ao sol e estátuas de prata à lua, e distribuíram os metais e os climas pelos planetas, dizendo que tal planeta era o deus de tal clima. Eles construíram templos nos quais colocaram estátuas e afirmaram que as forças dos planetas se derramavam sobre essas estátuas, de tal forma que elas falavam, compreendiam, pensavam, inspiravam os homens e lhes davam a conhecer o que lhes era útil.

Eles acreditavam, ainda, que se uma árvore fosse plantada em nome de um planeta e consagrada a ele, de acordo com determinados ritos e cuidados, a força espiritual desse planeta passava para essa árvore – por exemplo, no caso da Ashera e do Baal –, que inspirava os homens e lhes falava durante seu sono, dando assim origem aos augúrios, à feitiçaria, às previsões, à magia etc. Por não ser uma ciência completa, a idolatria leva à dúvida e à superstição, transformando aqueles que nela acreditam em vítimas da ignorância e sujeitando-os a situações de miséria e de destruição, tornando-se necessário que o ser humano saiba diferenciar entre os verdadeiros profetas de Deus e os outros.

Foi, portanto, para afastar esses cultos dos hábitos dos homens que Deus se preocupou em estabelecer os preceitos relativos à interdição da idolatria, pois "para aproximar-se do verdadeiro Deus e para se obter a sua benevolência não se precisa de todas essas práticas penosas, mas... basta amá-Lo e segui-Lo, duas coisas que são o verdadeiro objetivo do culto Divino".

Assim sendo, não faz nenhum sentido que haja pessoas que imaginem que seus destinos possam ser regidos por esses astros a quem se dedicavam templos e oferendas. Além do mais, se os astros se encarregassem de dirigir a vida das pessoas, estabelecendo-lhes um destino que variaria de acordo com a posição deles no momento do nascimento de cada uma delas, e se elas nada pudessem fazer para intervir ou mudar isto, a Lei que Deus nos deu não teria nenhuma razão de ser: tudo já estaria traçado e determinado, de forma definitiva e inexorável, independentemente da atitude e do comportamento de cada um, quer vivesse ele no caminho dos justos e dos bons ou na delinquência e na depravação. "Nesse caso, toda recompensa e todo castigo seriam injustiças manifestas que não poderiam ser permitidas nem entre nós, nem por parte de Deus com relação a nós" (NAHAÏSSI, 2018, p. 714-718).

## 1.12 A terapia moral e os conflitos religiosos da época de Maimônides

Para alguns, Maimônides acreditava que o cristianismo era uma imitação do judaísmo e uma religião idólatra. Porém, Maimônides não via o cristianismo como antagônico ao judaísmo, pois ambos tinham os Mandamentos como alicerces. Na época de Maimônides, os cristãos atacavam os judeus durante as Cruzadas, e os muçulmanos invadiam suas terras e os matavam ou faziam migrar.

A revolução teológica, aliada ao desejo de conquista, levou a um sucesso sem precedentes; e o reino dos Almohades se estendeu da Síria ao Oceano Atlântico. Eles destruíam as igrejas e as sinagogas, e aos povos que não aceitavam converter-se à "verdadeira religião islâmica", propagada por eles, restava a imigração ou a morte. O jugo dos Almohades se fazia sentir na mesma época em que as Cruzadas partiam da França e da Alemanha, a fim de conquistar a Terra Santa e apossar-se do túmulo de Cristo.

Intolerantes, os cruzados arrasavam, em sua marcha para Jerusalém, tudo o que encontravam de não cristão, massacrando em seu caminho as populações judias indefesas. Mais uma vez a história se repetia, e os judeus se defrontavam com uma nova e grave crise de identidade: dobrar-se aos conquistadores islâmicos ou à barbárie dos cruzados em marcha.

O fanatismo religioso imperava tanto no Levante quanto no Ocidente, e continuar professando o credo judaico representava um risco de vida. Talvez esse tenha sido um dos momentos mais difíceis e trágicos da história da sobrevivência do judaísmo. Eram necessárias grandes forças para sustentar a fé, e um dos personagens mais importantes dessa época foi Maimônides, pois a clareza de suas ideias e de seus escritos manteve acesas no povo judeu as chamas da crença e da liberdade da ciência e do conhecimento.

> Muitos judeus, no entanto, para escaparem à morte ou ao abandono do lar, optavam pela conversão aparente à doutrina dos "confessores da unidade". Essa conversão, que os obrigava a uma vida dupla vergonhosa e sem dignidade, era suportável apenas por contarem com a Providência Divina e pela ideia de que a situação teria algum sentido compreensível. Contudo, o conflito se tornava um sofrimento intolerável quando o sustentáculo moral da fé começava a desmoronar, abalando sua confiança em Deus e em si mesmos (MAIMÔNIDES, 2018, p. 252-254).

## 1.13 Era uma vez e tudo de novo: o eterno retorno

A história parece se repetir; e na era de Maimônides II o fanatismo político e religioso tomou proporções gigantescas, ainda maiores do que as enfrentadas pelo autor de *Guia dos Perplexos*.

Nesta vida, louvo a Deus Pai, Deus Filho, Deus Espírito Santo, Maria, os anjos, os santos, os apóstolos e respeito entidades espirituais elevadas, iluminadas e benevolentes como Buda, as Taras e os seres espiritualmente elevados.

E, assim como Maimônides, almejo apresentar uma obra que seja uma jornada de fé, sofrimento e coragem para diminuir a complexidade daqueles que estão confusos em uma era tão corrupta e injusta.

Maimônides II ousa mostrar como a crença em um Deus criador único não se contradiz com o louvor aos santos, anjos e profetas. Talvez os santos sejam os primeiros seres humanos que se elevaram, e os anjos, entidades espirituais protetoras criadas pelo divino.

Maimônides II quer orar com os olhos e com o coração, por isso organizou esta obra para louvar as divindades pela iconografia. Um livro divino e espiritualizado, para mostrar como o caminho apontado pelo catolicismo e pela religião cristã ortodoxa nos conduzem ao divino.

Eis a Arte para pavimentar o caminho para o divino. A Arte é de Deus. E os diversos caminhos também.

Maimônides acreditava que as pessoas deveriam viver em harmonia com a natureza, contemplando a vida e o universo, seguindo os preceitos religiosos e éticos. Assim teríamos a presença divina – em uma sala silenciosa, em uma tempestade no mar ou em qualquer outro lugar, eis o amor passional e incondicional a Deus.

As pessoas e as nações podem cair rapidamente em desgraça, por isso o trabalho de Maimônides é uma forma de terapia para guiar os comportamentos em direção à natureza e à harmonia, uma cura contra as ilusões e os falsos padrões.

Maimônides queria nos apontar o caminho a ser seguido para alcançar a perfeição do corpo e da alma que Deus espera de nós.

Nesta obra, muitos questionamentos são apresentados de maneira até contraditória; porém, as bases do sistema ético hebreu foram solidificadas por Maimônides, e por isso Maimônides II tem uma missão difícil de ser realizada à altura do grande Moshe.

Peço perdão ao leitor por não estar à mesma altura que meu inspirador, e àqueles que ficarem chocados; mas as crenças evoluíram nos últimos oitocentos anos. Ainda assim, ouso dar sequência à obra de meu antepassado mais honrado. Amor incondicional.

Tudo evolui. Tudo muda. O segredo da vida é a mudança. Por isso, eu mesmo, Rambam II, apresento o Tudo evolui. Tudo muda. O segredo da vida e a mudança. Por isso, eu mesmo, Rambam II, apresento o Guia dos Perplexos: Os Princípios Sagrados.

Eis um guia que serve para direcionar os caminhos e abrir espaço para uma nova era de paz, justiça, desenvolvimento e amor.

A verdadeira busca não é a da igualdade, mas sim a da equanimidade. Imparcialidade, equidade para julgar.

O pensamento de Maimônides é atualizado por seu descendente direto, Maimônides II, que espera se pautar pelos mesmos valores que ele contemplou à humanidade em suas obras e seus tratados de ética. Por isso, utilizarei os textos sagrados da Torá e do Novo Testamento para solidificar as bases desta obra.

## 1.14 Dos Dez Mandamentos de Moisés aos 613 preceitos da Torá (e como o amor e o temor a Deus são conciliáveis, na visão de Maimônides)

Maimônides escreveu: "O cumprimento da Lei leva somente ao temor a Deus enquanto o conhecimento da Lei leva ao amor a Deus" (MAIMÔNIDES, 2018, p. 4187-4193).

Maimônides acreditava que Deus devia ser amado e, por meio de seus mandamentos, temido. Para ele, amor e temor são conciliáveis, como um filho que ama seus pais e teme os castigos quando não cumpre suas ordens.

A distinção entre o propósito da lei bíblica, de orientar o homem a temer a Deus, e as verdades bíblicas, de elevar o amor do homem a Deus, não é descrita em outros lugares na obra de Maimônides. De fato, está em contradição com sua observação no início deste capítulo, na qual afirma que a consciência humana quanto à permanente presença divina deve produzir sentimentos de temor e humildade em sua mente. Por essa razão, é pouco permissível apresentar esses dois argumentos de maneira tão próxima.

Na visão do padre ortodoxo Rafail Noica, mencionado na página Orthodox Bros do Facebook, "O medo de Deus" foi mal interpretado. A palavra em grego "φόβου/fovou", quando se refere a Deus, é melhor traduzida como reverência, ou admiração. Assim, Deus não é sádico. Ele não quer que o temamos no sentido ocidental/heterodoxo. Ele apenas quer o nosso amor. Ele quer que queiramos o amor Dele.

De forma resumida, os 613 preceitos positivos (o que fazer) e negativos (o que não fazer), também conhecidos como os mandamentos da Torá, objetivam:

1. transmitir atitudes apropriadas;
2. remover concepções errôneas;
3. estabelecer legislação;
4. eliminar a perversidade e a injustiça;
5. imbuir virtudes exemplares;
6. deter a pessoa perante as más inclinações.

### 1.14.1 Principais preceitos positivos – Mitzvot Aseh
- Saber que Deus existe.
- Não distrair a mente com outros deuses além Dele.
- Saber que Ele é um.
- Santificar Seu nome.
- Fazer confissões.
- Cumprir todos os compromissos.
- Tocar o *shofar* no décimo dia de Tishri no ano do Jubileu.
- Descansar no sábado.
- Comer o pão sem fermento na véspera do 50º dia de Nissan.
- Descansar em Yom Kippur.
- Dar meio *shekel* anualmente.
- Obedecer ao Supremo Tribunal.
- Concordar com a decisão da maioria.
- Tratar litigantes igualmente diante da lei.
- Se for ladrão, restituir o que roubou.
- Emprestar dinheiro aos pobres.
- Restituir o prometido ao necessitado.
- Amar o próximo.
- Honrar os mestres e os idosos.
- Ser frutífero e multiplicar-se.
- Caso um homem cometa violação, casar-se com a moça violada.

### 1.14.2 Principais preceitos negativos – Mitzvot Taaseh
- Fazer imagens com propósito de adoração.
- Estudar práticas idólatras.
- Jurar por um ídolo.
- Profetizar em nome de um ídolo.
- Praticar a arte da adivinhação.
- Buscar informações dos mortos.
- Blasfemar o Grande Nome.
- Profanar o nome de Deus.
- Destruir lugares de adoração.
- Comer um pedaço de uma criatura viva.
- Comer sangue.
- Comer e beber em excesso.
- Acasalar animais de diferentes espécies.
- Exigir pagamento de um devedor que não pode pagar.

- Emprestar, tomar emprestado ou participar de um empréstimo por interesse.
- Tomar garantia de um devedor à força.
- Jurar falsamente para repudiar um débito.
- Enganar nos negócios.
- Entregar um escravo fugitivo.
- Planejar adquirir a propriedade de outro.
- Cobiçar os pertences de outros.
- Se for um juiz e cometer injustiças, aceitar presentes dos litigantes, favorecer um litigante, ser dissuadido por temor de fazer um justo julgamento, perverter um julgamento e perverter a justiça.
- Matar um ser humano.
- Dar notícia enganosa.
- Amaldiçoar.
- Ter relações com a mãe.
- Ter relações com um animal.

### 1.14.3 Os oito níveis da Tzedaká (caridade ou justiça social)

*Tzedaká*, *Tsedaca* ou *Zedacá* é o mandamento judaico traduzido erroneamente como caridade. Tem origem na palavra *tzedek* (justiça), sendo "justiça social" uma tradução mais precisa. Esse mandamento é a base da obrigação que todo judeu tem de doar algo de si, quantificado em no mínimo 10% dos ganhos, ao necessitado judeu ou descendente de Noé. Também podem ser doados em forma de trabalho ou conhecimento. Todos os judeus devem cumprir a Tzedaká, tanto os ricos quanto os miseráveis e as crianças. Os níveis são:

1º) O nível mais alto: ajudar uma pessoa a encontrar um trabalho, ser autossuficiente ou ensinar-lhe um ofício.
2º) Dar Tzedaká secretamente a alguém que não conhecemos.
3º) Dar Tzedaká secretamente a alguém que conhecemos.
4º) Dar quando não conhecemos a quem damos, e aquele que recebe sabe quem deu.
5º) Dar Tzedaká antes que peçam a nós.
6º) Dar Tzedaká depois que nos pediram.
7º) Dar, mas não aquilo que poderíamos ou que deveríamos dar.
8º) Dar Tzedaká sem vontade (mas não deixar de dar).

## 1.14.4 As etapas da T'shuva

De acordo com Maimônides (2018), a *T'shuva* é a prática de voltar às origens do judaísmo. Também tem o sentido de se arrepender dos pecados de maneira profunda e sincera e envolve cinco etapas:

1ª) Confissão, verbalização ou expressão de alguma forma de arrependimento.
2ª) Compromisso de passar a agir de forma diferente.
3ª) Conscientização das ações e reconhecimento dos pecados.
4ª) Sentimento de arrependimento quando reconhecemos as consequências dessas ações e desses pecados.
5ª) Capacidade de reagir de forma diferente, por exemplo, em atos de caridade. O milagre não prova o impossível; serve, apenas, como confirmação do que é possível.

## 1.15 A busca da iluminação

A busca da iluminação é uma das características dos seres evoluídos. A busca da pureza da alma. A busca da salvação. Talvez essas sejam diferentes expressões para o mesmo fim.

A prática diária da autoanálise e da meditação pode trazer conhecimento e percepção referente a quanto precisamos evoluir para sermos iluminados.

O Evangelho apócrifo de são Tomé mostra que o apóstolo incrédulo acreditava que o Reino de Deus poderia ser conquistado pelas pessoas que colocam em prática os ensinamentos Dele, sem nenhuma intervenção divina.

Uma nação merece os políticos que cria. Eis o carma coletivo. O ovo veio da galinha ou a galinha veio do ovo? Políticos corruptos são enviados para terras depredadas e corruptas, e nelas proliferam.

Os povos primitivos viam os espíritos como deuses e os fatos inexplicáveis da natureza como obras divinas. Também viam os atos indecentes e imorais como do diabo ou de espíritos malévolos. Os castigos divinos e as pragas de Deus são apresentados como formas de expiação e aprendizado.

Milhares de anos se passaram, e a veneração aos espíritos superiores, chamados de deuses, começa a ser percebida como um agradecimento às entidades benfeitoras. Porém, para muitos a religião dos outros é chamada de mitologia, e a dicotomização do aprendizado religioso faz dos beatos seres ignorantes da diversidade de conhecimento espiritual e da beleza do politeísmo, que venerava os espíritos mais elevados e temia as entidades malévolas.

Os politeístas tidos como pagãos veneravam os astros e o planeta Terra, e tinham o ser humano como uma miniatura de Deus. Alguns viam Deus em tudo, até na matéria inanimada.

Os mitos constroem o mundo. Enigmas e provérbios dão significado transcendental aos fatos cotidianos. A maior parte dos deuses, dos orixás e das entidades espirituais se remetem a um deus único. Todos são partes de um deus supremo e manifestações do caráter do Deus criador. Deus criou os deuses, e estes são os seres humanos para uns e/ou os espíritos ou orixás para outros.

A maior prova de que muitos politeístas não levavam a sério suas crenças é que eles "escrachavam" seus deuses em conversas coloquiais; Platão certamente é um grande exemplo de deboche aos habitantes controversos do Olimpo.

Sobre o panteão egípcio, acredita-se que os mais diversos deuses e deusas representavam aspectos e características distintas do Criador, aparentemente segregadas, mas que no fundo se remetiam ao Deus único e onipresente.

Guerrear em nome de Deus é não entender nada da vida, muito menos Dele. Atentar contra a vida e contra a Terra é atentar contra o Criador. Brigar por diferenças políticas é ainda mais fútil, especialmente se a discussão se der a fim de definir qual partido é menos corrupto – erro que o próprio autor deste livro já cometeu. Quem nunca errou que atire a primeira pedra.

Nesta obra há uma encantadora mistura de conceitos religiosos de diversos povos e dos aprendizados que podemos extrair dos mitos gregos, egípcios, babilônicos e bíblicos, para que haja salvação para os perplexos.

Desde o Egito Antigo, sabemos que os princípios éticos universais regem a vida dos seres nesta vida e no além. Osíris e Anúbis conduziam o julgamento dos mortos; Thot e Maat foram os protagonistas da construção da tábua de valores com 42 Mandamentos, que representavam os valores éticos e serviam como guias sobre o que fazer e o que não fazer.

Buda, Tara, Osho, Brahma, Gaia, Gilgamesh, Inanna, Asterote, o profeta Elias, São Francisco, São Jorge, o arcanjo Miguel, Chico Xavier e outras divindades e entidades iluminadas (ou não) estão neste *Guia*.

Diversas tábuas antigas são apresentadas para que saibamos a importância de haver juízes justos e governantes éticos; assim caminharemos em direção aos reinos de luz.

A salvação dos povos em uma Terra sem justiça é uma provação gigantesca em que poucos homens podem ser bem-sucedidos. A expiação é grande em terras pouco evoluídas. A restauração somente pode ocorrer quando houver aprendizado e consciência de que os erros são frutos da ignorância, inclusive a maldade.

A lição é aprendida pelo amor e pela dor. Deus não pune por prazer, mas sim educa pelo amor e pela dor. A escolha é livre.

A missão dos homens é criar um superávit cármico e amar a Deus de forma verdadeira, sentimental e nata. Deus tudo vê. E aquele que busca a justiça cosmológica está propiciando as condições de todos se igualarem na escala evolutiva e buscarem a salvação por meio da fé, da devoção e das obras desinteressadas.

Se o amor não é possível, pelo menos que trabalhemos para extirpar o ódio. Ninguém é obrigado a amar ninguém, mas já ajuda bastante se não houver rancor nem guerras.

Alguns *bodisatvas* estão encarnados para auxiliar no desenvolvimento e na iluminação de outros seres humanos. Sequer têm tempo para priorizar a própria iluminação, pois cuidam do bem-estar coletivo. Muitos se sacrificam para o bem maior de toda a população.

Faça o bem sem saber para quem! Emane amor, seja amor. Deus está em tudo. Deus criou tudo. Deus abraçou tudo e todos. Por isso, somos parte da criação. Somos parte do divino. Somos parte de Deus. Conversamos com Deus. Nós O temos como nosso amigo íntimo e invisível. Somos elementos de Deus. Sabemos de nossa divindade. Conhecemos o poder do pensamento. Somos o que somos. Somos partes do todo que está em todo lugar. O Todo-Poderoso se transformou em tudo o que existe. Ele é tudo. Ele está em todos, e estamos juntos. Nós adoecemos quando nos esquecemos disso.

A caridade é o único caminho da redenção. Seja caridoso e desinteressado. Pratique o amor coletivo. Ore sem pedir. Agradeça sem nada pedir. Doe as coisas às quais tem apego. Sorria para a vida e seja feliz.

Maimônides apresentou no século 12 a organização do Talmud. Anunciou 613 mandamentos organizados, analisados e estruturados para guiar a conduta moral dos judeus com base na Torá.
A justiça está sendo feita para que haja salvação. Acabou a era de Pilatos. Não se pode transferir a responsabilidade pelos próprios atos.

> Como homem, estou contra este povo inconsciente e infeliz, e faria de tudo por salvar o inocente, mas, como um romano, acho que uma província como esta não passa de uma unidade do império romano, não nos competindo, a nós outros, o direito de interferência nos seus grandes problemas morais e presumindo, desta forma, que a responsabilidade desta morte deve caber agora, exclusivamente, a esta turba ignorante desesperada e aos sacerdotes ambiciosos e egoístas que a dirigem (XAVIER, [1939] 2016, p. 112).

Não fique perplexo com os atos dos outros. Aprimore os próprios.

## 1.16 Os 13 princípios do judaísmo de Maimônides

Maimônides elaborou os 13 princípios do judaísmo, que servem como um sumário de crenças judaicas diante do cristianismo e do islã, e abordam as virtudes, a fidelidade e a fé na eternidade e na vinda do Messias (MAIMÔNIDES, 2018).

Os 13 princípios do judaísmo estão sumarizados a seguir:

**1. "Creio plenamente que Deus é o Criador e guia de todos os seres, ou seja, que só Ele fez, faz e fará tudo."** Este é o princípio fundamental do judaísmo e pilar da sabedoria antiga. A partir de Deus, tudo existiu. Ele é a essência, a origem e a vida. Essa é uma verdade absoluta, não somente religiosa. Deus é completamente independente de sua criação e responsável por manter tudo o que existe. Deus está em tudo e é considerado o lugar do mundo, mas não há um Deus nos reinos espirituais fora Dele e um universo físico sem Ele.

**2. "Creio plenamente que o Criador é um e único; que não existe unidade de qualquer forma igual à Dele; e que somente Ele é nosso Deus, foi e será."** Ele sempre existiu, existe e existirá. Este princípio está embasado na Bíblia: "Escuta, Israel! O Eterno é nosso Deus, o Eterno é um só!" (Deuteronômio 6: 4). Este é outro princípio central do judaísmo: a existência e a unidade divinas caminham juntas. Por unicidade divina podemos entender que nada nem ninguém tem poder a não ser Deus, que é o único mestre do universo. O judaísmo não dá poderes a anjos, objetos, astrologia ou humanos.

3. **"Creio plenamente que o Criador é incorpóreo e está isento de qualquer propriedade antropomórfica."** Conceitos físicos não se aplicam a Ele, e não há nada que se pareça com Ele.

4. **"Creio plenamente que o Criador foi o primeiro (nada existiu antes Dele) e será o último (nada existirá depois Dele)."** Este é o princípio da eternidade. Ninguém criou Deus. Quando Deus criou o universo, também criou o espaço e o tempo. Os conceitos de matéria, espaço e tempo não se aplicam a Ele.

5. **"Creio plenamente que o Criador é o único a quem é apropriado rezar, e é proibido dirigir preces a qualquer outra entidade."** Não se deve orar para qualquer outra pessoa como intermediária entre os seres humanos e Deus, pois isso é pecado e idolatria, porém não é proibido pedir bênçãos a qualquer pessoa ou orações.

6. **"Creio plenamente que todas as palavras dos profetas são verdadeiras."** O profeta é quem transmite as mensagens divinas para uma pessoa ou para as nações. Para o judeu, um profeta é quem opera milagres, vê o futuro e segue a Torá e seus mandamentos.

7. **"Creio plenamente que a profecia de Moshe Rabeinu (Moisés) é verídica e que ele foi o pai dos profetas, tanto dos que o precederam quanto dos que o sucederam."** Moisés participou das dez pragas divinas e teve o poder de abrir o mar para libertar seu povo da escravidão. Foi também o emissário de Deus, seu primeiro grande secretário, o meio da revelação divina para a propagação dos Dez Mandamentos.

8. **"Creio plenamente que toda a Torá que agora possuímos foi dada pelo Criador a Moshe Rabeinu."** Ou seja, os cinco primeiros livros do Antigo Testamento foram revelados pelo próprio Deus ao profeta Moisés. Nenhum pergaminho contém qualquer erro.

9. **"Creio plenamente que esta Torá não será modificada nem haverá outra outorgada pelo Criador."** A Torá tem 613 mandamentos, é permanente e imutável.

10. **"Creio plenamente que o Criador conhece todos os atos e pensamentos dos seres humanos."** Eis que está escrito: "Ele forma os corações de todos e percebe todas as suas ações" (Salmos 33: 15). Deus é onisciente e ilimitado. Julga com justiça, pois conhece todos os pensamentos, palavras e atos.

**11. "Creio plenamente que o Criador recompensa aqueles que cumprem Seus mandamentos e pune os que transgridem Suas leis."** Deus aplicará a justiça nesta vida ou na próxima. Os atos de cada um influenciam em suas vidas após a morte. A maior recompensa divina é o mundo vindouro.

**12. "Creio plenamente na vinda do Mashiach (Messias) e, embora ele possa demorar, aguardo todos os dias sua chegada."** Ele será responsável por uma era de paz.

**13. "Creio plenamente que haverá a ressurreição dos mortos quando for a vontade do Criador."** Os bem-aventurados terão uma recompensa eterna.

## 1.17 A *Oração do Médico* – composta por Maimônides

Ó Deus, Tu formaste o corpo do homem com infinita bondade; Tu reuniste nele inumeráveis forças que trabalham incessantemente como tantos instrumentos, de modo a preservar em sua integridade essa linda casa que contém sua alma imortal, e essas forças agem com toda a ordem, concordância e harmonia imagináveis.

Todavia, se a fraqueza ou a paixão violenta perturbam tal harmonia, essas forças agem umas contra as outras, e o corpo retorna ao pó de onde veio. Tu enviaste ao homem teus mensageiros, as doenças que anunciam a aproximação do perigo, e ordenas que ele se prepare para superá-las.

A Eterna Providência designou-me para cuidar da vida e da saúde de tuas criaturas. Que o amor à minha arte aja em mim o tempo todo; que nunca a avareza, nem a mesquinhez, nem a sede pela glória ou por uma grande reputação estejam em minha mente, pois, inimigas da verdade e da filantropia, elas poderiam facilmente me enganar e me fazer esquecer meu elevado objetivo de fazer o bem a teus filhos.

Concede-me força de coração e de mente para que ambos possam estar prontos a servir ricos e pobres, bons e perversos, amigos e inimigos, e que eu jamais enxergue em um paciente algo além de um irmão que sofre.

Se médicos mais instruídos do que eu desejarem me aconselhar, inspira-me com confiança e obediência para reconhecê-los, pois notável é o estudo da ciência. A ninguém é dado ver por si mesmo tudo aquilo que os outros veem.

Que eu seja moderado em tudo, exceto no conhecimento dessa ciência; quanto a isso, que eu seja insaciável.

Concede-me a força e a oportunidade de sempre corrigir o que já adquiri, sempre para ampliar seu domínio, pois o conhecimento é ilimitado e o espírito do homem também pode se ampliar infinitamente, todos os dias, para se enriquecer com novas aquisições.

Hoje ele pode descobrir seus erros de ontem e amanhã pode obter nova luz sobre aquilo que pensa hoje sobre si mesmo.

Deus, Tu me designaste para cuidar da vida e da morte de Tua criatura: aqui estou, pronto para minha vocação (MAIMÔNIDES apud JORGE FILHO, 2010, p. 307).

Capítulo 2

# A perfeição humana e o amor incondicional ao divino

O capítulo 2 deste *Guia dos Perplexos II* aborda a suprema forma de adoração divina, a última forma de realização da verdade e o maior conhecimento e amor a Deus. Maimônides moveu-se da realização intelectual suprema por meio da razão filosófica para a maior realização mística da verdadeira adoração divina, conhecendo e amando a Deus. Maimônides teve *insights* extraordinários sobre a natureza da providência divina, foi vegetariano e se dedicava ao próximo intensamente.

A Torá mostrou que a maior forma de adoração é possível apenas para aqueles que adquirem conhecimento sobre Deus. Ela diz: "Ame seu Senhor, seu Deus, e o sirva com todo o seu coração e espírito" (Deuteronômio 11: 13).

O amor a Deus é proporcional ao conhecimento Dele. O amor precede a adoração que os sábios chamam de serviço do coração.

## 2.1 O domínio das paixões e o aperfeiçoamento das virtudes

Entre os objetivos da Torá perfeita está o abandono dos desejos, de modo a rejeitá-los e diminuí-los o quanto for possível e satisfazê-los apenas ao necessário.

Bem sabemos que a maioria das paixões do povo simples são o excesso de comida, bebida e sexo. É sabido que destrói a perfeição última do ser humano e o prejudica também na perfeição primeira, bem como destrói a maior parte das condições sociais e domésticas, pois seguindo somente suas inclinações, como fazem os ignorantes, são eliminadas as aspirações mentais, o corpo se corrompe, e a pessoa perece antes de sua idade natural. As preocupações e as angústias se multiplicam, a inveja e o ódio recíproco aumentam, assim como a agressividade para tirar do outro o que ele possui.

O impulso a isso tudo se deve ao fato de a pessoa ignorante determinar somente o prazer como um objetivo em si a ser atingido, e por isso Deus, em Sua benevolência, nos ordenou preceitos que eliminam esse objetivo e, de várias maneiras, desviam esse pensamento ao proibir tudo que conduz exclusivamente à ganância e ao prazer – e essa é uma importante finalidade da Torá.

Observe que a Torá ordenou matar uma pessoa que manifesta exagerada obstinação ao prazer da comida e da bebida – "um filho teimoso e rebelde" (Deuteronômio 21: 18) e "glutão e beberrão" (Deuteronômio 21: 20) – e ordenou apedrejá-la sem demora, antes que ela agrave os danos e chegue a matar várias outras, destruindo a condição de pessoas justas por causa de sua violenta cobiça.

## 2.2 O conhecimento de Deus

O conhecimento divino, assim como a Sua providência, está sobre os céus conforme eles estão sobre a terra. É o que Ele disse: "eu sou o Eterno, que pratico benevolência, equidade e justiça na Terra" (Jeremias 9: 24).

Depois isso, Ele conclui o assunto e afirma: "porque nisto Me deleito, diz o Eterno" (Jeremias 9: 24), ou seja, este é meu objetivo: que provenha de vós *chessed mishpat utsdacá* (benevolência, equidade e justiça) na terra, da maneira que explicamos sobre os treze atributos de Deus, cuja intenção é assemelhar-se a eles, e que assim seja nossa conduta.

O objetivo mencionado nesse versículo, portanto, é esclarecer que a perfeição de que a pessoa deve se glorificar verdadeiramente é o grau de quem chegou a alcançar o conhecimento de Deus, de acordo com suas possibilidades, e que conhece como é Sua providência sobre as criaturas que trouxe à existência e a quem governa.

Depois desse conhecimento, essa pessoa intencionará sempre a benevolência, a equidade e a justiça ao imitar as ações de Deus, conforme explicamos diversas vezes neste tratado.

O Eterno está sempre próximo dos que O invocam com sinceridade, sem desvios. Ele é encontrado por cada um que O procura, se seguir corretamente, sem se extraviar. Amém.

Maimônides aprendeu a ordem e a harmonia do universo e intuiu a natureza evidente do intelecto supremo. Depois de ganhar conhecimento de Deus, deve-se procurar uma devoção total e empregar o pensamento constantemente o amando. O vocabulário de paixão e bem-aventurança consiste em um estado místico, filosófico.

Este capítulo é a última afirmação de que Maimônides vivenciou o misticismo na experiência religiosa. As paixões da juventude impedem-nos de alcançar o tipo de perfeição que leva ao amor apaixonado de Deus. À medida que o fogo dos desejos se extingue, a luz da mente se torna mais pura e se alegra com o que conhece. Quando um ser humano perfeito é atingido pelos anos e está perto da morte, seu conhecimento aumenta, sua alegria no conhecimento é mais forte, e seu amor pelo objeto de seu conhecimento é mais intenso, e é nesse grande prazer que a alma está separada do corpo. Esse estado é felicidade e amor apaixonado. Os sábios referem-se às mortes de Moisés, Aarão e Miriam como sendo uma morte com um beijo.

Os sábios indicaram que esses três morreram no prazer de seu amado conhecimento de Deus devido à intensidade de suas paixões amorosas. Eles aceitaram a convenção poética de chamar o conhecimento de Deus combinado com um beijo de amor apaixonado, de acordo com o versículo: "Beije-me com os beijos de sua boca" (Cântico dos Cânticos 1: 2). E nos lábios do Senhor morreram os sábios Moisés, Aaron e Miriam.

## 2.3 As quatro perfeições de Maimônides

O clímax do *Guia dos Perplexos* traz uma descrição de quatro perfeições em ordem de excelência:

1. A perfeição das possessões – de bens como o dinheiro, a terra, uma casa e roupas – pertence a coisas que não estão realmente conectadas ao que é uma pessoa. Ser um grande rei pertence a esse tipo de perfeição. O maior prazer é que essas coisas são puramente imaginárias e não têm permanência. Mesmo que eles permaneçam para sempre, uma pessoa não pode alcançar por meio dessas coisas a perfeição do ser.

2. A perfeição do corpo e da forma. Contudo, esse é o eu corpóreo. Não toca o que não pertence ao homem como homem, mas como animal, e não toca a alma.

3. A perfeição das virtudes éticas existe em sua própria extensão para o indivíduo. A moral atinge sua excelência máxima. A maioria dos mandamentos tem como objetivo esse tipo de perfeição. Mas não é para eles serem úteis como um fim em si mesmos. A disposição

virtuosa para com as outras pessoas é sempre uma máxima. Não se pode ser virtuoso por si só.

4. A "verdadeira perfeição humana" reside nas virtudes racionais e pertence à pessoa sozinha. É permanente e através dela uma pessoa é humana. Você deve esforçar-se para atingir essa perfeição, que permanece sempre com você, "e não se canse e se preocupe por causa dos outros, aí é você que negligencia sua própria alma, de modo que sua brancura se transforma em escuridão através de faculdades corporais que ganharam domínio sobre isto. (KRAEMER, 2008, p. 404, tradução nossa)

Maimônides explicou que as virtudes éticas que exercitamos pela utilidade das pessoas e para os outros envolve a negligência da alma. Os profetas nos explicaram essas coisas, assim como os filósofos as entenderam. Tanto a filosofia quanto a lei interpretam a perfeição humana da mesma maneira. A perfeição de que se pode orgulhar e desejar é o conhecimento de Deus, que é a verdadeira ciência. A respeito dessas quatro perfeições, o profeta Jeremias disse:

Assim disse o Senhor: Não se glorie o sábio em sua sabedoria, que o homem forte se glorie na sua força, que o homem rico não se glorie em suas riquezas. Mas só nisso deve haver glória: na sua devoção sincera a mim. Pois eu, o Senhor, agirei com bondade, justiça e rigor no mundo, pois nisto Eu me deleito, diz o Senhor (Jeremias 9: 22-23).

Maimônides desenhou o *Guia* com uma oração para a contemplação de Deus e com Sua ajuda (que Ele seja exaltado), que Ele nos concederá e a todos, a todo o povo de Israel, sendo seus seguidores, o que Ele nos prometeu: "Então os olhos dos cegos serão abertos, e os ouvidos dos surdos ouvirão" (Isaías 35: 5). "As pessoas que entraram na escuridão têm visto uma grande luz; aqueles que viveram em uma terra de trevas profundas, neles a luz brilhou" (Isaías 9: 1).

Maimônides acreditava que "Deus não esquecerá a aliança que Ele fez com teus pais. Deus não quer destruir, mas purificar Israel. Devemos considerar nossa aflição atual como um ensinamento, como uma prova" (MAIMÔNIDES, 2018, p. 269-271).

## 2.4 O extravasamento de Deus de acordo com Maimônides

Maimônides foi um verdadeiro precursor do conceito de "somos todos um". Ele conclui também que é como se todas essas forças constituíssem a força de um só corpo, já que o universo todo é um único indivíduo. Tudo o que nele existe é elaborado não a partir de um ato concreto e particular, mas sim a partir do que Maimônides chama de "extravasamento divino", a fonte inesgotável de bondade, de criação e de continuidade do universo, que se espalha como numa cascata, derramando-se primeiro sobre os anjos, que extravasam seus benefícios sobre as esferas celestes as quais, por sua vez, os extravasam sobre os corpos perecíveis.

De acordo com o autor, "tal como foi demonstrada a incorporeidade do Criador, e tal como foi estabelecido que o universo e Sua obra e que Ele é sua causa eficiente, foi dito que o mundo vem do extravasamento de Deus e que Deus extravasou sobre ele tudo o que nele ocorre" (MAIMÔNIDES, 2018, n.p).

Capítulo 3

# Os 20 princípios de Maimônides II para a humanidade

O autor da presente obra, que teve como arcabouço moral de inspiração o tratado *Guia dos Perplexos* de 1190 (por meio da edição de 2018), ousa atualizar os princípios de Maimônides, contemplando a evolução do pensamento em mais de oitocentos anos e adaptando a aplicabilidade de tais princípios para todos os povos.

## 1. Deus é Triuno e se transformou em tudo o que existe

Maimônides acreditava que não há um Deus nos reinos espirituais fora Dele e um universo físico externo a Ele. Deus se transformou em suas criações. Deus se extravasou. Assim sendo, Deus está em todos os objetos inanimados e animados e em todos os tipos de vida. Por essa visão, todos somos partes de Deus e divinos, porque o Criador se transformou nas criaturas e em tudo o que existe. Eis a essência do "Somos todos um". O Espírito Santo, em comunhão com Maria, trouxe o Messias ao mundo, o Deus Filho. Ame a Trindade Divina. Deus Pai, Deus Filho, Deus Espírito Santo. E louve Maria, a mãe da humanidade, e seu santo e casto esposo, o patriarca da Igreja Católica, o venerável São José!

## 2. Deus é a consciência coletiva dos seres

Deus é tão bom que se transformou em sua criação; por isso somos responsáveis por continuar sua obra. Deus se expandiu e ocupou todos os espaços e faz parte de todas as criaturas, ou seja, Deus se multiplicou exponencialmente em tudo o que existe. Ele é a consciência coletiva e a energia intrínseca a todos os objetos e seres da criação. Respeitai o planeta e todos os seres vivos acima de todas as coisas. Tudo é divino. Deus se transformou em tudo o que existe.

## 3. Tempo e espaço não existem para Deus, dado que Ele é eterno

Por meio desse conceito, entendemos que Deus é infinito, onipotente, único, eterno e não físico, por isso atemporal. A energia divina está em todo lugar, em todos os reinos.

## 4. Somos divinos

Esse é um princípio deveras complexo para a compreensão humana. Não precisamos entender tudo: já basta contemplarmos a criação divina e sermos felizes. Deus é o princípio de tudo, e Ele mesmo sempre existiu e sempre existirá; é a origem do tempo e do espaço. Deus pode ter se transformado em tudo o que existe; sendo assim, tudo o que existe é Deus. Somos todos um, somos divinos. Deus está em nós e nós somos divinos; porém, vivemos como humanos por conta de nossos erros.

## 5. O ser humano deve evoluir e se tornar uma entidade espiritual iluminada

Muitos acreditam em Jesus Cristo, Buda, Krishna, Alá e outras entidades espirituais elevadas. Alguns creem que espíritos elevados têm o poder de gerar boas ações para os seres humanos, ou mesmo servir como intermediários entre os humanos e o divino. Os santos, para os católicos, têm essas funções, assim como os anjos. Os budistas, que defendem a capacidade do ser humano de se iluminar, creem em diversas entidades espirituais capazes de auxiliar os seres humanos em seus trajetos de iluminação.

Espíritas e umbandistas confiam que as entidades espirituais e os orixás têm o poder de interceder pelos humanos e que o Todo-Poderoso é bondoso o suficiente para permitir a existência de legiões espirituais que o apoiam no processo de socorro aos encarnados e desencarnados. Os seres humanos podem evoluir e se tornar entidades espirituais elevadas próximas de Deus e que o amam intensamente, assumindo papéis relevantes em planos espirituais e terrestres. Deus criou os anjos, os deuses, os orixás e diversas outras entidades espirituais com o pensamento.

## 6. O ser humano pode criar seu futuro e realizar milagres

Um dos grandes problemas das religiões é não contemplar a evolução do conhecimento e da fé. Todos os seres humanos apresentam a capacidade de prever e criar o futuro, realizar milagres, amar a Deus e seguir seu próprio código de ética quando percebem que as religiões querem poder e controle, não necessariamente a união dos povos e o amor entre as nações. A voz interna dos seres humanos e os gurus espirituais são ignorados pelas religiões antigas. Porém, a consciência humana é o meio pelo qual o divino se comunica conosco. Tudo o que pedir a Deus, acreditando piamente que será atendido, ocorrerá.

## 7. As profecias são mutáveis

Você cria o próprio futuro; você pode prevê-lo. A profecia é um possível acontecimento futuro e é mutável. Para os cristãos, João, apóstolo de Jesus, com idade próxima a 100 anos, em uma caverna na ilha de Patmos, foi outro grande profeta e escreveu o livro mais enigmático da Bíblia: o Apocalipse. No século 16, Nostradamus mereceu grande destaque. Deve-se perceber que uma profecia é um possível acontecimento futuro. Será verdadeira e ocorrerá se o consciente coletivo das pessoas assim quiser; por outro lado, será falsa se os pensamentos e sentimentos mudarem de direção e causarem outro possível fim. Todos temos o dom da profecia, porém nem todos o desenvolvemos.

## 8. A vida é sagrada

Respeite todos os seres. Nenhuma religião deve ter verdades absolutas, eternas e imutáveis. A evolução da religiosidade interna é uma necessidade para que ocorra a salvação espiritual. Nenhuma verdade deve ser imposta a nenhum ser vivo. Nada deve ser lido literalmente, pois pode haver diferentes explicações para cada frase, conhecimento e verdade. Por isso, o importante é entender todos os pontos de vista, aceitar e não julgar. Divindades não devem ser usadas como projetos de poder para religiosos e políticos; e o povo não deve seguir um líder cegamente e atentar contra a humanidade, contra a vida de qualquer tipo de ser e contra a própria.

A vida é sagrada por ser fruto da criação divina. Respeite todo ser humano como a si mesmo e como ao próprio Deus, que está em todos os corações e não diz o que é certo ou errado, bom ou mau. Vá além da dicotomia do sacro e do profano. Profana é a mente de quem vê a profanação. Imunda é a mente que vê imundícies. Santa é a alma de todos os seres.

Deus é tão perfeito e nos permite que sejamos cocriadores. Se desejar fazer a vontade de Deus, não faça nada contra qualquer ser vivente. Se considerar que algo é ímpio ou impuro, deixe que Deus se vingue; nunca faça justiça usando o nome de Deus. Jamais sacrifique uma vida em nome de Deus. Todos os sacrifícios após o de Jesus Cristo são em vão. Deus quer que tenhamos misericórdia de outros seres, tanto quanto ele teve de Abraão e de Isaac. Segundo o astrofísico Hubert Reeves: "O Homem é a mais insana das espécies. Adora um Deus invisível e mata a natureza visível... sem perceber que a natureza que ele mata é o Deus invisível que adora" (REEVES apud KATZ, 2023, tradução nossa).

## 9. Capte as mensagens divinas

Deus envia suas mensagens por diversos meios e mensageiros. Anjos, profetas, espíritos, deuses, orixás e heróis têm a função de pregar e transmitir a lei de Deus. Deus fala com todos os seres humanos por meio do sentimento da alma, do pensamento interior, dos *insights* profundos e de sinais. Cabe a qualquer ser vivo estar aberto para captar as mensagens de Deus e não ser guiado pelo pensamento fortuito e pelo ego.

A Torá é uma das maiores fontes de transmissão das mensagens de Deus, assim como o Novo Testamento, as escrituras védicas, as mensagens dos xamãs, os livros de seres iluminados e os ensinamentos de Buda. Heráclito de Éfeso acreditava que tudo mudava: as pessoas e as águas do rio.

Os judeus nem sempre agem com essa sabedoria; para eles, Deus é imutável. Pessoalmente, acredito em um Deus que é parte do processo evolutivo, evoluindo e moldando a humanidade. O processo de criação é constante. A Torá não muda, mas Deus está em evolução. Ou será que é o ser humano que está evoluindo, e Deus nos envia novas regras de conduta condizentes com o progresso de nossa espécie? Nem Maimônides nem ninguém sabe de tudo. Confesso minha ignorância, e acredito que Deus continua enviando suas mensagens.

## 10. O divino ama e entende

O ser humano precisa entender, amar e perdoar. Aqueles que não aprenderem a lição voltarão à situação de provação, até que evoluam. Se nem Deus julga, não julgueis. Devemos aprender a nos colocar acima de situações que demandem uma aprovação ou reprovação. Substituir o julgamento pela aceitação. Entender, amar, perdoar. Deus nos ama intensamente. Precisamos ser resilientes e não nos ofendermos facilmente.

## 11. O ser humano é capaz de julgar a si mesmo

Esta crença foi importante para todas as civilizações primitivas para começarem a obedecer aos princípios éticos e morais universais e para que a humanidade passasse a conviver em sociedade e se respeitar. O ser humano é divino e, como ser divino, é capaz de julgar a si mesmo nesta ou na próxima vida. A escola da vida sempre evolui, e a ignorância quanto à bondade de Deus e dos seres humanos é a causa do afastamento.

O ser humano precisa entender que está unido a todos os outros seres por meio de Deus e que a Terra está viva. O que se faz à Terra e ao próximo se faz a si mesmo. A vida é um bumerangue. O ser humano evolui sempre, porém em velocidades diferentes. Cada ser tem seu carma. Esta vida é importante. Não a perca pensando na próxima nem se martirizando com o passado. Viva a sua vida como se fosse a única vez. Faça dela a melhor visita ao planeta. Aprenda todo dia. Ame todo dia. Busque a evolução, a paz, a iluminação, a pureza da alma e a comunhão com Deus.

## 12. Jesus é o Messias!

O grande objetivo do ser humano é conhecer a Deus, mas para isso terá que conhecer a si próprio e os irmãos terrestres. Os cristãos encontraram Jesus como o Messias; os judeus e romanos o crucificaram. Trombaram com o filho de Deus e não o reconheceram. Porém, os judeus, após centenas de anos de perseguição, e talvez purgação pelo erro de terem crucificado o filho de Deus, encontraram uma maneira não violenta de conviver com todos os tipos de religiões e hoje formam uma das sociedades mais avançadas. Israel tem baixíssimo nível de criminalidade e é uma nação desenvolvida. Um povo conservador que ama a Deus e a vida, e respeita todo tipo de crença.

Jerusalém foi destruída no ano 70 d.C., como Jesus havia previsto, e os judeus ficaram sem terra até 1948. Jesus já os havia perdoado antes mesmo de Sua morte, mas os judeus devem aceitar que Jesus Cristo, o Messias que nasceu da Virgem Maria, é Filho de Deus e está no topo da Árvore da Vida, em total comunhão com Deus Pai Criador.

## 13. Aceite o mistério da ressurreição (e também o da reencarnação)

Para quem acredita na tese da reencarnação, não vamos ressurgir com a mesma pele. Para esses, reencarnaremos em novos corpos para continuarmos nossa evolução. Uma vida toda nova para purgar os erros do passado, evoluir e cumprir a missão. Somente Jesus Cristo ressuscitou. Jesus nos redimiu com seu sacrifício, tanto quanto a reencarnação pode nos prover uma nova vida para continuarmos nossa evolução espiritual. Para os espíritas, os seres humanos teriam a chance de reencarnar; mas somente Jesus Cristo ressuscitou.

Confesso que diversas vezes meditei sobre esse dogma da Igreja, e acredito que a crença na teoria da reencarnação seja a principal diferença entre os cristãos católicos e os cristãos espíritas. A dúvida permanece, e só me resta citar Sócrates: "Só sei que nada sei".

## 14. Faça o bem sem saber para quem

Saiba que a caridade interesseira tem seu mérito parcialmente anulado; e que a caridade, para ser plena, não deve ter segundas intenções. Desapegue-se de tudo aquilo a que tem apego.

## 15. Mesmo tendo sido agredido, perdoe

"Quem perdoa está livre. Quem se vinga, quem cobra e quem faz justiça com as próprias mãos se liga ao agredido e vai ter que conviver com quem ofendeu. Quem perdoa se liberta" (DIAS, 2022, n.p.).

## 16. Não ofenda moralmente e não pense nada de mal sobre as pessoas

Não menospreze o semelhante. Não rejeite ninguém. Aprenda a suportar o próximo. Talvez as pessoas mais vis, cujos históricos são terríveis, estejam cumprindo uma tarefa de destruição para que haja uma nova reconstrução. Eis um dos motivos das destruições de países por conta da corrupção. Todos os seres podem ser como Deus, se compartilharem como Deus.

## 17. Amai-vos uns aos outros e sigais os preceitos de Jesus Cristo, a alma mais pura e iluminada que habitou o planeta Terra

Fazei aos outros o que queres que seja feito contigo. De acordo com a teoria espírita, em palestra proferida por Dias (2022, n.p.), citando Emmanuel: "Todo mal que geramos habita em torno de nós até que o mal se atraia a nós". Ou seja: não se vingue, não se iguale a quem o ataca. Deseje o bem para quem te fez o mal. Ore e faça o bem por seus inimigos. Porém, não seja ingênuo: proteja-se contra os potenciais ataques.

## 18. Quando não puder amar, pelo menos não odeie e não ataque

Não dê vazão à raiva, evite a ira, tente não julgar e nunca ataque. Você pode não concordar, mas não submeta terceiros a injustiças por conta de suas crenças e preferências. Nenhum religioso verdadeiro utiliza a foice como instrumento de conversão.

## 19. Louve a família sagrada

José e Maria foram os pais de Deus Filho, por terem tido corações e almas puros. Foram levados aos céus e comandam grandes legiões espirituais sob o domínio do amor de Deus Pai e de Deus Filho, unidos pelo espírito sagrado de tudo o que é santo. O Espírito Santo está em comunhão com Maria, filha amada de Deus e mãe do Filho Dele. Ela aparece em diversos locais ao longo da história.

## 20. Honre os santos

Os santos e os espíritos elevados são modelos de santificação e de elevação espiritual. São meios entre os humanos e o divino. Intercedem pelos mortais em outras esferas espirituais. São os verdadeiros anjos, que podem ser seres humanos iluminados, santificados ou em missão de proteção. Tenha os santos como parâmetros de vida. Seja amigo íntimo deles. Faça amigos nos céus.

Capítulo 4

# A Maçonaria e seus graus de aperfeiçoamento

por Aderbal N. Müller[2]

## 4.1 Introdução

Primeiramente, e me permitam aqueles hermeticamente iniciados, precisamos entender ou relembrar o que é a Maçonaria e o que significa essa divisão em graus ou degraus.

Inicialmente, vale recordar dos primórdios dessa sublime ordem, criada a partir das chamadas Corporações de Ofício ou Guildas, que agregavam profissionais divididos por categorias na Baixa Idade Média (séculos 12 a 15), quando a Maçonaria se denominava Maçonaria Operativa, pois os pedreiros construtores eram os edificadores das catedrais, muitas à época em estilo gótico medieval. Há relatos de uma Maçonaria Primitiva, até mesmo chamada de Maçonaria Noaquita, referindo-se a Noah ou Noé, destacado personagem bíblico que construiu a Arca do Dilúvio. Seguindo essa linha, a Maçonaria tornar-se-ia milenar, e não secular.

Em 1717, houve a criação da Grande Loja Unida da Inglaterra, que alterou a fase histórica para o que se conhece como Maçonaria Especulativa ou Maçonaria dos Aceitos, uma vez que passaram a ser

---

[2] Capítulo amavelmente escrito por Aderbal N. Müller, que foi iniciado na Maçonaria em 1º de julho de 2005, no Rito Escocês Antigo e Aceito, alcançando o Grau 33 em 12 de agosto de 2017. Participou do Real Arco como Mestre de Marca desde 28 de julho de 2007, estabelecido como Mestre em 30 de setembro de 2007. Foi Venerável-Mestre da Loja Cavaleiros de Cristo (Rito Adonhiramita) no biênio 2015/2017, no Grande Oriente do Paraná, filiado à Confederação Maçônica Brasileira (COMAB). Estudioso do tema, promoveu pesquisa independente e atualmente escreve um livro sobre *Landmarks*. Aderbal N. Müller é doutor pela UFSC, mestre em Ciências Sociais Aplicadas e especialista em Finanças. Graduado em Ciências Contábeis pela FAE Business School.

admitidos membros que não eram especificamente pedreiros. Convém lembrar que a palavra *maçon*, em francês, na origem significa "pedreiro" ou, como são identificados os participantes, pedreiros livres.

A partir desse período, houve uma verdadeira mudança em suas práticas, possibilitando interferências significativas no âmbito político internacional. Uma das grandes contribuições da Ordem Maçônica foi a Queda da Bastilha.

A estrutura criada permitiu grandes movimentos sociais revolucionários, culminando no ciclo entre 1789 e 1899, com o fim dos privilégios da aristocracia então existente e com a Revolução Francesa, que marca o início da Idade Contemporânea em termos históricos. O lema "Liberdade – Igualdade – Fraternidade", presente nas três cores da bandeira francesa de forma representativa, é ainda utilizado nas trilogias dos rituais maçônicos, entre outros.

A fraternidade ou tradição foi muito criticada pela Igreja Católica por seus aspectos de catequização e dominância religiosa, a partir da criação de escolas em todo o mundo. Foi também acusada de fanatismo, de ocultismo e de satanismo, como se fosse uma seita demoníaca especialmente por não revelar seus mistérios ou segredos – que não podem ser escritos ou revelados senão por experiências herméticas em seu principal sentido.

Em 1738, o Papa Clemente XII publicou a Bula *In Eminenti Apostolatus Specula*, em enfrentamento rigoroso às práticas dessa comunidade oculta, sugerindo que a Ordem Maçônica nega Deus, o que absolutamente não é verdadeiro, pois um de seus *landmarks*, talvez o primeiro, é a crença em um Ser Superior, que se conhece entre seus membros como grande arquiteto do universo. Ou seja, um ateu jamais seria admitido maçom.

Posteriormente, em 1884 o Papa Leão XIII publicou a Encíclica Antimaçônica que "denuncia" supostamente as concepções e ideias filosóficas opostas à doutrina social da Igreja Católica, muito presente à época.

A Maçonaria é uma sociedade muito mais discreta do que secreta atualmente, tendo em vista a extrema exposição e as facilidades do mundo digital. Trata-se de uma sociedade que busca a evolução e a perpetuação dos valores morais e espirituais, talvez hoje tão ignorados ou mesmo renegados a um segundo plano, em detrimento de outros valores disseminados em nosso mundo. A Maçonaria é uma escola de fraternidade, de aperfeiçoamento, um modo de vida e de conduta, além de uma unidade de relacionamento e de apoio mútuo.

Seus graus, ou degraus, fazem alusão a essa escala ou escalada de aperfeiçoamento contínuo, conhecida a partir da denominada Escada de Jacó (Gênesis 28: 11-19).

Mas antes mesmo de ocuparmo-nos dos graus especificamente, há a necessidade de esclarecer que, apesar de uníssona, a Maçonaria traduz seus métodos e desenvolve seus rituais por meio de distintos e diversos ritos. O primeiro rito oficialmente instalado no Brasil foi o Adonhiramita (na época do Império), mas hoje o mais difundido e utilizado é o denominado Rito Escocês Antigo e Aceito. A Maçonaria do Real Arco ou do Arco Real, muito presente nos Estados Unidos e na Inglaterra, está baseada no Rito de York. A base, entretanto, está dividida em três graus, conhecidos genericamente como graus simbólicos, que compreendem os níveis de aprendiz (grau 1), de companheiro (grau 2) e de mestre (grau 3). Esses graus são apresentados aos participantes nas denominadas Lojas Simbólicas.

Vejamos um comparativo, em um clássico quadro que apresenta os graus nos Ritos Escocês e de York:

Os demais ritos, entre outros, apresentam quantidades de graus diferentes, tais como o Rito de Memphis-Misraim (com 90 ou 96 graus), o Moderno (com 7 graus), o de York (com 3 ou 4 graus) – considerado talvez o mais autêntico de todos –, o Scröeder (ou Rito Alemão, com 3 graus), o Adonhiramita (com 13 ou 33 graus) e o Rito Escocês Antigo e Aceito (com seus 32 ou 33 graus) e dezenas de outros.

## 4.2 Os graus no Rito Escocês Antigo e Aceito

Optou-se, entre tantas hipóteses, por considerar e discorrer sobre os graus com base no REAA ou R.E.A.A. (Rito Escocês Antigo e Aceito). Trata-se tão somente de uma opção, não por ser melhor ou mais adequado, mas por ser o mais utilizado no Brasil.

O Rito Escocês (que também tem a forma de Rito Escocês Retificado) apresenta seus graus de desenvolvimento distribuídos do seguinte modo:

- graus simbólicos ou Lojas Azuis – Graus 1 a 3;
- graus inefáveis[3] ou Lojas de Perfeição – Graus 4 a 14;
- graus capitulares ou Maçonaria Vermelha – Graus 15 a 18;
- graus filosóficos ou Conselho Kadosh[4] – Graus 19 a 30;
- graus administrativos ou Consistório – Graus 31 e 32;
- supremo conselho – Grau 33.

A origem do Rito Escocês Antigo e Aceito é bastante controversa em termos históricos. No livro *Morals and Dogma*, de Albert Pike (2007), utilizado na pesquisa para este capítulo, encontram-se tão somente 32 graus no REAA. Assim, pode-se entender que o grau 33 foi incluído posteriormente, e muito recentemente.

Os graus simbólicos são os três primeiros (aprendiz, companheiro e mestre) e são comuns a todos os ritos. Historicamente há relatos de que, na França, eram adotados apenas os dois primeiros graus: aprendiz e companheiro. Assim, a plenitude maçônica era considerada no grau de companheiro (*Compagnon*). Nessa época havia considerável influência maçônica nos atos da Revolução Francesa. Assim, o grau 3 (mestre) pode ter sido adicionado posteriormente, sob critérios dos ingleses provavelmente, no desenvolvimento do Rito de York, prática adotada no simbolismo até os dias atuais.

Assim, de forma resumida e objetiva, os diversos graus têm em sua essência reservados obviamente os aspectos herméticos[5] que os envolvem, e são somente apresentados aos efetivamente iniciados[6] os seguintes aspectos morais:

**Grau 1 – Aprendiz:** A força de um aprendiz é desregulada e se subordina às mais diversas intempéries e subjugos por sua inexatidão de procedimentos. O simbolismo lhe apresenta os números sagrados e as nuances do templo e o incita a estudar e a aprimorar seus conhecimentos.

---

[3] *Inefável:* que não se pode nomear ou descrever em razão de sua natureza, como o nome de Deus, por exemplo, em hebraico: יהוה

[4] *Kadosh:* em hebraico, significa "Santo".

[5] O hermetismo refere-se a um conjunto de doutrinas místicas e alquímicas que envolvem magia e filosofia, reveladas na forma de saber oculto e esotérico reservado somente a poucos, os iniciados na tradição.

[6] A iniciação em si é um símbolo sublime que revela um princípio ao candidato, representada por uma porta de admissão ("*Initia*"), que o traz e a ele desvela raízes da ciência religiosa, filosófica, social e ética baseada nos antigos mistérios.

**Grau 2 – Companheiro:** Há centenas de anos, a religião era confundida com os mistérios e a filosofia. O conhecimento aqui repassado revela as particularidades e peculiaridades da beleza, algo extraordinário que alcança muito além da força.

**Grau 3 – Mestre:** As alegorias apresentam descrições sobre tudo aquilo que deve ser visto e observado. Daí a notação do "Olho que tudo vê", tão presente nos cenários maçônicos. O mestre maçom completa um ciclo e compreende a mística que envolve a própria vida e a morte. Além disso, aprende sobre a forma de renascer com o apoio mútuo.

**Grau 4 – Mestre Secreto:** Muito além dos números e dos juízes, esse grau ensina precipuamente o dever de obediência à Lei, à única Lei, verdadeira e original, à razão e à natureza, ou seja, a abstinência à injustiça.

**Grau 5 – Mestre Perfeito:** Trabalho e honestidade são as máximas desse grau, virtudes inigualáveis impetradas nos seres humanos que o qualificam como tal. A tônica que aqui se aprende é a de aprender e fazer.

**Grau 6 – Secretário Íntimo:** O ensinamento desse grau revela-se nas expressões "ser zeloso e confiável" ou, ainda, desinteressado e benevolente. O magnetismo que envolve o trabalho do maçom e o guia em busca de sua honra é descortinado pelo ensinamento do devido cuidado com os pensamentos e as ações.

**Grau 7 – Preboste e Juiz:** Como a própria identificação sugere, o que se incalca[7] aqui é a verdadeira noção de justiça, decisão e julgamento. Na Idade Média, o preboste era o encarregado do rei para promover a justiça e elidir os preconceitos e as pressuposições.

**Grau 8 – Intendente dos Edifícios:** Dado o nascimento da Maçonaria na área operativa, dentro do âmbito das guildas e das construções das grandes catedrais do mundo, ela traz aqui importantíssima lição sobre sua obra e suas cerimônias, com destaque para a dificuldade de entendimento até mesmo por parte do iniciado, que se vê voltado à verdade divina na luta da escuridão contra a luz.

**Grau 9 – Eleito dos Nove:** Baseado em uma lenda de obediência e devoção, esse grau representa a noção de que muitas pessoas têm

---

[7] *Incalcar:* gravar ou imprimir no espírito de alguém. A Maçonaria busca impetrar o alcance ao coração e à alma do maçom.

sentimentos, mas não princípios, quando aprovamos o certo, mas perseguimos o errado, por inúmeras razões, entre as quais a conveniência e a sobrevivência. Ensina-se aqui que *"necesse est ut eam, non ut vivam!"*[8].

**Grau 10 – Eleito dos Quinze:** Reza-se aqui mais uma lenda, com base na anterior, que apresenta a causa da tolerância e da liberdade contra o fanatismo e a perseguição, típicos da Idade Média e de períodos posteriores. Nenhum homem sabe alguma prova sobre sua fé. O que é verdade para um não é verdade para outro. O que é verdade? Ela é, ainda assim, para ambos.

**Grau 11 – Sublime Eleito dos Doze:** Mais um grau velado em lenda, que apresenta o questionamento: "Ele viveu bem?". A compreensão se faz quando, a partir da prosperidade, aprendemos a moderação, a temperança e a gratidão.

**Grau 12 – Grão-Mestre Arquiteto:** A arquitetura é a base tridimensional da Maçonaria, desde Euclides e Pitágoras, na Matemática. As ciências liberais, aliás, são a base da construção do ser humano. Os ensinamentos dados nesse grau são manifestados pelo uso dos instrumentos de trabalho e, em paralelo, da capacidade da alma na busca da infinidade e da eternidade.

**Grau 13 – Real Arco de Salomão:** Faço aqui referência ao Real Arco, Maçonaria embasada no Rito de York, mas trazida ao âmbito do Escocismo para representar a busca dos hebreus do nome sagrado ou nome inefável de Deus.

**Grau 14 – Grande Eleito, Perfeito e Sublime Maçom:** O nome revela o final de uma trajetória nos graus superiores, pois findam aqui os denominados graus inefáveis. A partir do próximo grau, o foco de atividades, de experimentação e de aprendizado altera-se para os graus capitulares, denominados Rosa-Cruz.

**Grau 15 – Cavaleiro do Oriente, da Espada ou da Águia:** A Maçonaria mantém sua "cruzada" contra a ignorância, a intolerância e o fanatismo. Seu máximo desafio sempre foi e será a apatia e a falta de fé de seus membros. Mesmo maçons são seres humanos e indignos da verdadeira luz, sem a qual o encanto da existência permanece dissolvido, e o universo despojado de seus esplendores.

**Grau 16 – Príncipe de Jerusalém:** "Já não esperamos reconstruir o Templo de Jerusalém" (PIKE, 2007, p. 217, tradução nossa). Mas,

---

[8] Tradução livre: "É necessário que eu seja, não que eu viva!".

embora tal obra não seja mais a tônica, os deveres humanos permanecem substancialmente, e a Maçonaria ainda é o que se aprendeu desde épocas remotas. O mundo ainda padece da falta de paz, caridade, tolerância e da construção de homens livres e de bons costumes.

**Grau 17 – Cavaleiro do Oriente e do Ocidente:** Muitos dos antigos mistérios são revelados nesse grau, mas permanecem indeléveis as alegorias relativas à imperfeição e à reflexão acerca do infinito e do divino.

**Grau 18 – Cavaleiro Rosa-Cruz:** Ápice dos graus capitulares, esse é um dos mais belos graus da Maçonaria, dada a particularidade da cerimônia, que certamente aqui não se pode revelar. É basicamente como se fôssemos convidados e participássemos da própria Santa Ceia na ocasião da liturgia de Endoenças[9].

**Grau 19 – Grande Pontífice:** Inicia-se aqui o Conselho Kadosh. Nasce a verdadeira busca em permitir que aqueles que vêm após nossa estada possam avançar, progredir e aprimorar nossa raça e espécie. Como nos velhos tempos das cavernas, a história se repete. Suplantar a ineficiência humana é a razão que nos leva à busca do crescimento e da verdadeira razão ou da verdadeira luz.

**Grau 20 – Grão-Mestre das Lojas Simbólicas ou Mestre *Ad Vitam*:** A expressão "para todas as lojas" ou "*ad vitam*" (para a vida) requer reflexão nesse grau, que se refere a restaurar a pureza primitiva do ser humano. Não há razão para entender a superioridade de um homem sobre o outro, quaisquer que sejam seus motivos ou fundamentos. A única razão é a de que o homem se subordina a um ser superior.

**Grau 21 – Mestre Noaquita ou Cavaleiro Prussiano:** A união ao grande arquiteto do universo e a descoberta da imortalidade da alma são aqui presenciados, confirmados e verificados em todos os seus termos, visões e nuances. Desde os Espúrios, os denominados mistérios (costumes) da Antiguidade foram aprimorados e permitiram o conhecimento de tão nobre legado da vida ou da existência.

**Grau 22 – Cavaleiro do Real Machado ou Príncipe do Líbano:** Sua identificação tem a maior razão de ser. No cabo do machado recebido nesse grau, estão inscritas as letras L.S.A.A.C.D.X.Z.A. (Líbano,

---

[9] *Endoenças:* Liturgia da quinta-feira santa (páscoa judaica), anterior à sexta-feira da paixão ou ressurreição de Cristo, na denominada Semana Santa, segundo os Evangelhos Canônicos.

Salomão, Abdá, Adoniram, Ciro, Dario, Xerxes, Zorobabel e Ananias) e, do outro lado, S.N.S.C.J.M.B.G. (Sidônio, Noé, Sem, Cam, Jafé, Moisés, Bezeleel e Goliab). Elas pertencem à Ordem.

**Grau 23 – Chefe do Tabernáculo:** Estudam-se aqui os mistérios de Elêusis, ou ritos de iniciação ao culto a deuses. Na era primitiva, eram os primórdios dos rituais religiosos. O referido "mistério" refere-se a tudo aquilo que não pode ser expresso em palavras, daí o verdadeiro "segredo" da Maçonaria, pois nem tudo pode ser expresso oralmente, como as experiências e vivências particulares de cada um. Certa vez ouvi dizer que "na Maçonaria nada se ensina, mas tudo se aprende!".

**Grau 24 – Príncipe do Tabernáculo:** O simbolismo é a mais tradicional e antiga linguagem universal da antiga teologia. É o mais verdadeiro método de instrução sobre nossa natureza. Na antecâmara no Conselho Kadosh se estabelece sua importância. Não há mais nada a abordar aqui.

**Grau 25 – Cavaleiro da Serpente de Bronze:** Esse grau é voltado ao estudo filosófico e moral, especialmente ao que se refere à misericórdia e ao perdão. Sua melhor tradução:

> O homem, envolvido pelas trevas densas da noite mais profunda, quando tudo ao seu redor desaparece e ele parece estar sozinho consigo mesmo e com as sombras negras que o cercam, sente sua existência como um vazio e um nada, exceto até onde a memória lhe recorda as glórias e os esplendores da Luz (PIKE, 2007, p. 387, tradução nossa).

**Grau 26 – Príncipe da Misericórdia ou Escocês Trinitário:** O que é a voz do passado? Talvez a *Logos* ou a verdadeira luz, ou ainda, como na Bíblia, o Verbo. Ou seja, "O Verbo era a Luz Verdadeira" (João 1: 9).

**Grau 27 – Cavaleiro Comandante do Templo:** Esse é um dos primeiros graus de Cavalaria do Rito Escocês, relembrando sua origem templária. Podemos compará-lo com a evolução dos graus no Rito de York (Real Arco). Em síntese, duas alternativas e circunstâncias abordadas: virtude e dever.

**Grau 28 – Cavaleiro do Sol ou Príncipe Adepto:** Letras, desde o Alfa até o Ômega. As letras hebraicas têm sons e números de equivalência. A *Kabbalah* (ou Cabala) as estuda profundamente. Dentro do tetragrama o nome inefável do Criador apresenta duas de suas mais importantes combinações, identificadas simplificadamente em inglês, como *Vau* e *He*. O Verbo ou a Palavra estava com o Criador. Como foi dada a verdade, a luz, o homem deteve o Verbo, mas dele se afastou e trilhou caminhos de trevas, de pecado, de vícios, ou seja, encontrou o erro. E não meramente um erro do ponto de vista dogmático, religioso, quase infantil ou de controle pueril do Estado, mas o erro do ponto de vista ético e, em alguns casos, moral. E então se perdeu a verdade ou a verdadeira luz, aquilo que dá o poder divino. E desde então o homem se indaga: O que sou? Como sou? De onde venho? Para onde vou? O homem, assim, perdeu o conhecimento perfeito sobre o Criador, sobre o verdadeiro e o absoluto, sobre a existência e a inteligência suprema; e ficou nadando no oceano da conjectura, segmentado, chafurdando no materialismo e no sensualismo, impotente para alcançar visões mais nobres.

**Grau 29 – Grande Cavaleiro Escocês de Santo André:** Por meio da virtude, da verdade e da honra, pode-se tornar um ser digno de ser chamado de Cavaleiro. A consciência da dignidade própria ilumina a alma humana e revela sua origem divina ou divindade, bem como sua imortalidade, por meio da luz que desvela o quanto a alma humana é capaz de enxergar.

**Grau 30 – Cavaleiro Kadosh:** O catolicismo romano e seu papado criou a égide dos templários e depois, com receio de seu próprio poder estabelecido, o destruiu, expurgando-os da Ordem, rechaçando-os como vis criminosos indulgentes, excomungados da própria Igreja, insana pela glória, pelo poder e pelo domínio. Jacques de Molay (*Jacobus Burgundus Moliensis*) foi seu último nome e mártir. Seus sucessores foram os Rosa-Cruzes. A Rosa, para os iniciados, sempre foi o símbolo vivo da revelação da harmonia. Os Antigos Cavaleiros pereceram, submergidos em sua vitória fatal.

**Grau 31 – Grande Inspetor Inquisitor Comandante:** Os graus 31 e 32 já não mais pertencem ao núcleo do filosofismo na Maçonaria, mas constituem o agregado denominado de Consistório.

> Ouvir com paciência, ponderar deliberadamente e sem paixões e decidir imparcialmente, estes são os principais deveres de um Juiz. Há três grandes pilares no Universo, que a Maçonaria conhece muito bem: a Sabedoria (ou Inteligência Divina), a Força (Vontade Divina ou Poder) e a Beleza (Harmonia Divina ou Lei Eterna). Desde os capitéis mais básicos das construções gregas, quais sejam o Dórico, o Jônico e o Coríntio,

respectivamente representando a Força, a Sabedoria e a Beleza, também tão utilizados na música (uma das ciências liberais a serem estudadas), depois complementados pelos capitéis Compósito e Toscano, reunindo-se em cinco (a denominada "quinta justa" para os músicos, a partir de um acorde de tríade, ou seja, os três primeiros). Grandes e inúmeras são as lições a partir de que se aprende que aprender e estudar é a máxima lógica da evolução de um ser (PIKE, 2007, p. 705).

**Grau 32 – Sublime Príncipe do Real Segredo ou Mestre do Real Segredo:** Chegamos, finalmente, ao último grau. Ou último degrau na Escada de Jacó, no texto bíblico. Vamos pensar na ciência dos magos. Os mistérios antigos foram desfigurados pelos gnósticos e adivinhos dos oráculos da humanidade. Há muito a se reconstruir a partir da magia e do ocultismo. A doutrina sagrada quase foi profanada em um mundo perverso que desconsiderou as ciências herméticas e sua importância. Mas as verdadeiras hipóteses permanecem. Apesar de tamanha evolução da humanidade em diversos e múltiplos setores e segmentos, os valores econômicos sobrepujam-se aos morais e éticos e apagam a centelha divina que existe em cada um de nós. A Arte Real e o Santo Reino, ou o *Sanctum Regnum*, foram alijados do processo de evolução tecnológica. Que assim seja! Mas que o absoluto da inteligência, a razão suprema, jamais deixe de existir, sob pena de extinguir a humanidade e a verdade incontestável de tudo o que a criou. A ciência teve e tem suas auroras, mas que não lhes revelam o direito de tudo destruir. A fé permanece inalterável, ao menos aos iniciados. A verdade, a realidade e a razão continuam sendo os verdadeiros pilares do equilíbrio universal.

**Grau 33 – Soberano Grande Inspetor Geral:** Depois de tudo que foi apresentado, reservo-me a declarar que nada tenho a informar ou sumarizar sobre esse grau, distinto a tão poucos. A caminhada é sempre o que vale a pena, e não o alcance da meta. E uma caminhada é sempre um passo após o outro. Sejam as Ordens dos Rosa-Cruzes, dos Eubiotas, dos Maçons ou Franco-Maçons, sejam os próprios Templários, ou os *Illuminati*, os *Skull and Bones*, ou outra organização paramaçônica, até mesmo os Escoteiros, todas possuem um único e sublime objetivo: preservar tradições e manter vivas as chamas da universalidade e dos conhecimentos dos antigos sobre o desenvolvimento moral, ético e dogmático do ser humano.

Capítulo 5

# O Código de Hamurabi, os deuses babilônios e a saga de Gilgamesh

## 5.1 A criação do mundo para os assírios e babilônios

1. Primeiro foi o mar primordial, concebido pelos sumérios como eterno e criado.
2. O mar primitivo engendrou um céu e uma terra unidos e concebidos como elementos sólidos.
3. O céu e a terra produziram um elemento gasoso. O ar, cuja principal característica é a expansão, separou o céu e a terra.
4. O ar foi concebido a partir da Lua, que o emanou e o desenvolveu, assim como o último emanou e ajudou a desenvolver o Sol, que permitiu o desenvolvimento das plantas.
5. Após o céu e a terra terem sido separados, o Sol permitiu que viessem os animais, e tornou-se possível todo tipo de vida.
6. O Sol também provavelmente estava envolvido no ato de desenvolvimento desse outro elemento.

Transferidos para a linguagem teológica, esses conceitos sumérios racionais podem ser descritos da seguinte forma:

1. Primeiro foi a deusa Nammu, o mar primitivo personificado.
2. A deusa Nammu deu à luz An, o deus masculino, e Ki, a deusa da terra.
3. A união de An e Ki produziu o deus do ar, Enlil, que procedeu a separar o céu-pai An da mãe-terra Ki.
4. O mestre Ki Enlil, o deus do ar, passou a viver em total escuridão com o céu, que poderia ter sido concebido pelos sumérios como feito de lápis-lazúli escuro, como o teto e as paredes de uma casa, e a superfície da terra feita de *nami*, seu piso.

5. Ele, portanto, gerou a lua, muito brilhante.
6. A lua gerou o deus do sol, Utu, que se tornou o pai.

Logo, ele gerou a deusa da lua, Inanna, para iluminar a escuridão de sua casa. Inanna gerou o deus do sol, Utu, que ficou mais brilhante do que seu pai. Não é sem interesse notar que a ideia de que o filho, o gerado, se torna mais forte que o pai, o engenheiro, em um sentido mais profundo, é realmente o que acontece no desenvolvimento que denominamos progresso e nativo da filosofia e da psicologia.

Enlil, o deus do ar, torna-se no mais poderoso do que seu pai, An, o deus do céu.

Marduk, o deus dos babilônios semíticos, torna-se mais poderoso que seu pai, Enki.

Enlil, deus, agora se une à mãe, Ki, a deusa da terra. É dessa união, mas com a ajuda considerável de Enki, o deus da água, que o vegetal e o animal são produzidos na terra.

Por trás de toda essa mitologia, há uma verdade secular. E ainda há muito a se descobrir, porém existe uma grande similaridade entre as histórias sumérias e as bíblicas. Enki supostamente revelou para Ziusudra (tipo um Noé da Suméria) que ocorreria um dilúvio que duraria sete dias, após Ziusudra ter tido visões do acontecimento.

## 5.2 Inanna, Ishtar, Isis, Asterote, Astarte e Afrodite são a mesma divindade?

**Ishtar:** é a deusa babilônica do amor, da fertilidade e da guerra, assim como Inanna. Ishtar era a deusa do amor sexual e teve muitos parceiros sexuais. Como Inanna, Ishtar descia ao submundo para ver sua irmã Ereshkigal e tinha que remover um artigo de vestuário em cada um dos sete portões por que passava. Ishtar não é morta por Ereshkigal, mas é presa no submundo, de forma que toda a atividade sexual em todo o mundo é interrompida.

**Inanna:** Inanna ou Inana poderia ser manhosa e astuta. Era uma poderosa guerreira, que tinha um carro de guerra puxado por leões. Tida como gentil e amorosa, fonte de beleza, graça e inspiração; amante apaixonada e sensual. O namoro de Inanna e Damuzi estabeleceu o princípio do sagrado matrimônio. Na verdade, um aspecto de Inanna é como a deusa do amor, e é nesse aspecto que ela incorpora a criatividade, a procriação, a paixão e a energia sexual. Durante o tempo que a deusa Inanna governou o povo da Suméria, suas comunidades prosperaram. Inanna era a rainha dos sete templos em toda a Suméria, e seu mito pode ter sido a base de Demeter ou Ceres da mitologia greco-romana.

**Astarte ou Asterote:** irmã e esposa de Baal, também identificada como a deusa do amor, da Lua, da guerra e da agricultura. Alguns estudiosos acreditam que Asterote foi a companheira de Javé e apagada dos arquivos. Alguns santuários foram encontrados em Israel, indicando que alguns hebreus louvavam a Yahweh e a outros deuses pagãos como Asterote (que para os fenícios era mãe e esposa de Tamuz), que seria a Grande Deusa, a Grande Mãe dos panteões divinos arcaicos, representando o amor divino. Outros nomes da deusa: Asherah, Astarte, Inanna, Ishtar, Ísis, Afrodite e Hera.

### 5.2.1 O ciclo de Inanna/Ishtar

Adorada deusa do amor e da guerra, grande amante e melhor amada.

**A Árvore de Hulupu**
Nos primeiros dias, nos primeiros dias,
   Nas primeiras noites, nas primeiras noites,
   Nos primeiros anos, nos primeiros anos
   Nos primeiros dias, quando tudo o que era necessário foi trazido à existência
   Nos primeiros dias, quando tudo o que era necessário foi alimentado como devia
   Quando o pão foi cozido nos templos desta terra
   Quando o pão foi provado [por todos] nos lares desta terra
   Quando o Firmamento se separou da Terra
   E a Terra foi separada do Firmamento
   E o nome do homem foi fixado
   Quando o Deus do Firmamento levou consigo os Céus
   E o deus do Ar, Enlil, carregou consigo a Terra,
   Quando à Rainha das Grandes Profundezas,
   Ereshkigal, foi dado o Mundo Subterrâneo para seu reino
   Ele zarpou: o Pai zarpou.
   Enki, o deus da Mágica, das Artes e da Sabedoria, zarpou para o Mundo Subterrâneo.
   Pequenas lufadas de vento foram lançadas sobre ele
   Grandes chuvas de granizo foram jogadas contra ele
   Avançando velozes feito tartarugas gigantes

Elas se lançaram contra a quilha do barco de Enki.

As águas do mar devoraram a proa do barco de Enki como lobos ferozes

As águas do mar jogaram-se contra o barco de Enki como leões famintos

Naquela época, uma árvore, uma árvore única, a Árvore de Hulupu,

Foi plantada às margens do Eufrates.

A árvore foi nutrida pelas águas do Eufrates.

Um dia, porém, o Vento Sul soprou e começou a levantar as raízes da árvore de Hulupu,

E arrancar seus galhos

Até que as águas do Eufrates carregaram consigo a grande árvore.

Uma jovem que caminhava pelas margens do rio

Arrancou a árvore de onde estava [à deriva] e disse:

– Vou levar esta árvore até a minha cidade, Uruk.

– Vou plantar esta árvore no meu jardim sagrado.

Inanna cuidou da árvore com suas próprias mãos.

Ela assentou a terra ao redor da árvore com seu pé.

Ela começou a imaginar:

– Quanto tempo vai passar até que eu tenha um trono de luz para me sentar?

– Quanto tempo vai passar até que eu tenha um leito de luz para me deitar?

Os anos se passaram; cinco anos, então dez anos.

A árvore cresceu em espessura

Mas sua casca não se partiu

A serpente, que não podia ser enganada por encantamentos ou artes

Fez seu ninho nas raízes da árvore de Hulupu

O pássaro Anzu e seus filhotes fizeram um ninho nos galhos da árvore

E a traiçoeira donzela Lilith fez do tronco da árvore de Hulupu o seu lar.

A jovem que adorava rir, chorou.

Como Inanna chorou!

Mas mesmo assim, nem a serpente, o pássaro Anzu ou Lilith deixaram a árvore sagrada.

Um dia, porém, quando um pássaro começou a cantar, anunciando a chegada do alvorecer,

O Deus Sol, Utu, deixou seus aposentos reais,

Inanna, então, chamou por seu irmão Utu, e lhe disse:

– Utu, nos primeiros tempos, quando foram decretados os destinos

Quando nada faltava a esta Terra
Quando o Deus do Firmamento levou consigo os céus
E o Deus do Ar levou consigo a Terra,
Quando Ereshkigal escolheu o Mundo Subterrâneo para seu reino,
Quando Enki, o Deus das Artes, da Mágica e da Sabedoria,
Zarpou para as Grandes Profundezas,
E o Mundo Subterrâneo ergueu-se para atacá-lo,
Naquele tempo, uma árvore, uma árvore única, a Árvore de Hulupu,
Foi plantada às margens do Eufrates.
O Vento Sul empurrou as raízes da árvore sagrada, quebrou seus galhos,
Até que as águas do Eufrates carregaram a Árvore de Hulupu.
Então, eu tirei a árvore sagrada das águas do rio,
Levando-a para o meu jardim, em Uruk.
Lá, eu mesma cuidei da Árvore de Hulupu,
Enquanto esperava pelo meu trono e leito de luz.
Então uma serpente, que não podia ser enganada por encantamentos ou artes,
Fez seu ninho nas raízes da Árvore de Hulupu.
O pássaro Anzu fez para si e seus filhotes um ninho nos galhos da árvore sagrada,
E Lilith, a donzela rebelde e morena, fez do tronco da árvore de Hulupu o seu lar.
Vendo todos eles tomarem conta da minha árvore,
Eu chorei, ah, como eu chorei!
Mas mesmo assim nenhum deles deixou a minha árvore.
Utu, o valente guerreiro, Utu, o deus Sol,
Não se prontificou a ajudar Inanna.
E ela chorou ainda mais, mas não desistiu.
Quando os pássaros começaram a cantar, anunciando a chegada do alvorecer do outro dia, Inanna chamou seu irmão Gilgamesh, dizendo:
– Ah, Gilgamesh, nos primeiros tempos, quando foram decretados os destinos
Quando nada faltava a esta Terra
Quando o deus do Firmamento levou consigo os céus
E o deus do Ar levou consigo a Terra,
Quando Ereshkigal escolheu o Mundo Subterrâneo para seu reino,
Quando Enki, o deus das Artes, da Mágica e da Sabedoria,
Zarpou para as Grandes Profundezas,
E o Mundo Subterrâneo ergueu-se para atacá-lo,
Naquele tempo, uma árvore, uma árvore única, a Árvore de Hulupu,
Foi plantada às margens do Eufrates.

O Vento Sul empurrou as raízes da árvore sagrada, quebrou seus galhos,
Até que as águas do Eufrates carregaram a Árvore de Hulupu.
Então, eu tirei a árvore sagrada das águas do rio,
Levando-a para o meu jardim, em Uruk.
Lá, eu mesma cuidei da Árvore de Hulupu,
Enquanto esperava pelo meu trono e leito de luz.
Então uma serpente, que não podia ser enganada por encantamentos ou artes,
Fez seu ninho nas raízes da árvore de Hulupu.
O pássaro Anzu fez para si e seus filhotes um ninho nos galhos da árvore sagrada,
E Lilith, a donzela morena e rebelde, fez do tronco da árvore de Hulupu o seu lar.
Vendo todos eles tomarem conta da minha árvore,
Eu chorei, ah, como eu chorei!
Mas mesmo assim nenhum deles deixou a minha árvore.
Gilgamesh, o valente guerreiro, Gilgamesh,
O herói de Uruk prontificou-se para ajudar Inanna.
Gilgamesh ajustou sua forte armadura no peito
A pesada armadura tinha peso de penas para o grande herói
Ele levantou pesado machado de bronze, o machado (que abre caminhos),
E colocou-o no ombro. Assim preparado, Gilgamesh entrou no jardim sagrado de Inanna. Gilgamesh bateu na serpente que não podia ser encantada.
O pássaro Anzu voou com sua ninhada para as montanhas,
E Lilith destruiu sua casa e fugiu para um local selvagem e desabitado.
Gilgamesh então afrouxou as raízes da árvore de Hulupu,
E os filhos da cidade, que o acompanharam, cortaram os galhos da árvore sagrada.
Do tronco da árvore, ele esculpiu um trono para sua divina irmã,
Do tronco da árvore, Gilgamesh esculpiu um leito para Inanna.
Das raízes da árvore ela fez um bastão para seu irmão,
Dos galhos, a coroa da árvore de Hulupu, Inanna fez um tambor para Gilgamesh
O herói de Uruk (WOLKSTEIN; KRAMER, 1983, tradução nossa).

## 5.2.2 A religião da Babilônia, mitologia e o Código de Hamurabi

Babilônia pode proceder do acádio Bab-ilu, que significa Porta de Deus. Marduk era considerado o rei dos deuses e era o equivalente a Júpiter na mitologia grega, ou seja, o criador do mundo.

Os babilônicos muito antes dos gregos associaram os deuses aos planetas. Assim, Marte, o deus da guerra, é chamado Nergal, o Ares da Mesopotâmia.

A Babilônia, por meio de sua ciência e seus mitos, influenciou muitos povos na Antiguidade, principalmente no que concerne as ideias religiosas. O céu era a o máximo possível a se contemplar do Universo, sendo tudo o que estava elevado ao céu diretamente associado a essa esfera. Por isso, os deuses eram tidos como estrelas ou planetas. O universo era povoado por seres divinos e demônios que, retratados pelo pensamento humano, eram estereótipos de nossas virtudes e nossos defeitos. Assim, os deuses poderiam ser alegres, tristes, agressivos, vingativos, ambiciosos, misericordiosos etc.

A seguir, um resumo de algumas das centenas de divindades que existiam no diversificado sistema religioso do Império Babilônico.

**Tabela 1** A mitologia babilônica

| Nome | Significado |
|---|---|
| Adad | deus do tempo |
| Ashman | deusa do trigo |
| Bel | deusa da terra |
| Ea/Enki | deus(a) da cultura e da sabedoria |
| Enlil e Ninlil | deus do ar |
| Gibil | deus do fogo |
| Gula | deusa da medicina |
| Inanna/Ishtar | deusa do amor, do sexo, da fertilidade, da guerra e dos poderes políticos |
| Lilith | deusa da morte, a serpente |
| Marduk ou Shamash | deus supremo |
| Namu | deusa das águas do mar |
| Nava | deus dos sonhos |

*(continua)*

**Tabela 1** A mitologia babilônica (*continuação*)

| Nome | Significado |
|---|---|
| Nergal e Ereshkigal | casal guardião do reino dos mortos |
| Ningal | deus da lua, marido de Inanna |
| Ninibe | deus da caça/guerra/agricultura |
| Samash | deus sol |
| Samash/Utu | deus da justiça/adivinhações |
| Shamath | deusa do erotismo |
| Tamuz | deus da primavera/beleza |

Fonte: elaborada pelo autor, com base em Vieira (2012).

## 5.3 Enuma Elish – O mito babilônico da criação

O Enûma Eliš é o mito de criação babilônico. Foi descoberto por Austen Henry Layard em 1849 (em forma fragmentada), nas ruínas da Biblioteca de Assurbanípal em Nínive (Mossul, Iraque), e publicado por George Smith em 1876.

O Enûma Eliš tem cerca de mil linhas escritas em babilônico antigo sobre sete tábuas de argila, cada uma com cerca de 115 a 170 linhas de texto. A maior parte do Tablete V nunca foi recuperado, mas com exceção desta lacuna o texto está quase completo. Uma cópia duplicada do Tablete V foi encontrada em Sultantepe, antiga Huzirina, localizada perto da moderna cidade de Şanlıurfa na Turquia. Este épico é uma das fontes mais importantes para a compreensão da cosmovisão babilônica, centrada na supremacia de Marduque e da criação da Humanidade para o serviço dos deuses. Seu principal propósito original, no entanto, não é uma exposição de teologia ou teogonia, mas a elevação de Marduque, o deus chefe da Babilônia, acima de outros deuses da Mesopotâmia.

O Enûma Eliš possui várias cópias na Babilônia e Assíria. A versão da Biblioteca de Assurbanípal data do século VII a.C. A composição do texto provavelmente remonta à Idade do Bronze, nos tempos de Hamurabi, ou talvez o início da era cassita (cerca de século XVIII a XVI a.C.), embora alguns estudiosos favoreçam uma data posterior a 1100 a.C.

Dadas as suas enormes semelhanças com a narração bíblica do Gênesis, várias discussões têm surgido sobre qual das histórias é a original e qual é uma adaptação à religião em causa. Para a cultura babilônica, o Enûma Eliš explica a origem do poder real, a sua natureza, a permanência da instituição e a sua legitimidade. A realeza humana e terrena tem a sua origem na realeza divina. A divindade continuará a ser o verdadeiro rei e também o modelo a imitar pelo rei terreno. A existência de um modelo divino impõe limites à realeza humana.

Quando os sete tabletes foram descobertos pela primeira vez, as evidências indicavam que eles foram usados em um "ritual", significando que eles eram recitados durante uma cerimônia ou comemoração. Essa festa é agora conhecida como o festival de Akitu, ou o ano novo babilônico. Essa fala da criação do mundo e do triunfo de Marduque sobre Tiamat e como se relaciona com ele tornando-se o rei dos deuses. Então, segue-se uma invocação a Marduque por seus cinquenta nomes.

**e-nu-ma e-liš la na-bu-u šá-ma-mu**
*"Quando no alto não se nomeava o céu,*
*e embaixo a terra não tinha nome,*
*do oceano primordial de água doce (Apsu), seu pai;*
*e da tumultuosa Tiamat (água salgada), a mãe de todos,*
*suas águas se fundiam, e nenhum campo estava formado,*
*nem pântanos eram vistos;*
*quando nenhum dos deuses tinha sido chamado à existência."*

### Tábua I
Os vários deuses representam aspectos do mundo físico. Apsu é o deus da água doce, e Tiamat, sua esposa, é a deusa do mar e, consequentemente, do caos e da ameaça. A partir deles, vários deuses são criados. Esses novos deuses são demasiado tumultuosos, e Apsu decide matá-los. Ea, também conhecido por Enki, descobre o plano, antecipa-se e mata Apsu. Posteriormente, Damkina, esposa de Ea, dá à luz Marduque. Entretanto, Tiamat, enraivecida pelo assassinato de seu marido, jura vingança e cria onze monstros para executá-la. Tiamat casa com Kingu e coloca-o à frente de seu novo exército.

### Tábua II
As forças que Tiamat reuniu preparam-se para a vingança. Entretanto, Ea descobre o plano e a confronta. Em uma zona danificada da tábua, é aparente a derrota de Ea. Anu (deus do céu) desafia-a, mas tem o mesmo destino. Os deuses começam a temer que ninguém seja capaz de deter Tiamat.

### Tábua III
Gaga, ministro de Assur, é encarregado de vigiar as atividades de Tiamat e de os informar da vontade de Marduque de a enfrentar.

**Tábua IV**
O conselho dos deuses testa os poderes de Marduque. Passado no teste, o conselho entrega o trono a Marduque e encarrega-o de lutar com Tiamat. Com a autoridade do conselho, reúne as armas, os quatro ventos e ainda os sete ventos da destruição e segue para o confronto. Depois de prender Tiamat em uma rede, liberta o Vento do Mal contra ela. Incapacitada, Marduque mata-a com uma seta no coração, captura os deuses e monstros aliados. Marduque divide o corpo de Tiamat, usa metade para criar a Terra e a outra metade para o Céu.

**Tábua V**
Marduque cria residências para os outros deuses. À medida que estes vão ocupando seu lugar, vão sendo criados os dias, os meses e as estações do ano. As fases da Lua determinam o ciclo dos meses. Da saliva de Tiamat, Marduque cria a chuva. A cidade da Babilônia é criada sob a proteção do rei Marduque.

**Tábua VI**
Marduque decide criar os seres humanos. Precisa de sangue para criá-los, mas apenas um dos deuses poderá morrer, o culpado de lançar o mal sobre os deuses. Marduque consulta o conselho e descobre que quem incitou a revolta de Tiamat foi seu marido, Kingu. Mata-o e usa seu sangue para criar o Homem, de forma que este sirva de criado dos deuses. Em honra a Marduque, os deuses constroem-lhe uma casa na Babilônia, havendo um grande festim para os deuses, quando terminada.

**Tábua VII**
Continuação do louvor a Marduque como chefe da Babilônia e por seu papel na criação. Instruções às pessoas, para estas relembrarem os feitos de Marduque. Nesse louvor surgem os cinquenta nomes de Marduque.

**Comparação com o livro de Gênesis**
São várias as similaridades entre a história da criação no Enûma Eliš e a história da criação no Livro do Gênesis. O Gênesis descreve seis dias de criação, seguido de um dia de descanso, enquanto o Enûma Eliš descreve a criação de seis deuses e a escravização do homem, para que os deuses tenham um dia de descanso. Em ambos a criação é feita pela mesma ordem, começando na Luz e acabando no Homem. A deusa

Tiamat é comparável ao oceano no Gênesis, sendo que a palavra hebraica para oceano tem a mesma raiz etimológica que Tiamat.

Esse é um mito que provavelmente foi escrito para ser cantado ou entoado em festivais em honra aos deuses e à própria Babilônia, contado aos filhos e aos filhos dos filhos. Um grande exemplo de festival é o Anuktu (Ano-Novo), quando o poema Enûma Eliš era entoado em frente à estátua do grande deus Marduk.

Os pictogramas não possuem rimas ou aliterações, porém possuem alguma assonância, semelhante ao estilo dos cantos gregorianos, quando cantados por várias vozes. A tradução para a língua portuguesa foi feita a partir do texto em inglês de N. K Sandars, *The epic of Gilgamesh* (1993).

Os principais personagens que aparecem no poema são:

- **Tiamat** – deusa primordial da água salgada (Yam).
- **Apsu** – deus primordial da água doce.
- **Lahamu e Lahmu** – deuses primitivos da lama.
- **Anshar** – deus do horizonte celeste.
- **Anu** – outro deus do céu.
- **Mummu** – conselheiro e filho de Apsu e de Tiamat.
- **Ea** – deus da terra e da água, filho de Anu, que mata seu pai, casa com Dankina e tinha quatro olhos e fogo na boca.
- **Kingu** – líder do exército de Tiamat, recebeu as tábuas do destino e provocou a guerra dos deuses contra Tiamat.
- **Marduk** ou **Marduque** – filho de Ea. Protetor da Babilônia; após sua ascensão como império, tornou-se o principal deus do panteão. Representa para a Babilônia o mesmo que Zeus representou para a Grécia. Marduk é outro nome possível para Baal (ENUMA ELISH, 2023, n.p.).

## 5.4 Mitologia assírio-babilônica

Um ou vários grupos de semitas dominou os sumérios e os acadianos. A conquista começada no III milenário termina no começo do II milenário antes da Era Cristã.

Os sumérios e babilônicos contribuem com suas divindades e suas lendas. Os semitas trazem sua língua, rica e flexível, e seu gênio político: agrupam as cidades e, com estas, suas divindades.

As divindades conservaram um caráter local: quando uma cidade dominava, ela exercia certa hegemonia, as outras divindades subordinavam-se a ela ou, às vezes, confundiam-se com ela.

O Deus de Nippur, Enlil ou Bel, tem grande influência.
Em Ur – a cidade de onde partiu Abraão, segundo a narração do Gênesis – reina Sin, um deus lunar. Seu filho Shamash é um deus solar e deus da justiça.
Shamash – na Babilônia, o Deus é Marduk. É a ele que se refere a lenda da criação, que continua com a lenda do dilúvio. Essas lendas de origem sumeriana parecem ter sido redigidas ao tempo de Hamurabi.

## 5.5 A Criação e o dilúvio

Ninurta (deus da guerra e das caças, patrono da agricultura, filho de Enlil) recuperou as Tábuas do Destino roubadas por um monstro chamado Anzu. Essas tábuas continham informações sobre os mandamentos e sobre o destino da humanidade, eram os chamados "mês". São as mesmas tábuas de Enki, de que Inanna supostamente se apropriou: os mandamentos assírio-babilônicos.

Marduk é ainda o deus supremo no século 6 antes da era cristã. Esta mesma capacidade de ser representado por diversos outros deuses é atribuída ao todo poderoso Rá, do Egito, e também às divindades hindus.

## 5.6 A guerra entre Tiamat e Marduk

De acordo com Campbell em *As máscaras de Deus: mitologia ocidental*:

> A lenda conta a ira crescente e a fúria guerreira de Tiamat. Como mãe de tudo, "ela que cria todas as coisas" – deu à luz monstros-serpentes de dentes afiados, cheios de veneno em vez de sangue, ferozes, terríveis. E coroados com uma glória que inspirava um medo tão intenso, que era só mirá-los e perecer: a víbora, o dragão, o grande leão, o cachorro louco, o homem-escorpião e vários demônios da tempestade, todos poderosos e terríveis. Ao todo, onze espécies de monstros foram criadas. E dentre eles, o primogênito, de nome Kingu, foi exaltado e engrandecido por Tiamat.
> "Eu lhe tornei grande", disse ela, "dei-lhe domínio sobre todos os deuses e faço-lhe meu único esposo. Que seu nome se torne grande". Ela colocou em seu peito a tabuleta dos destinos e lhe disse: "suas palavras subjuguem e seu veneno poderoso vença toda oposição" e prepararam-se para uma batalha com os deuses. (CAMPBELL, 2004, p. 73)

Tiamat (conforme leremos na sequência) preparou-se para entrar em guerra com os deuses, seus filhos. E quando Ea soube disso, ficou estarrecido de medo e sentou-se. Em seguida foi até seu pai, Anshar, para comunicar a ele o que Tiamat estava fazendo. Anshar gritou irado, chamando Anu, seu filho mais velho. Ordenou que ele se opusesse a Tiamat. Anu foi até ela, mas, incapaz de resistir, retornou. Por isso, todos os deuses tomados de medo reuniram-se, mas ficaram sentados em silêncio. E Ea, quando percebeu isso, chamou seu filho Marduk e pediu para se preparar para lutar e mostrar-se diante de Anshar, que, quando o visse, ficaria confiante.

O Senhor, Marduk, ficou satisfeito com o conselho de Ea, seu pai, e após ter se preparado aproximou-se e pôs-se diante de Anshar, que, quando o viu, foi tomado de alegria. Beijou-o nos lábios. Seu medo desapareceu. "Vou realizar", disse o Senhor Marduk, "todos os desejos de teu coração."

> Tiamat, uma mulher, está vindo enfrentar-te com armas. Em breve você saltará sobre seu pescoço. Mas, ó Senhor do destino dos grandes deuses, se devo ser teu vingador, matando Tiamat e mantendo-te vivo, reúna a assembleia e proclame minha sorte suprema. Isto é, que não você, mas eu, determinarei daqui em diante os destinos dos deuses por meio de pronunciamentos, e seja o que for que eu crie permaneça imutável (CAMPBELL, 2004, p. 74).

De fato, um belo negócio! Assistimos agora a um teatro mítico que a mente racional, não mística, pode compreender sem ajuda e em que a arte da política, a arte de obter poder sobre os homens, recebe para sempre seu modelo celeste.

> Anshar voltou-se para Kaka, seu vizir, e mandou-o reunir os deuses. "Que eles conversem, banqueteiem-se, comam pão e bebam vinho. Declare a eles que Tiamat, nossa mãe, nos odeia, que todos os deuses menores passaram para o lado dela, mesmo aqueles que nós próprios criamos. Que Tiamat, criadora de todas as coisas, criou agora armas, serpentes, dragões, o grande leão e o cachorro louco, proclamando Kingu seu esposo. Que enviei Anu contra ela, mas ele fracassou; e que agora Marduk, o mais sábio dos deuses, declara que se é para ele ser nosso vingador, o que quer que seus lábios pronunciem não deve ser alterado."

A notícia espalhou-se, os deuses reuniram-se, beijaram-se uns aos outros na assembleia, conversaram, banquetearam-se, comeram pão e beberam vinho. E o vinho dispersou seus temores. Seus corpos relaxaram enquanto bebiam, ficaram despreocupados e exaltados. E para seu senhor e vingador, Marduk, eles instalaram um trono senhorial, que ele ocupou, diante dos pais.

"Oh Senhor", disseram, "Seu destino entre os deuses será supremo de agora em diante. Elevar ou decair estará em seu poder. Seu pronunciamento será verdadeiro, sua ordem irrecusável e nenhum dos deuses transgredirá seus limites. Nós concedemos-lhe a realeza do Universo." Eles espalharam um manto entre si (o manto estrelado do céu noturno).

"Por sua palavra", disseram eles, "que o manto desapareça; e por sua palavra novamente reapareça" (como o céu noturno com a passagem do sol). Marduk falou e o manto desapareceu; falou novamente, e ele reapareceu. E tendo assistido a essa façanha, os deuses rejubilaram-se, prestaram homenagens e declararam: "Marduk é rei!" (CAMPBELL, 2004, p. 75).

Os deuses entregaram então a Marduk o cetro, o trono, o raio. Ele apontou o arco, pegou o porrete com a mão direita, disparou relâmpagos à sua frente. Incendiou seu corpo, preparou uma rede para prender Tiamat. Invocou os ventos dos quadrantes e vários furacões, montou na sua irresistível carruagem de ataque com quatro cavalos, cujos nomes eram Matador, Cruel, Atropelador e Voador, tendo veneno em suas bocas, lábios e dentes. Colocou o Derrotador de Batalhas à sua direita, e, vestido com armadura aterrorizante, com um turbante ameaçador que iluminava sua cabeça como um halo, virou o rosto em direção à furiosa Tiamat.

Um encantamento estava preparado em sua boca. Uma erva contra veneno em sua mão. Os deuses todos acotovelavam-se à sua volta. E ele aproximou-se para fitar dentro do coração dela e conhecer os planos de Kingu, seu esposo. Enquanto Marduk fitava, Kingu ficou confuso; sua vontade vacilou, sua ação paralisou-se. E os deuses perversos que eram seus auxiliares, marchando a seu lado, ao verem-no assim, tiveram a visão obscurecida. Mas Tiamat, sem virar o pescoço, escarneceu-se desafiadoramente de Marduk. "Você avança como o próprio senhor dos deuses! É na morada deles que estão reunidos, ou na sua?" (CAMPBELL, 2004, p. 75).

Marduk ergueu sua arma poderosa. "Por que", ele desafiou, "você se insurgiu dessa maneira, tramando em seu peito para incitar a rivalidade? Você designou Kingu, seu esposo, Kingu, sem nenhum valor, no lugar de Anu. Contra Anshar, rei dos deuses, você está planejando o mal. Contra os deuses, meus pais, você demonstrou sua maldade. Que seu exército se prepare! Que suas armas sejam dispostas! Em posição! E você e eu combateremos um ao outro!" (CAMPBELL, 2004, p. 76). Ao ouvir isso, Tiamat ficou como que possessa. Perdeu a razão; deu gritos lancinantes, estremeceu, sacudiu todo o corpo, pronunciou palavras de encantamento; e todos os deuses da batalha gritaram. Então Tiamat avançou. Marduk também. Aproximaram-se para o combate. O Senhor estendeu a rede para prendê-la e, quando ela abriu totalmente a boca, entrou-lhe um vento mau que ocupou seu ventre, de maneira que sua coragem se desvaneceu e os maxilares ficaram abertos. Ele disparou uma flecha que a penetrou, rompeu suas partes internas e atingiu o coração. Ela estava acabada. Ele se colocou sobre sua carcaça, e os deuses que tinham marchado ao lado dela tentavam salvar as suas vidas. Ele os envolveu com a rede, destruiu suas armas, tornou-os escravos, e eles choraram. Os monstros venenosos que Tiamat tinha dado à luz e glorificado, Marduk agrilhoou, braços amarrados nas costas, pés acorrentados. A Kingu ele amarrou e jogou entre os outros, privando-o da Tábua dos Destinos, à qual aquele arrogante não tinha nenhum direito.

O vencedor tomou-a para si, marcando-a com seu selo, colocando-a no peito. Retornando para junto da carcaça de Tiamat, montou em seus quartos traseiros e, com o porrete impiedoso, esmagou o crânio dela. Cortou-lhe as artérias e fez com que o vento norte levasse o seu sangue para regiões desconhecidas. Quando seus pais viram isso, rejubilaram-se e enviaram-lhe presentes. Marduk fez então uma pausa, fitando o corpo morto, pútrido, para tramar um plano engenhoso. Dividiu o cadáver, como um molusco, em duas partes e colocou uma parte no alto, como um teto celeste, fixo por uma trave; e designou guardas para impedir que suas águas escapassem. Em seguida, ele atravessou os céus, inspecionou seus quadrantes e, comparando com o Apsu de seu pai, Ea, mediu a magnitude do Profundo. Então fundou ali uma grande morada, a Terra, como um pálio sobre o Apsu. A Anu, Enlil e Ea, ele determinou suas residências (ou seja, Céu, Terra e Abismo), e com isso a primeira parte de sua missão estava cumprida.

O restante temos que considerar aqui apenas sumariamente. O vencedor Marduk definiu o ano e o zodíaco de doze signos, os dias do ano, as várias ordens estelares e planetárias e a conduta da Lua: o crescimento até a metade do mês em oposição ao Sol, depois do que, seu minguar e desaparecimento, ao aproximar-se da posição do Sol. E então o coração do deus levou-o a criar algo novo, algo real e maravilhosamente engenhoso.

"Sangue eu vou acumular", ele confidenciou a Ea, seu pai, "ossos eu moldarei e farei uma criatura homem, dele será exigido que sirva aos deuses: e estes então ficarão livres para descansar à vontade" (CAMPBELL, 2004, p. 77).

Marduk explicou ao pai a maneira pela qual seu plano deveria cumprir-se. Ele dividiria os deuses em dois grupos: um bom e outro mau. Do sangue e dos ossos dos maus – ou seja, os que tinham se aliado a Tiamat – ele criaria a raça humana. Ea, entretanto, ponderou: "Tome apenas um dos deuses maus para ser afastado, destruído e a raça humana formada de suas partes. Deixe que os grandes deuses se reúnam. E deixe que o mais culpado seja afastado". O filho de Ea, Marduk, concordou. As divindades foram reunidas, e o senhor, Marduk, dirigiu-se a elas. "O que foi prometido foi cumprido. Quem foi, entretanto, que fez com que Tiamat se rebelasse e se preparasse para a guerra? Entreguem-no a mim e eu farei com que seja "punido, estejam certos!". Os deuses responderam em uníssono: "Foi Kingu quem fez com que Tiamat se rebelasse e se preparasse para a guerra". Eles então o amarraram, colocaram-no diante de Ea, cortaram as artérias de seu sangue, e com esse sangue foi criada a humanidade. Ea então impôs à humanidade o serviço aos deuses e com isso libertou os deuses de todo trabalho.

Há um mito sumério anterior, em que a criação do homem, para ser um servo dos deuses, era atribuída ao próprio Ea e à sua esposa, a deusa Terra (CAMPBELL, 2004, p. 91-112). A Babilônia, com seus reis, não tinha naquela época se elevado à supremacia. O presente mito, como muitos dos que surgiram mais tarde, é um exemplo de apropriação logica, em que um deus posterior assume o papel de outro, com ou sem o aval do deus anterior.

Após a realização desse grande feito, os deuses foram designados para as suas várias mansões cósmicas. E eles disseram a seu senhor, Marduk: "Ó Senhor, que nos libertou da onerosa servidão, qual deve ser o símbolo de nossa gratidão? Vamos, permita-nos construir um santuário, uma morada para o nosso descanso noturno. Permita-nos descansar nele. E permita também que nele haja um trono, um assento com descanso para as costas, para o nosso Senhor". E ao ouvir isso, um brilho resplandeceu em seu semblante, e Marduk disse: "Pois que seja feita a Babilônia, cuja construção vocês anunciaram aqui..." (CAMPBELL, 2004, p. 77).

"A lenda épica continua a narrativa sobre a construção e consagração do grande Zigurate babilônico, e conclui com uma celebração dos cinquenta nomes de louvor ao seu senhor, Marduk, cuja pronunciação nenhum deus, qualquer que seja, pode alterar. E que a humanidade, portanto, rejubile-se em nosso senhor, Marduk.

Na literatura científica observa-se, com frequência, que o nome da mãe-monstro babilônica nessa epopeia da criação, Tiamat, está etimologicamente relacionado ao termo hebraico *tehom*, "o profundo", do segundo versículo do Gênesis, Assim como o vento de Anu soprou sobre o Abismo, e o de Marduk sobre a face de Tiamat, também no Gênesis 1: 2, "um vento [ou espírito] de Elohim pairou [soprou] sobre as águas". Por outro lado, quando Marduk estendeu a metade do corpo materno como um teto, com as águas do céu sobre esse teto, também em Gênesis 1: 17: "Elohim fez o firmamento das águas que estão sob o firmamento acima"; e ainda, como Ea venceu Apsu e Marduk venceu Tiamat, também Jeová venceu os monstros marinhos Raab (Jó 26: 12-13) e Leviatã (Jó 41; Salmo 74: 14).

Não deve haver nenhuma dúvida de que o imaginário das várias histórias de criação na Bíblia seja originário de um substrato de mitos sumério-semíticos, do qual a epopeia babilônica da criação é um exemplo. Mas deve-se também ter presente – como muitos tiveram o cuidado de apontar – que, entre a Bíblia e essa epopeia em particular, "as diferenças", para citarmos uma autoridade, "são mais abrangentes e significativas" do que as semelhanças". A Bíblia simboliza estágio posterior no desenvolvimento patriarcal, em que o princípio feminino, representado na Idade do Bronze anterior pela grande deusa-mãe de todas as coisas, e nessa epopeia por um monstro feminino demoníaco, é reduzido a seu elementar, *tehom*, e a divindade masculina sozinha cria a partir de si mesmo, como a mãe sozinha tinha criado no passado.

A epopeia babilônica está no meio, em uma linha que pode ser esquematizada logicamente em quatro estágios:

1. O mundo gerado por uma deusa sem consorte.
2. O mundo gerado por uma deusa fecundada por um consorte.
3. O mundo criado, a partir do corpo de uma deusa, por um deus guerreiro masculino.
4. O mundo criado pelo poder único de um deus masculino."
(CAMPBELL, 2004, p. 78)

### 5.6.1 Como antigas divindades cananeias se transformaram em demônio na tradição cristã

Os povos semitas ocidentais eram politeístas (adoravam várias divindades), e seus deuses possuíam características muito parecidas. A eles, os semitas davam o nome de Baal. Juntamente com El, representava a divindade suprema do panteão cananeu.

Sendo uma divindade relativa à fertilidade, tinha sua imagem associada às chuvas que renovavam as colheitas. Seu principal rival era Mot, divindade da seca e da morte. Assim, Baal representava a vida e suas forças ativas, enquanto El tinha como principais atribuições a sabedoria e a prudência da vida adulta.

Com o tempo, o culto a Baal foi se espalhando, tendo os fenícios como principal civilização a adotá-lo. Para eles, o deus era Baal Shamem, senhor dos céus. As tribos israelitas, ao chegarem a Canaã (a terra prometida por Iavé nas tradições hebraicas), passaram a chamar de Baal todos os deuses locais, sem distinção. No século IX, a princesa Jezabel (fenícia, casada com Acabe de Israel) pretendeu instituir o culto a seu deus, Baal, em detrimento do culto a Iavé, divindade única dos hebreus. Tal atitude fez com que os israelitas passassem a repudiar Baal, transformando essa divindade em uma personificação de todos os "falsos deuses".

Além disso, havia a lenda de que cartagineses faziam sacrifícios de crianças (os primogênitos de cada família) ao deus Baal Hammon. Esses acontecimentos contribuíram para que os israelitas cultivassem uma imagem sanguinária desse deus semita.

No cristianismo, Baal Rafar é um demônio. Estudos cristãos o colocam como um dos principais agentes do mal e líderes do inferno. Baal ou Bael (as grafias mais significativas e utilizadas) é citado várias vezes no Antigo Testamento, principalmente nos livros atribuídos ao profeta Moisés.

Baal veio significar, às vezes, o deus pagão local de uma pessoa particular e, ao mesmo tempo, todos os ídolos da Terra. Igualmente encontra-se em diversos lugares no plural, Baalim ou Baals (2: 11 dos

Juízes 10: 10). Havia muitas variações, tais como o deus do Sol, o deus da fertilidade, e Beelzebuth, o deus "senhor das moscas".

Ao longo de séculos, essa divindade cananeia passou a representar, no judaísmo e, posteriormente, entre as seitas cristãs da antiguidade, a personificação do mal, sendo aproximado da imagem de Lúcifer, o anjo caído do cristianismo (MAGALHÃES, 2012, n.p.).

## 5.7 El, Baal, Bael, Moloch, Moloque: os deuses da Cananeia que viraram diabos e outras divindades

As divindades da Cananeia ecoavam vários aspectos de Iahweh.

O próprio El era um típico velho barbudo, o grande pai dos deuses e dos homens. El também era um típico monarca, um guerreiro, um símbolo da fertilidade. Seu filho, Baal, era um príncipe guerreiro e sábio, que após guerrear com outra divindade assumiu o controle do universo.

Curiosamente, em Gênesis e em Êxodo, os judeus se referiam ao seu deus como El. Apareceu com diversos sobrenomes: El Shaddai (Deus Todo-Poderoso), El Elyon (Deus Altíssimo), El Olam (Deus Eterno), Touro El (vale ressaltar que os cananeus também veneravam o deus touro, ou simplesmente El). Esses nomes foram recitados por Jacó em seu leito de morte. Iahweh também era referido com muita frequência, mas parece que nem todos usavam essa nomeação.

Para Reinaldo José Lopes:

> El, assim como Javeh, tinha um lado paternal e misericordioso. Por outro lado, o Deus do Antigo Testamento é, indiscutivelmente, um guerreiro, que toma medidas severas contra os injustos, contra os inimigos de Israel e contra os que ousam desafiá-lo. Provavelmente, não é incorreto dizer que esse é o "lado Baal" de Iahweh [...]. Os deuses das religiões politeístas também têm poderes e conhecimento limitados: podem ser enganados ou derrotados, ou podem estar sujeitos a forças superiores e impessoais, como o destino. (LOPES, 2015, p. 57).

*Moloch* ou *Moloque* é o nome do deus pagão que também era conhecido por *Malca* ou *Milcon*. Os amonitas sacrificavam seus recém-nascidos, que eram jogados no ventre da estátua de Moloque – onde existia uma entrada com uma fogueira ardente que consumia as crianças vivas. Os israelitas também adoraram esse deus assim que entraram nas terras de Canaã; mas Deus os alertou sobre tal idolatria, e o culto a essa divindade assassina foi substituído pelo culto a Javé (Jeová).

Flavio Morgenstern (2015) compara os atos abomináveis dos juízes com os sacrifícios de inocentes crianças em rituais que envolviam fogo, sexo descomprometido, gravidezes indesejáveis e mais sacrifícios de crianças nas mãos ou ventres de Moloch e/ou de Baal:

> O Deus do Antigo Testamento é um Deus conhecido por sua cólera – mesmo o Deus bondoso apresentado no cristianismo ainda mantém vários resquícios do que é ser temeroso a Deus.
>
> É um Deus que gera fome entre os súditos de impérios inimigos (Gênesis 41: 25-54), faz chover enxofre e fogo sobre Sodoma e Gomorra (Gênesis 19: 3), lança pragas sobre o Egito (Êxodo 9: 25), mata todos os seus primogênitos (Êxodo 12: 29-30) e afoga seu exército (Êxodo 14: 23-31), destrói o povo de Amaleque (Êxodo 17: 8-14), ordena que se mate irmãos, vizinhos e amigos (Êxodo 32: 27-28), "fere" o próprio povo de Israel por causa do bezerro de Arão (Êxodo 32: 35) e mata seus filhos por queimadura (Levítico 10: 1-3), queima queixosos (Números 11: 1) e reclamantes da comida (Números 11: 33), mata difamadores (Números 14: 35-37), manda apedrejar um homem até a morte por colher lenha num sábado (Números 15: 32-36), manda desertores serem enterrados vivos com mulheres, filhos e crianças (Números 16: 27-34) e queima quem oferece incenso aos mortos (Números 16: 35), destrói os cananeus (Números 21: 1-3) e manda serpentes entre os israelitas descontentes (Números 21: 6), massacra os midianitas (Números 31: 1-35) e ainda mata quem reclama dos assassinatos de Deus (Números 1: 49) e promove assassinatos para quem se envolveu com prostitutas moabitas, órfãs por praga divina, que convidavam os israelitas a fazerem sacrifícios para seus deuses (Números 25: 1-11).
>
> A revelação judaica aparece justamente para encerrar os morticínios causados pelos povos que encontravam sua ordem social como parte da ordem cósmica (ver um dos livros mais importantes do século 20, *O Sagrado e o Profano*, de Mircea Eliade, 1992), imitando o ciclo de morte e vida da natureza como uma espécie de lei social.
>
> A lei revelada a Moisés, com mandamentos como o "Não matarás", é o que Eric Voegelin (2002) chamará de "salto no ser", um novo modelo de ordem que compromete todo o espírito (um salto pneumático, ao passo que a filosofia de Sócrates dará o mesmo passo de modo noético, pela intelecção). Esse salto no ser vai buscar o fundamento da

> moral dentro da alma humana, e não tentando emular a natureza e o cosmo, seu ciclo de morte para gerar vida.
> Não é, portanto, apenas por mero ciúme que o Deus de Israel ataca tanto outros deuses. A ordem social centrada nestes deuses é, muitas vezes, uma ordem de sacrifícios. O culto a Moloch é formalmente proibido em Levítico 20, 1-5 e repudiado em Jeremias 32: 34-35 – embora, lendo-se apenas a formulação da Aliança de Israel com *YHVH*, pode-se ter a impressão de que é apenas por mero capricho de um Deus israelita irritadiço que qualquer outro modelo de vida apartado do judaísmo terminará em genocídio.
> Lemos em Levítico 18: 21: "E da tua descendência não darás nenhum para fazer passar pelo fogo a Moloch; e não profanarás o nome de teu Deus. Eu sou o Senhor." Se as pragas do Antigo Testamento são violentas, não queira imaginar o mundo anterior a elas (MORGENSTERN, 2015, n.p.).

Baal ou Moloch é a entidade precursora dos primeiros abortos e, por seu culto estar relacionado ao assassinato e ao fogo, essa divindade bárbara foi satanizada.

A mesma entidade espiritual de Baal e de Moloch age nas obscuras esferas espirituais para incentivar atos de corrupção, que indiretamente matam muito mais do que os sacrifícios matavam quando eram ainda vistos como aceitáveis pelas primeiras populações.

O mesmo avanço que a humanidade teve com o fim dos sacrifícios de inocentes crianças ocorrerá quando a corrupção tiver um fim.

Os juízes e políticos que lesam o povo estão louvando a Baal ou Moloch.

Precisamos apagar da memória coletiva todo tipo de ato de corrupção.

Corrupção é satanismo. Corrupção é apego. Corrupção é proibida por Deus.

Precisamos melhorar nossas estruturas de combate ao crime e propagar a justiça divina para a justiça dos homens.

A jornada do herói responsável pela reconstrução passa pelo combate aos mais temidos demônios da Antiguidade, cujas aparências se remetem ao devorador de crianças Baal.

Os mesmos adoradores de Baal e assassinos de crianças reencarnaram algumas vezes e continuam desprezando a vida dos demais em roupagens de terroristas.

Curiosamente, Baal era um deus lunar, e o símbolo do islamismo é a Lua.

O pesadelo dos corruptos é um pesadelo sem fim. Judas traiu Cristo. Os corruptos precisam de expiação. Mas quem julga é Deus. Os justiceiros sociais são marginais.

## 5.8 Mito sumério da criação: "Enki e Ninhursag" ou "o mito de Dilmun"

Este mito data do final do terceiro milênio a.C., encontrado na Baixa Mesopotâmia (Iraque).

A narrativa começa com um hino de louvor a Dilmun (Bahrein da costa árabe), um parceiro comercial privilegiado dos sumérios.

Segue-se uma descrição do começo do mundo, antes de Enki, deus de Eridu – nos pântanos do Sul – a vida sendo organizada ali a partir de um estado de ignorância das leis da civilização.

A sucessão de gerações divinas ocorre por meio da união de Enki com seus descendentes, até que a deusa-mãe interrompe esse processo contrário às leis da natureza civilizada, causando o estabelecimento da ordem mundial.

Três cópias do mito chegaram até nós; a do Louvre contém o relato do estupro de Ninimma por Enki e do nascimento de Utu.

> A terra de Dilmun é sagrada, a terra de Dilmun é pura, a terra de Dilmun é brilhante, a terra de Dilmun é radiante [...] Em Dilmun, nenhum corvo coaxou ... O leão não matou, não, o lobo não carregou o cordeiro ... A pomba não abaixou a cabeça. Nenhum paciente ocular disse: "Meus olhos doem!" Nenhum velho diz: "Estou velho!" A menina não tomava banho, não passava água limpa na cidade... Um pássaro fez uma canção com alegria... [Enki] deu a Dilmun muita água ... poços de água salgada tornaram-se poços de água doce, campos e terras produziram cevada" ... Dilmun tornou-se "a casa do cais" [armazém] da terra, e sob o sol daquele dia ... Enki deu a ordem de criação do ser humano para ser feito com argila (LOUVRE, 2021, n.p., tradução nossa).

Enki, criador e deus da sabedoria, quer organizar a terra para garantir a abundância nas terras da Suméria, e ter o poder, mantido por um soberano claro, lhe permitirá importar os materiais preciosos que lhe faltam. Percorrendo seu domínio, Enki decreta o destino e nomeia as riquezas das diferentes partes da Suméria, às quais dá a agricultura, a pecuária e a indústria têxtil, que serão os objetos de comércio dos materiais a importar.

Aos ricos países estrangeiros dos quais a Suméria dependia para obtê-los, ele doou matérias-primas: metais, madeira e pedras preciosas. Dilmun, como Magan (península de Omã) e Meluhha (no vale do Indo), os parceiros de negócios, pacíficos e indispensáveis, são honrados.

Por outro lado, os de Marhashi, localizados no Irã, tinham suas riquezas advindas de espólios de guerra. O mito é, portanto, um reflexo da situação econômica e política nos países do Islão.

Para os teólogos de Eridu, cidade do deus da sabedoria Enki e de Ea, localizada às margens da lagoa, o homem foi criado a partir de um pedaço de barro.

> No início dos tempos, os deuses, então sós no universo, reclamavam da necessidade de manutenção de rios e canais, trabalho essencial para a sobrevivência da planície mesopotâmica. E precisavam de escravos para realizar os trabalhos braçais.
>
> Enki, nascido do barro primordial, emergiu do oceano de água doce sobre o qual a terra flutua em forma de lodo fértil depositado pelo Tigre e pelo Eufrates e instruiu sua mãe a modelar um homem com esse mesmo barro. A deusa molha a terra e lhe dá vida.
>
> O destino desta criatura será servir aos deuses. Enki e a deusa mãe, Ninmah, celebram o nascimento do homem embebedando-se.
>
> Eles modelam sete seres humanos diferentes, aos quais Enki atribui um papel na sociedade... O de trabalhar para sustentar os deuses! Para isto que servimos (LOUVRE, 2021, n.p., tradução nossa).

### 5.8.1 Reportagem do Metropolitan Muséum de Nova York (MET)

> Na Mesopotâmia, pensava-se que os deuses estavam fisicamente presentes nos materiais e nas experiências da vida diária. Enlil, considerado o deus mesopotâmico mais poderoso durante a maior parte do terceiro milênio a.C., era uma "tempestade violenta" ou "touro selvagem", enquanto a deusa Inanna reaparecia em diferentes formas como a estrela da manhã e da tarde.
>
> As divindades literalmente habitaram as estátuas de seu culto depois de serem animadas pelos rituais apropriados, e fragmentos de estátuas gastas foram preservados dentro das paredes do templo.

Muitas divindades sumérias ficavam com as mãos postas e olhos arregalados, como que em adoração. Foi colocado no "Templo Quadrado" em Tell Asmar, talvez dedicado ao deus Abu, a fim de orar perpetuamente em nome da pessoa que representava.

Os humanos também eram considerados fisicamente presentes em suas estátuas. Estátuas semelhantes às vezes eram inscritas com os nomes dos governantes e suas famílias (METROPOLITAN MUSEUM OF ART, 1952, p. 217, tradução nossa).

## 5.9 Lista dos reis sumérios e acadianos

O prisma Weld-Blundell[10] é a lista mais extensa dos governantes do antigo Iraque para o período de 3200 a 1800 a.C. Ele contém uma história resumida da civilização suméria, registrada por um escriba chamado Nur-Ninsubur.

Ele fornece uma lista dos reis que reinaram desde os primórdios de seu povo até o passado mais recente. Entre os reis listados, dez tiveram uma vida longa e extraordinária, e eles existiram antes do dilúvio.

A descoberta desse prisma é importante no estudo da arqueologia bíblica, porque corrobora o relato bíblico da longevidade antes do dilúvio e também contém outras semelhanças em sua lista dos reis. "E todos os dias de Matusalém foram novecentos e sessenta e nove anos: e ele morreu" (Gênesis 5: 27).

O renomado arqueólogo e pastor brasileiro Rodrigo Silva, em um curso ministrado em 2021 para o Moriah International Center (Israel), apresentou a lista dos reis sumérios pré-diluvianos e os comparou com os reis bíblicos. Incrivelmente, os reis sumérios tiveram uma extensão de vida ainda maior que seus pares da Torá, conforme demonstrado na lista a seguir.

---

[10] Prisma de argila cozida com a lista dos reis sumérios, desde os governantes pré-diluvianos até o rei Sin-magir de Isin (c.1827-17 a.C.), inscrito em escrita cuneiforme, provavelmente de Larsa – Suméria. O prisma foi encontrado em uma expedição de 1922 em Larsa, no atual Iraque, pelo arqueólogo britânico Herbert Weld Blundell. Hoje pertence ao acervo do Ashmolean Museum, Universidade Oxford, Reino Unido.

**Tabela 2** Reis Sumérios: pré-dilúvio – extensão do reinado *versus* Gênesis – extensão da vida

| Reis sumérios pré-dilúvio – Extensão do reinado | Patriarcas do Gênesis – Extensão da vida |
|---|---|
| Alulim – 28.800 | Adão – 930 |
| Alagar – 36.000 | Seth – 912 |
| EnmenluAnna – 43.200 | Enos – 905 |
| EnmengalAnna – 28.800 | Kenan – 910 |
| Dumuzi – 36.000 | Mahaladel – 895 |
| EnsipaziAnna – 28.800 | Jared – 962 |
| Enmeduranki – 21.000 | Enoch – 365 |
| Ubar-Tutu – 18.600 | Matusalém – 969 |
|  | Lamech – 777 |
|  | Noé – 950 |

**Fonte:** elaborado pelo autor, com base em Moriah International Center (2021).

## 5.10 Shibum e Iku-Shamagan – o primeiro prefeito e o primeiro rei da Suméria

Shibum, Dudu, Zizi de Mari, Iku-Shamagan, ou ainda Ikun-Shamagan. Eis o rei que reinou entre 2900 e 2455 a.C., teoricamente advindo do deus sumério Anu, que originou o deus Shamash, um deus Sol e da justiça. Um verdadeiro Annunaki.

O Iku-Shamagan é descendente de Iku-Shamash e pode ser descendente de Marduk (os cinquenta nomes de Marduk), outro nome de Shamash, divindade solar suméria.

O Iku-Shamash, advindo diretamente de Shamash, descendente de Anu, é um rei anterior ao período do dilúvio; e estava sempre com as mãos juntas indicando estar em oração.

Iku-Shamagan foi um rei babilônico da primeira ou segunda dinastia do Império Sumério-Acadiano da região de Mari (Iraque).

Nem o Louvre nem o Vaticano possuem alguém dessa família tão antiga quanto a estatueta do Museu Mítico. Estatuetas similares estão/estavam nos museus da Síria e do Iraque, provavelmente em Damasco, Bagdá e Aleppo. Um predecessor da família é de 2100 a.C e está no Louvre.

O estandarte de Ur que está no British Museum de 2500 a.C mostra a família desse rei, que está sempre de olhos abertos com as mãos juntas orando para o Altíssimo (ou para os Altíssimos).

A constituição das primeiras cidades-Estados, o fim das guerras e o início de um período de estabilização política representado pela coleta de bens e impostos junto às comunidades das primeiras cidades estão representados no *Estandarte de Ur*, que nos conta um pouco da vida dos primeiros povos, reis e guerreiros. O governo desse rei e de sua família foi caracterizado pela bondade e justiça, melhorando a vida da população.

Icunsamas reinou em um tempo anterior ao de Ur-Nanse em Lagas. Ele é um dos três reis marianos que são conhecidos da arqueologia, e o filho dele é Icusamagã, também conhecido em uma estátua com inscrição de seu nome, no Museu Nacional de Damasco. O terceiro rei é seu filho, Langi-Mari, também lido Isgi-Mari, conhecido devido a uma estátua atualmente instalada no Museu Nacional de Alepo.

Seu título oficial nas inscrições era "rei de Mari" ou "príncipe supremo" da divindade Enlil. Ele é conhecido por uma estátua com inscrição, que ele dedicou ao deus Samas, Shamash (deus Sol).

Outras estátuas similares tinham dedicatórias para outras divindades, como para Ishtar (Inanna ou Afrodite), Ninizaza etc.

O território de Icunsamas parece ter incluído o sul da Babilônia. Os olhos arregalados dos Icunsamas poderiam mostrar o medo que tinham dos atos tenebrosos dos deuses ou desaprovação aos atos destes.

## 5.11 Os Anunnakis

A palavra "Anunnaki" na Suméria significa "aqueles que vieram do céu". Segundo o historiador Zecharia Sitchin, os Anunnakis são extraterrestres vindos do planeta Nibiru e que criaram a raça humana como ela é hoje.

- An = forma reduzida de anachnu, que significa "nós".
- Nu = também significa "céu".
- Naki = limpo, puro, "Nós somos puros".
- Ki = Terra.

Pode-se ampliar o significado para: "Nós do céu, na Terra", ou ainda "Puros do céu, na Terra".

Tida como divindade, essa raça superior que estava na Terra era liderada por Enki e seu meio-irmão Enlil (hoje conhecidos como os primeiros astronautas pesquisadores). Os dois meio-irmãos eram responsáveis pelas atividades exploratórias na Terra, e se reportavam a seu pai Anu – que continuava morando em Nibiru. Os dois viviam em pé de guerra e se viram em meio a uma rebelião quando os Anunnakis se cansaram de tanto trabalhar na exploração de minérios. Essa rebelião ficou conhecida como "A Rebelião dos Anjos" e foi sanada com a brilhante ideia de Enki em chamar a deusa da medicina, Ninharsag, para criar um ser que pudesse trabalhar no lugar deles, poupando, assim, os deuses Anunnakis de tal esforço. Mesmo com todos os protestos de Enlil, Anu (o pai dos dois) autorizou o procedimento e começaram os testes de mistura genética.

Primeiramente, os testes foram feitos misturando-se diversas espécies de animais entre si. Entende-se que foi daí que vieram as histórias mitológicas sobre sereias, esfinges, centauros, cavalos alados, entre outros seres híbridos. Com o insucesso dos testes, Enki decidiu fazer misturas genéticas entre o DNA anunnaki e o DNA dos seres vivos da Terra. Dentre alguns testes que não deram certo, acabaram por descobrir a espécie perfeita que, misturada com o DNA anunnaki, resultava em um híbrido extremamente funcional. Foi então que surgiu Adão.

Enki ficou muito famoso após a criação de Adão. Mas depois que foram sendo criadas mais espécies humanas, começaram os problemas. Seres que muitas vezes se rebelavam contra as divindades anunnakis, ou mulheres engravidadas por anunnakis, dando à luz a "semideuses", os chamados Nephilins.

Com isso, Enlil teve mais que argumentos para com seu pai Anu, na tentativa de acabar de vez com essa raça híbrida criada. Como eles sabiam que com a aproximação de Nibiru as calotas polares iriam se deslocar e mais uma vez alagar todas as extensões de Terra, foi feito um conselho com Anu, Enlil, Enki e outros "cabeças" e acordado que eles deixariam a raça humana morrer afogada e nunca mais iriam fazer experiências genéticas desse tipo.

Mesmo o conselho tendo decidido isso, essa não era a opinião de Enki. Ele tinha um amor muito grande pelo ser humano e não admitiu que tanto esforço para criar um espécime perfeito fosse em vão.

Como a ordem era que nenhum Anunnaki poderia alertar a nenhum humano sobre o fim eminente, Enki teve uma ideia genial. Ele escolheu um humano com o qual ele simpatizava muito, Noé, visitou-

-o em sua casa, deu as costas a ele e se virou para dar instruções: "Noé, toda a Terra vai ser coberta por água em breve. Você deve construir uma arca e colocar um par de animais de cada espécie viva..." Noé, escutando o alerta, se preveniu.

Após as águas baixarem e os Anunnakis voltarem para ver o que tinha acontecido com a Terra, se surpreenderam com Noé, sua família e os animais ainda vivos. Mesmo com o ódio mortal que Enlil ficou do meio-irmão, Anu achou que foi uma coisa boa a se fazer, e decidiu não mais dizimar a raça humana. A partir daí os Anunnakis começaram a ensinar coisas mil aos descendentes de Noé, que posteriormente se tornaram os Sumérios.

Como já não havia mais necessidade de se explorar minérios da Terra, os Anunnakis foram embora. Eles tinham moradia tanto aqui quanto numa estação na Lua. Depois de ocorrido o dilúvio, saíram todos e voltaram para Nibiru. Mas como eles ainda tinham certa responsabilidade com o ser humano, de vez em quando apareciam na Terra para ver como as coisas estavam indo. Ensinavam Astrologia, Medicina, Química e Engenharia para essas pessoas (ALBUQUERQUE, 2010, n.p.).

## 5.12 Gilgamesh – o primeiro herói e sua saga pela imortalidade[11]

A epopeia de Gilgamesh é provavelmente a mais antiga do mundo, com mais de 3500 anos. Originário de Uruk, Gilgamesh foi um guerreiro e um rei autêntico.

Gilgamesh foi mandado pelo deus Sol para governar a cidade de Uruk, antiga Mesopotâmia, atual região onde hoje ficam o Iraque e a Síria. O semideus era rico e poderoso, entretanto não tinha muitos amigos e se tornara rancoroso e cruel. Queria ser lembrado pelas pessoas e deixar o seu marco pela Terra. Para isso, ordenou a construção de uma gigante muralha em torno de sua cidade. Os trabalhadores, forçados a continuar o trabalho de forma incessante, passavam fome e cansaço. Resolveram então suplicar ao deus Sol, que ordenou a criação de outro homem tão forte quanto o próprio Gilgamesh: Enkidu.

Em outra versão do mito, Gilgamesh cometia muitos adultérios, e por isso os deuses lhe enviaram Enkidu – que, assim como Adão,

---

[11] O presente capítulo apresenta uma resenha para a obra de Sandars (1993), *A epopeia de Gilgamesh*.

também fora feito de barro, mas tinha sido enviado para viver com os animais e jamais tivera tido contato humano.

A fama de protetor dos animais se espalhou rapidamente junto com a de ser o homem mais forte do mundo. Enciumado, Gilgamesh mandou uma expedição para capturá-lo, e a arapuca principal foi Shamhat, a cantora do templo, que seduziu o homem que mais parecia uma fera com sua voz e o som de sua harpa. Enkidu se apaixonou à primeira vista por Shamhat, que o ensinou a falar e cantar.

Gilgamesh esperava ansiosamente pelo seu inimigo imaginário, e os súditos do rei viam no homem-fera a figura de um redentor. Gilgamesh queria matá-lo na frente de todos para que ninguém desafiasse seu poder. Chegou o dia da grande luta. Os trabalhos na construção da muralha foram suspensos. O povo se aglutinou com curiosidade, e a batalha entre os semideuses se estendeu por muitas horas em condições de igualdade, até que Gilgamesh tropeçou e caiu. Enkidu venceu a batalha e inesperadamente salvou o rei, que estava por morrer caindo de sua muralha. O todo poderoso Gilgamesh tinha sido derrotado, porém encontrou seu primeiro amigo e por isso resolveu suspender os trabalhos na muralha para sempre e promover uma grande festa para o povo. Na ocasião, houve comida abundante e o canto de Shamhat como atrações principais.

A cidade de Uruk tinha se tornado a mais feliz do mundo, e o antigo rei, cruel e solitário, tinha aprendido a ser humano e a dar importância aos outros. Como é difícil essa conversão, tão mais para um ser que se considerava enviado por uma divindade. A paz e a alegria se estenderam por muitos anos, até a cidade ser atacada por um monstro tido como protetor das florestas, chamado Humbaba, que causou a morte de Shamhat.

As primeiras armas de guerra (lanças, espadas e armaduras) foram construídas. A carruagem da dupla, conduzida por asnos selvagens, os levou para um deserto e, depois, para a floresta de cedros. O terrível monstro apareceu no topo de uma montanha e capturou Gilgamesh, que somente se safou porque os deuses intercederam em favor do rei-deus-herói, que enfiou uma lança nas mandíbulas de Humbaba. Nem deu tempo de o monstro cair no chão, o céu se abriu e cavalos alados apareceram conduzindo Ishtar (que era a deusa do amor e também da guerra; que contrassenso), e esta cobrou Gilgamesh pelo auxílio na vitória contra o monstro com um pedido de casamento envolto pela corrupção do poder e da riqueza. Gilgamesh a rejeitou, pois o que Ishtar lhe oferecia ele já tinha construído.

No momento que os heróis foram recebidos na cidade, Ishtar veio para se vingar, voando em cima de um touro com asas. O touro destruiu todas as construções que passaram na cidade, até que Enkidu ousou atacá-lo pelas costas, ora agarrando seus chifres, ora puxando a besta pelo rabo, permitindo assim que seu parceiro Gilgamesh matasse o touro de chifres com sua espada, contrariando novamente a deusa Ishtar, cuja sede de vingança crescia a cada encontro com o aclamado Gilgamesh.

Não podendo ferir o grande rei, nada pior para este do que a morte de seu grande amigo. Nada pior para um ser humano ou para uma divindade do que ter um grande parceiro falecido. Ishtar mandou então uma doença que consumiu Enkidu, cuja alma foi escolhida para o céu por Shamhat, que tinha se transformado em uma ave.

Gilgamesh foi então sozinho para as margens de um rio e concluiu que "a morte é o pior monstro do mundo"; esta tinha tirado Enkidu dele, e um dia o tiraria de seu povo. Por isso, resolveu sair em uma grande saga: a busca pela imortalidade!

Gilgamesh e Enkidu tiveram uma bela história de aventuras e uma parceria que começou com um duelo limpo. Uma briga de heróis sempre ocorre com princípios e boa moral. Nada é para ser mortal. O duelo pode se dar pelas ideias e nunca com a pena máxima, que seria a morte no campo de batalhas. Essa ética elevada é somente para os homens que querem ficar livres de carmas negativos, e não para escravos das espadas e para vítimas do próprio orgulho. Gilgamesh representava a evolução do homem e a construção das cidades. Enkidu foi sua alma gêmea, que expressava a vida natural e o contato com a natureza.

Gilgamesh, inconformado com a morte de seu parceiro de peregrinações, parte para uma jornada rumo ao desconhecido, em busca do segredo da imortalidade.

Após uma longa peregrinação, exausto, à beira de um rio, Shamhat aparece novamente em forma de ave para auxiliá-lo e aponta para os picos da montanha Mash, aonde o Deus sol descia para dormir.

Gilgamesh reuniu as forças que lhe restavam e levantou-se para seguir seu caminho rumo à montanha habitada por feras e monstros. Nessa montanha, salvou um pequeno leão de uma queda fatal e se tornou seu amigo.

Gilgamesh desceu ao mundo inferior para lutar contra a morte e em sua jornada encontrou homens-escorpiões que guardavam a entrada do submundo; também atravessou um rio subterrâneo cheio de criaturas repugnantes e assustadoras. Gilgamesh estava em busca do deus Sol e do segredo da imortalidade, e nada o deteria. Os escorpiões foram desafiados por Gilgamesh e resolveram ajudá-lo por conta de sua coragem descomunal.

No fim do túnel, havia uma luz e o jardim do deus Sol. Tinha enfim encontrado o Paraíso, embora não fosse isso o que ele procurasse. As folhas cintilavam, as flores exalavam perfumes maravilhosos e os animais eram todos dóceis.

O deus Sol o convidou para descansar em seu jardim e o ajudou a encontrar a resposta para sua busca com Utnapishtim.

Após caminhar com seu amigo leão por um extenso e tórrido deserto, Gilgamesh encontrou uma casa coberta de vinhas, habitada por Siduri, que fazia vinho para os deuses. Ela o convidou para beber, dançar e ser feliz com ela. Declinando o convite com educação, o grande rei pediu o barco de Siduri emprestado para atravessar o mar de águas mortíferas. Siduri o advertiu dizendo que somente o deus Sol poderia passar lá e que todos os remos seriam devorados.

Gilgamesh entrou em uma floresta, cortou centenas de varas e iniciou sua mais difícil jornada. Toda vara foi engolida pelas águas, que estavam cheias dos ossos dos seres que tinham sido devorados em suas tentativas de travessia.

Os céus escureceram e um vento forte se iniciou quando a última vara fora engolida pelas águas da morte. Naquele momento, Gilgamesh avistou a ilha e ficou próximo de seu objetivo. Não poderia falhar em seus últimos minutos de travessia. Usando de uma camisa como vela, Gilgamesh completa sua jornada e chega à praia.

"Quem és tu para vires até aqui – Deus ou Homem?", perguntou Utnapishtim.

"Vim buscar o segredo da imortalidade", respondeu Gilgamesh.

"Não procures o que não podes ter. Só os deuses podem viver para sempre", replicou o imortal.

"Mas uma vez já foste como eu. Como te tornaste imortal?", argumentou Gilgamesh.

"Terás que ficar acordado por seis dias e sete noites. Minha história está gravada nesta pedra. Não podes dormir enquanto eu estiver lendo." Utnapishtim começou, então, sua narrativa.

"Quando eu era rei de Shuruppak, o povo se tornou mau. Os deuses decidiram destruir a Terra com uma grande enchente. Fui avisado do que iria acontecer porque eu era um homem bom. Disseram que eu devia construir uma grande arca e reunir dentro dela minha família e todo tipo de animal e planta. Logo que eu terminei, desabou a tempestade. Choveu durante seis dias e seis noites, e a Terra ficou inundada", contou o bondoso imortal.

"Só meu barco não afundou. Quando a chuva passou e o nível das águas baixou, descobrimos que o barco estava numa montanha. Caí de joelhos, agradeci-o. Deixei que os animais saíssem e levei para fora as plantas, a fim de que a vida nova começasse. Naquele momento, os deuses desceram numa luz muito viva e concederam a imortalidade para mim e para minha mulher."

Gilgamesh dorme e percebe então que não pode ser imortal. Utnapishtim, com pena do grande rei, lhe conta sobre uma planta que lhe conferiria a juventude eterna. Gilgamesh passa novamente pelas águas mortais e mergulha em um ponto iluminado para colher a planta marinha da juventude.

Um grande tesouro foi encontrado por Gilgamesh. Não tinha encontrado a imortalidade, mas se contentou com a juventude para si e para os anciãos de seu povo. Porém, quando descansava embaixo de uma árvore em uma ilha paradisíaca, teve seu segredo-tesouro roubado por uma cobra (por isso até hoje as cobras trocam de peles) e ouviu a voz de Ishtar: "Eis minha vingança. Não tens mais nada"; e engole a planta da juventude. Ishtar tinha matado seu fiel amigo, Enkidu, e agora acabava com a esperança do grande herói.

De repente, Enkidu apareceu, o abraçou com alegria e se abaixou para que Gilgamesh e seu leão subissem em suas costas para um voo pelos rios da Suméria em direção a Uruk.

Gilgamesh viu seu reino por cima pela primeira vez: os grandes templos, as casas elegantes, os belos jardins e sua imponente muralha. Com o coração cheio de orgulho e felicidade jamais antes experimentada, Gilgamesh finalmente percebe que é e sempre será um mortal cujos feitos foram imortais.

"Aqui está a imortalidade que procuravas", disse Enkidu. "A cidade que construíste, a coragem que mostraste, as coisas boas que fizeste. Viverás no coração das pessoas para sempre."

## 5.12.1 Que seja eterno enquanto dure

Utnapishtim ensinou a Gilgamesh que não há permanência do estado das coisas, e fez isso muito antes de Heráclito discorrer sobre o permanente estado de mudança de uma pessoa e das águas de um rio: "Construímos uma casa para ficar de pé para sempre? Firmamos um contrato para valer para sempre? Irmãos dividem uma herança para valer para sempre? A enchente do rio dura para sempre? É apenas a larva da libélula que abandona seu casulo e vê o sol em sua glória. Desde os tempos antigos não há permanência".

Tudo passa, tudo sempre passará. Mas as muralhas de Uruk (225 km de Bagdá/Iraque) contribuíram para gravar o nome de Gilgamesh na história como o primeiro grande herói dos povos antigos.

De acordo com Ludmila Zeman (2007), autora de uma trilogia esplendidamente ilustrada sobre Gilgamesh: "O monstro pode ter sido um vulcão nas montanhas que se estendem da Anatólia à Armênia; e o touro do céu é considerado a personificação de uma seca de sete anos".

> Muitas das antigas civilizações construíram suas primeiras cidades ao longo de rios, por isso as histórias de enchentes são universais. Os povos da Mesopotâmia foram os primeiros a relatar um dilúvio e um lugar chamado Inferno, o qual seria desenvolvido séculos depois pelas crenças judaicas e cristãs. A imortalidade de Gilgamesh foi assegurada por algo ainda maior do que sua famosa cidade. Ele é o primeiro herói da literatura ocidental, incorporando todas as virtudes que nós associamos a eles: coragem, compaixão, lealdade, tenacidade para enfrentar as dificuldades e dedicação ao perseguir um sonho. De Ulisses da antiga Grécia a Enéias de Roma, do rei Artur da Inglaterra até os viajantes interplanetários da cultura contemporânea, todos devem o seu atrativo aos parâmetros do heroísmo lendário estabelecido por Gilgamesh. Ele é verdadeiramente imortal (ZEMAN, 2007, n.p.).

De acordo com Joseph Campbell, em *As máscaras de Deus*:

> Gilgamesh, entretanto, tinha um propósito e uma esperança diferentes: ele insistiu na busca; e a mulher enviou-o para o barqueiro da morte, que iria conduzi-lo através do mar cósmico para a ilha dos bem-aventurados, onde o herói imortal do Dilúvio – nessa versão do mito antigo chamado Utnapishtim – vivia juntamente com sua esposa em eterno êxtase.
> O casal eterno recebeu o viajante, deixou-o dormir por seis dias e noites, deu-lhe comida mágica, lavou-o com águas curativas e falou

da planta da imortalidade no fundo do mar cósmico, que ele teria que colher se quisesse viver para sempre.

E assim, mais uma vez, na embarcação do barqueiro da morte, Gilgamesh viajou, como ninguém jamais antes dele havia feito, na direção contrária, voltando para esta margem mortal. "A planta é como uma espinheira ramnácea", Utnapishtim dissera-lhe. "Os espinhos vão machucar as mãos; mas se elas conseguirem colher a planta, você terá vida nova". E num ponto na metade do caminho, o barco parou. Gilgamesh amarrou pesadas pedras a seus pés, que o levaram para o fundo. Procurou ali a planta. Machucou as mãos. Mas ele conseguiu. Colheu-a, soltou as pedras e, retornando à superfície, acostou.

"Levarei a planta para a Uruk fortificada", disse ao barqueiro. "Dá-la-ei para ser consumida e a comerei eu próprio e seu nome será Homem-Rejuvenesce-na-Velhice". Mas enquanto estava a caminho, deteve-se à beira de um riacho para passar a noite. E quando foi banhar-se, uma serpente, farejando a fragrância da planta, saiu da água, pegou a planta e retornou à sua morada. E após consumi-la, mudou de pele.

Gilgamesh, então, sentou-se e chorou. E é por isso que o Poder da Serpente da Vida Imortal, que antes pertencia ao homem, foi-lhe arrebatado e hoje permanece separado – em poder da amaldiçoada serpente e difamada deusa, no paraíso perdido do destemor. (CAMPBELL, 2004, p. 83).

## 5.13 O que os deuses podem ensinar aos políticos e religiosos

O herói não tem medo de ser sacrificado. Os deuses veem tudo o que fazemos, seja Hélio, seja Rá, seja o Deus judaico-cristão. O herói é aquele que muda o mundo, e se no percurso de sua jornada ele vier a morrer em sua luta, por ser essa uma causa elevada, de uma correção importante que a humanidade precisa ter, aí o político-herói chegará ao ápice e virará um mito.

Superou erros do passado, sejam erros cometidos por ele próprio, por seu partido ou por seu povo. Curou os problemas pessoais e de sua nação. A própria chaga estará apagada se o herói se converter. O carma negativo será sublimado e o espírito rumará para uma esfera mais evoluída. O cidadão comum virou político, e o político virou "santo".

Diversos santos, antes de se converterem, eram hereges. Muitos corruptos e mundanos um dia perceberam a futilidade de suas ações e se tornaram as egrégoras da transformação. Quando os pecados são expiados, os antigos companheiros poderão usar dos erros passados como elemento de chantagem.

O herói, o político e o santo precisam se blindar! O convertido precisa se proteger com muitas boas ações e atos de benefício coletivo e que recompensem a sociedade por eventuais fatos passados que tenham praticado em detrimento da coletividade. Em outras palavras, quem pecou e se arrependeu terá que mostrar a Deus o seu arrependimento. Sob a lei dos homens, os corruptos precisam pagar por seus erros.

Porém, para Deus, basta provar e ter muitas ações benéficas e sem segundas intenções, que estará salvo. O que importa para ele é a qualidade da intenção. A prática da justiça e do bem poderá mostrar quem se converteu e somente praticará os atos aprovados pela cosmologia do divino.

A política bem-intencionada é um dos maiores atos de caridade que um ser humano pode praticar.

O político pode se "santificar" – e, se tivermos uma geração de políticos minimamente santos, poderemos evitar o "fim do mundo" ou, pelo menos, acabar com o bacanal na política com dinheiro público.

Os políticos que se autossantificam são os que querem se promover e se blindar de seus crimes. Os políticos que são santificados por seus súditos benfeitores são aqueles que assumiram uma enorme responsabilidade para executar uma tarefa tida como impossível e que, quando feita, representará um importante passo na evolução de toda uma nação.

Gilgamesh abdicou de seu palácio para buscar a juventude eterna para seu povo, percorreu regiões infernais com o propósito de encontrar a imortalidade e entregou ao seu povo um reino com proteção e saneamento. Saiu de sua zona de conforto, percorreu os confins de todo o mundo habitável e acabou encontrando o emissário de Deus, o Noé babilônico, que lhe apresentou o segredo que tanto buscava. Quando morreu, sua jornada foi contada e gravada, e ele entrou para a história como o primeiro grande herói dos tempos.

Quer uma tarefa mais digna para um herói arquetípico do que resgatar uma nação e mudar a mentalidade das pessoas em prol da justiça comum e do desenvolvimento?

## 5.13.1 Seção bíblica: Isaías 44

**Deus Consolador**

¹ Agora, pois, ouve, ó Jacó, servo meu, e tu, ó Israel, a quem escolhi.

² Assim diz o Senhor que te criou e te formou desde o ventre, e que te ajudará: Não temas, ó Jacó, servo meu, e tu, Jesurum, a quem escolhi.

³ Porque derramarei água sobre o sedento, e rios sobre a terra seca; derramarei o meu Espírito sobre a tua posteridade, e a minha bênção sobre os teus descendentes.

⁴ E brotarão como a erva, como salgueiros junto aos ribeiros das águas.

⁵ Este dirá: Eu sou do Senhor; e aquele se chamará do nome de Jacó; e aquele outro escreverá com a sua mão ao Senhor, e por sobrenome tomará o nome de Israel.

⁶ Assim diz o Senhor, Rei de Israel, e seu Redentor, o Senhor dos Exércitos: Eu sou o primeiro, e eu sou o último, e fora de mim não há Deus.

⁷ E quem proclamará como eu, e anunciará isto, e o porá em ordem perante mim, desde que ordenei um povo eterno? E anuncie-lhes as coisas vindouras, e as que ainda hão de vir.

⁸ Não vos assombreis, nem temais; porventura desde então não vo-lo fiz ouvir, e não vo-lo anunciei? Porque vós sois as minhas testemunhas. Porventura há outro Deus fora de mim? Não, não há outra Rocha que eu conheça.

**Sátira dos adoradores de ídolos**

⁹ Todos os artífices de imagens de escultura são vaidade, e as suas coisas mais desejáveis são de nenhum préstimo; e suas próprias testemunhas, nada veem nem entendem para que sejam envergonhados.

¹⁰ Quem forma um deus, e funde uma imagem de escultura, que é de nenhum préstimo?

¹¹ Eis que todos os seus companheiros ficarão confundidos, pois os mesmos artífices não passam de homens; ajuntem-se todos, e levantem-se; assombrar-se-ão, e serão juntamente confundidos.

¹² O ferreiro, com a tenaz, trabalha nas brasas, e o forma com martelos, e o lavra com a força do seu braço; ele tem fome e a sua força enfraquece, e não bebe água, e desfalece.

¹³ O carpinteiro estende a régua, desenha-o com uma linha, aplaina-o com a plaina, e traça-o com o compasso; e o faz à semelhança de um homem, segundo a forma de um homem, para ficar em casa.

¹⁴ Quando corta para si cedros, toma, também, o cipreste e o carvalho; assim escolhe dentre as árvores do bosque; planta um olmeiro, e a chuva o faz crescer.

¹⁵ Então serve ao homem para queimar; e toma deles, e se aquenta, e os acende, e coze o pão; também faz um deus, e se prostra diante dele; também fabrica uma imagem de escultura, e ajoelha-se diante dela.

¹⁶ Metade dele queima no fogo, com a outra metade prepara a carne para comer, assa-a e farta-se dela; também se aquenta, e diz: Ora já me aquentei, já vi o fogo.

¹⁷ Então do resto faz um deus, uma imagem de escultura; ajoelha-se diante dela, e se inclina, e roga-lhe, e diz: Livra-me, porquanto tu és o meu deus.

¹⁸ Nada sabem, nem entendem; porque tapou os olhos para que não vejam, e os seus corações para que não entendam.

¹⁹ E nenhum deles cai em si, e já não têm conhecimento nem entendimento para dizer: Metade queimei no fogo, e cozi pão sobre as suas brasas, assei sobre elas carne, e a comi; e faria eu do resto uma abominação? Ajoelhar-me-ei ao que saiu de uma árvore?

²⁰ Apascenta-se de cinza; o seu coração enganado o desviou, de maneira que já não pode livrar a sua alma, nem dizer: Porventura não há uma mentira na minha mão direita?

**Alegria da salvação**

²¹ Lembra-te destas coisas, ó Jacó, e Israel, porquanto és meu servo; eu te formei, meu servo és, ó Israel, não me esquecerei de ti.

²² Apaguei as tuas transgressões como a névoa, e os teus pecados como a nuvem; torna-te para mim, porque eu te remi.

²³ Cantai alegres, vós, ó céus, porque o Senhor o fez; exultai vós, as partes mais baixas da terra; vós, montes, retumbai com júbilo; também vós, bosques, e todas as suas árvores; porque o Senhor remiu a Jacó, e glorificou-se em Israel.

**Vocação de Ciro**

²⁴ Assim diz o Senhor, teu redentor, e que te formou desde o ventre: Eu sou o Senhor que faço tudo, que sozinho estendo os céus, e espraio a terra por mim mesmo.

²⁵ Que desfaço os sinais dos inventores de mentiras, e enlouqueço os adivinhos; que faço tornar atrás os sábios, e converto em loucura o conhecimento deles.

²⁶ Que confirmo a palavra do seu servo, e cumpro o conselho dos seus mensageiros; que digo a Jerusalém: Tu serás habitada, e às cidades de Judá: Sereis edificadas, e eu levantarei as suas ruínas.

²⁷ Que digo à profundeza: Seca-te, e eu secarei os teus rios.
²⁸ Que digo de Ciro: É meu pastor, e cumprirá tudo o que me apraz, dizendo também a Jerusalém: Tu serás edificada; e ao templo: Tu serás fundado.

**De volta à Terra Prometida**
²⁹ Porque com alegria saireis, e em paz sereis guiados; os montes e os outeiros romperão em cântico diante de vós, e todas as árvores do campo baterão palmas.
³⁰ Em lugar do espinheiro crescerá a faia, e em lugar da sarça crescerá a murta; o que será para o Senhor por nome, e por sinal eterno, que nunca se apagará.

Capítulo 6

# As divindades do Egito e os 42 Mandamentos da deusa da justiça

Este capítulo abordará a mitologia egípcia e mostrará como um povo politeísta teve seus mandamentos semelhantes aos de Moisés e foi um dos berços do monoteísmo. Os principais deuses egípcios serão apresentados, sem o intuito de ser um guia completo, e sim um guia sintético.

A seguir, os principais deuses egípcios estão deliciosamente resumidos.

## 6.1 Rá – o Criador do Céu e da Terra

Para alguns, o deus Rá é o criador do universo, do infinito, aquele que criou a si próprio. Para outros, o mundo e seus elementos foram criados por Amon, que mais tarde teria sido representado por Rá. Amon significa oculto, por isso algumas vezes é representado como ganso, outras como carneiro e ainda outras como um ser humano.

Os grandes faraós eram vistos como deuses pelos egípcios, ainda que nascessem e morressem como qualquer ser humano. As estátuas de deuses sempre tinham os pés lado a lado, representando a imortalidade, enquanto os faraós tinham sempre o pé esquerdo à frente do direito, mostrando que estavam vivos e em movimento.

Rá nasceu de um ovo, que teria sido gerado pelos deuses. Teve relações sexuais com uma deusa e gerou todos os seres e divindades. Foi o grande criador do mundo e, após seu árduo trabalho de criação, chorou. De suas lágrimas no chão surgiu o primeiro casal da Terra.

De acordo com Salvat (2013):

> Rá nasceu de um oceano primitivo por sua própria vontade, colocou-se sobre uma colina, a Colina Primordial, e alçou-se sobre a pedra

*benben*, em Heliópolis, pedra que serviria de modelo para os futuros obeliscos. Rá está associado à criação do mundo [...] e é venerado como criador e protetor. É o senhor das estações, mas também o juiz do mundo divino e do mundo terrestre.

O emblema por excelência de Rá é o *disco-uraeus*. Trata-se de um disco solar que encarna o deus e também o olho que intervém, o olho ardente, o olho serpente. O *uraeus* é uma cobra fêmea venenosa que protege os deuses e os faraós.

De dia, o deus Rá pode ser representado com a aparência de um homem com um disco solar na cabeça. Mas também pode ser um leão, um chacal ou um falcão. Quando representa o sol nascente ao amanhecer, pode tomar a forma de um menino ou de um bezerro com manchas pretas.

A face noturna de Rá lhe confere as características de um carneiro ou de um homem com cabeça de carneiro. Também pode se tornar um gato que mata serpentes. Rá possui um nome diferente para cada uma de suas representações durante o dia: chama-se Khepri ao sol nascente, Rá ao sol do meio-dia, e Amon-Rá ao sol poente.

Porque Rá pode ser tudo isto ao mesmo tempo, tal como o Sol, que nasce, resplandece e se põe em um só dia. Como o Sol, Rá é quem permite que o mundo exista e se desenvolva. Efetivamente, sem Sol não há vida, e sem Rá também não: ele é considerado o pai de todos os deuses e, por extensão, o criador de todos os homens.

A viagem que o Sol realiza a cada dia pelo céu é a que realiza Rá a cada dia desde a criação. E, da mesma forma que o Sol é nascente ou poente, Rá adota um nome mais preciso. Esta viagem de Rá também é a viagem que realiza o homem em uma vida, desde o nascimento até a morte que o espera.

A cada manhã Rá se levanta no Oriente ao som dos cantos e das danças. Abre seu olho brilhante e depois sobe à barca do dia que navegará pelo céu até a noite. Rá chega, então, ao Ocidente. Passa à barca da noite, a bordo da qual cruzará o mundo inferior, um mundo noturno e perigoso onde habitava a morte. Durante seu percurso noturno reanima Osíris. Graças aos ritos funerários de conservação dos corpos, cada defunto se converte em um Osíris. Todos os egípcios alimentam um desejo: ser devolvido a uma nova vida, como ocorreu com Osíris, graças aos bons cuidados de Rá.

De Rá saiu o resto da criação. Shu (o ar) e Tefnut (o princípio úmido) engendraram um novo casal: Geb (a terra) e Nut (o céu). Deste casal desarticulado nasceram outras duas divindades destinadas à posteridade: Osíris-Ísis (casal de virtudes positivas) e Seth-Néftis (casal de virtudes negativas).

Não há deus sem culto. Rá é venerado a cada dia, nos templos e também nos campos. Porém, Rá não está sozinho, deve contar com outros deuses, outros templos... É o politeísmo, com suas lutas de influências. [...] Qualquer deus que tratasse de impor-se (ou que o faraó ou o clero tratassem de impor), em algum momento, não poderia escapar ao aspecto solar de Rá: assim os deuses Amon, Khnum e Montu se tornaram conhecidos com as formas de Amon-Rá, Khnum-Rá e Montu-Rá.

Com o reinado de Amenhotep IV (Akhenaton), o sol de Rá passou a um primeiro plano, porém não sem ter mudado de nome e de aparência. Converteu-se em Aton e reduziu-se somente ao disco solar. Aton manteve muitos dos princípios da velha religião de Rá. Até Amenhotep IV mudou de nome para Akhenaton. O parêntese foi de curta duração. Seu sucessor, Tutankhaton (que significa "gentil de vida é Aton") retomou o nome de Amon (Tutancâmon) e com um decreto reintroduziu o culto de Amon-Rá.

No âmbito funerário, Rá protegia o mundo dos espíritos do faraó. Mas Osíris, e a força do culto que lhe rendiam, tomou seu lugar. A religião de Rá resistiu. Embora Osíris tivesse se imposto no mundo dos mortos, teve de realizá-lo com Rá, já que ambos são identificados como as duas faces de uma mesma grande "alma divina".

Os escaravelhos reproduzidos em forma de amuletos encerravam o princípio da eterna volta e se remetiam a Rá. O faraó Amenhotep III, que foi um grande admirador de Rá, construiu um escaravelho gigantesco perto do lago sagrado de Marnak.

O olho divino que Rá envia à Terra pode adotar várias formas: a de leoa, mas também a do *uraeus*, que é a serpente encontrada no ornamento da cabeça do deus. Uma crença ainda mais antiga dizia que o deus do Céu tinha a forma de um antigo falcão chamado Hórus; esta forma tinha por olhos o sol e a lua. Rá, que muito cedo foi identificado pelo clero de Heliópolis como sendo este deus do Céu, conservou seu olho de sol, enquanto Hórus só conservou o olho lunar. Hórus e Rá são praticamente a mesma divindade, sendo quase impossível diferenciá-los.

Amon se remete a Rá e, assim como ele, nasceu por vontade própria. É criador dos quatro elementos: a terra, o ar, o calor e a umidade, que eram tidos como divindades.

Os cleros em muitas dinastias egípcias tinham tanto poder que colocaram em risco o poder dos faraós e contribuíram para dividir o Egito. Ou seja, desde sempre a religião é usada como trampolim para a ascensão política.

Ramsés II, que nasceu dia 20 de fevereiro, se assimilou a Rá, como forma de se beneficiar do poder da imagem de Rá e liderar também o clero, e assim se colocou como um herdeiro e sucessor direto do deus criador. Quem poderia ser contra o governante filho direto de deus?" (SALVAT, 2013, n.p.).

### 6.1.1 Hino a Amon-Rá

Este deus venerável, senhor de todos os deuses, Amon-Rá, é o primeiro, o que deu nascimento aos deuses primordiais, a partir do qual apareceram todos os demais, único dos únicos, o que fez o que existe, o que provocou o começo da Terra [...] sob a aparência do qual todas as aparições apareceram, o primeiro a aparecer, quando ainda não havia nada fora dele, aquele que ilumina desde o começo, o grande disco de raios luminosos que, a cada dia, atravessa o céu sem se cansar, cujo modo de ser é estável; o velho que, ao amanhecer, é uma criança [...] um salvador para todo o sempre, o rei do Sul e do Norte, Amon-Rá, rei dos deuses, o senhor do céu, da Terra, das águas e das montanhas (SALVAT, 2013, n.p.).

## 6.2 Osíris – o deus dos mortos

Nasceu como deus da terra e das forças vegetais. Depois que foi morto por seu irmão Seth, ressuscitou e se tornou o deus do reino dos mortos. Parece-se com uma múmia por conta da mortalha branca que usa. Sua cor verde serve para lembrar que é o deus da vegetação, que renasce constantemente.

Por benevolência de Osíris, qualquer homem que passar pelo julgamento dos mortos poderá retornar à vida. As sementes da teoria da reencarnação nasceram ou foram difundidas pela mitologia egípcia por meio desse deus.

A história de Osíris relata seu assassinato pelo próprio irmão e o seu casamento com sua irmã, Ísis. Lembre-se de que no começo dos tempos os deuses não tinham com quem se casar, por isso os familiares eram a única alternativa. Osíris percorreu a Terra para educar os seres humanos e civilizá-los. As pessoas o amavam por conta de seus atos bondosos, e isso despertou a inveja de seu irmão, que elaborou um plano para se livrar dele.

Seth construiu uma caixa de madeira nobre na exata medida de Osíris e pediu que ele entrasse na caixa. Quando Osíris entrou, os serviçais de Seth apareceram e fecharam a caixa, lacraram-na e a lançaram no Nilo. Diz a lenda também que cortaram o corpo de Osíris em quatorze pedaços, e tais partes teriam sido unidas, e isso gerou a sua ressureição, porém uma parte foi perdida. O pênis teria sido comido por um peixe e um caule de papiro foi implantado no lugar.

De acordo com Salvat (2013, n.p.): "Existem várias versões sobre o mito da busca de Osíris. Uma delas diz que Ísis e Néftis, suas irmãs, partiram à procura do corpo de Osíris e o encontraram às margens do Nilo".

Porém, segundo outra versão conhecida pelo nome de "desmembramento de Osíris" (GARDINI, 2016, p. 8), Ísis teria descoberto o corpo de seu marido bem mais longe, em Biblos, Fenícia (atual Líbano), e o teria levado novamente para o Egito, mantendo-o escondido.

Quando Seth descobriu esse esconderijo, esquartejou o corpo e espalhou as partes ao longo do Nilo. Suas irmãs suplicaram a Rá, Thot e Anúbis, a fim de que ressuscitassem o deus.

Então, Ísis concebeu um filho de seu falecido marido e assim nasceu o pequeno Hórus, que não deixaria de lutar contra seu tio Seth para poder vingar a morte de seu pai e para tomar o trono deste de volta, que tinha sido usurpado pelo seu tio assassino.

Osíris, que tinha sido ressuscitado pelo amor de sua esposa, se converteu no soberano da morte que reina no além, no reino dos mortos, deixando para Rá a soberania do dia e do mundo dos vivos. Osíris é um deus próximo dos humanos e ofereceu o além como caminho para o renascimento.

Seu filho Hórus foi um exemplo de superação. Seth professava um grande ódio contra o sucessor de Osíris e empregou todos os meios para acabar com Hórus desde que este nasceu. Foi até vítima de tentativa de estupro e teve sua mão arrancada por sua mãe, Ísis, quando o resto de esperma de Seth foi encontrado.

Um tribunal divino precisou ser convocado para tentar acabar com as infindáveis guerras entre Seth e Hórus. Nem mesmo Rá conseguiu uma trégua entre eles. O próprio Osíris precisou aparecer e intervir. Ele ameaçou parar seu trabalho de germinação das vegetações, e com isso os deuses decidiram que Hórus tinha direito de ser o rei do Egito. Seth teria ganho um bom prêmio de consolação, seria o arauto e o defensor de Rá, conduzindo sua barca divina.

Hórus encorpava todas as qualidades do falcão, animal que se incorporou à sua imagem. Do lado do céu, tudo via. Ou seja, os egípcios sabiam da onisciência de Deus e representaram essa característica por meio da escolha da face que representava sua mais importante divindade.

De acordo com outra versão do mito, Néftis teve um relacionamento com Osíris e dessa relação nasceu Anúbis. De acordo com Malkún:

> Osíris e Ísis representam as forças da luz, que impulsam o homem para a espiritualidade e para a consciência da reencarnação. Impulsionam a espécie para se aperfeiçoar e se harmonizar.
> Seth e Néftis representam as forças da escuridão, que impulsionam o homem para a materialidade, para os prazeres sensoriais, a densidade da inconsciência e a imobilidade na ignorância.
> Vermelho era a cor que representava Seth, representando, neste caso, ódio e fúria.
> Osíris é a força ativa masculina, a vontade baseada na certeza adquirida, na informação verificada para impulsionar a paz e a felicidade. Sua forma simbólica é a de um homem envolto em faixas, um espírito envolto pelo corpo. Tem uma coroa branca que representa a consciência em formação sobre sua mente, com duas plumas laterais, as duas forças polares do universo: A dualidade contraditória, que permite comparar para compreender a verdade [...].
> Seth representa o peso da animalidade original que atrasa a espiritualização da matéria. É a vontade egoísta de obter prazer, ainda que isto traga caos e sofrimento aos outros. É o instinto que domina.
> O confronto destas duas forças ativas e masculinas é seguida pela parte passiva e feminina.
> Ísis gera as emoções superiores, as intuições do mundo inferior, recebe a inspiração e produz as ideias, a busca e a oração de Deus, o êxtase.
> Néftis recebe as tentações, e os desejos gerados pelo corpo, e gera a análise elementar do mundo exterior percebida através dos sentidos. (MALKÚN, 2000, n.p.).

## 6.3 Anúbis – o deus do embalsamamento e do julgamento dos mortos

Anúbis era o parceiro de Osíris no julgamento dos mortos, sendo responsável pelo embalsamamento dos defuntos e pela pesagem dos corações.

Costuma carregar um bastão (cetro) e a cruz da vida *ankh*, atributo que representava a eternidade e a proteção divina e só poderia ser usado por deuses e faraós. Anúbis atuava na pesagem das almas no julgamento dos mortos e, conforme o peso dos corações, separava quem viveria eternamente de quem não.

Era Anúbis quem protegia a alma de todos os riscos durante a viagem até Osíris, que era o juiz do reino dos mortos. Anúbis conduzia a alma do defunto até os confins do mundo, passando pelas quatro montanhas que sustentam o céu. A dupla embarcava em uma barca e iniciava uma descida pela galeria da noite, por onde passava o rio do Inferno. No caminho havia a serpente Apep, inimiga de Rá, e muitos outros monstros, babuínos, serpentes armadas, répteis esquisitos com cinco cabeças, todos famintos.

Para escapar desse lugar, era necessário abrir sete portas que eram protegidas por divindades diferentes. Depois havia sete pilares pelos quais o defunto precisaria passar com o auxílio de Anúbis. E, por último, a grande sala de Osíris e a pirâmide onde estava o trono de Osíris e sua balança. A partir daí, Anúbis nada poderia fazer pelo morto, exceto auxiliar na pesagem de seu coração de forma imparcial perante o júri divino, composto também por Thot, Maat e Ammit. Para os egípcios, o coração era o logradouro da alma, portanto se poderia conhecer um ser humano por seu coração.

De acordo com Salvat:

> Mais vale ter sido rico em belos ideais e não ter faltas muito graves. Os pilares da bondade apreciados pelos deuses do julgamento continuam sendo, ainda hoje, os pilares da ética universal. Quarenta e dois assessores escutarão a confissão do morto, colocarão seu coração em um dos pratos da balança, em equilíbrio com Maat, colocada no outro.
>
> Se o que o morto confessar for verdade, o coração (que nunca mente) manterá o equilíbrio da balança; se o peso dos pecados for maior, se tornará mais pesado, inclinando a balança e, dessa forma, desfavorecendo o morto. Este será então presa de Ammit, a devoradora, o leão com cabeça de crocodilo e traseira de hipopótamo.
>
> Se, pelo contrário, ele for considerado justo, as portas da eternidade serão abertas, finalizando assim a missão de Anúbis, que retornaria para a entrada do Amenti, onde já o estariam esperando novos mortos. (SALVAT, 2013, n.p.).

### 6.3.1 Anúbis acompanhava a alma dos defuntos

Anúbis guiava e conduzia os egípcios quando estes morriam e iam para o além-mundo. Era encarregado de receber as almas, conduzir o defunto e o proteger de todos os riscos antes de ser julgado por Osíris, o juiz soberano dos mortos. A função de guia é perfeita para um chacal, portanto não há outro ser melhor para representar a função de guia do que essa divindade.

Anúbis e a alma do defunto se dirigem ao fim do mundo, em direção às quatro montanhas que sustentam o céu. Os dois embarcavam em uma barca chamada Jeper e iniciavam o descenso pela galeria da noite, por onde passavam as águas do rio do inferno. Nestas águas turbulentas encontravam a serpente Apep, inimiga de Rá, que subitamente se transformava em um obstáculo para a embarcação, ao mesmo tempo em que outros seres monstruosos, instalados nas margens do rio, se arrojavam sobre os viajantes. Babuínos gigantescos tentavam capturar o defunto com grandes redes, serpentes armadas com facas, répteis com cinco cabeças, todos famintos, se agitavam. Somente eram ouvidos lamentos pungentes e sombras errantes que urravam. O defunto se horrorizava, porém Anúbis, sempre fiel, o protegia.

Para sair deste reino assustador era necessário abrir sete portas, cada uma delas protegida por uma divindade. Anúbis ajudava o defunto a encontrar as palavras mágicas necessárias para sua abertura. "Abram a porta, sejam meus guardas" gritava o defunto. Depois disto, tinha de cruzar sete pilares. Após passar pelo último, a alma, sempre acompanhada por Anúbis, chegava à gigantesca sala da justiça de Osíris. O defunto, esgotado e sustentado por Anúbis, ainda deveria subir a pirâmide escalonada erguida no meio do recinto. No topo desta pirâmide estava o trono de Osíris e, diante dele, a balança, instrumento utilizado no julgamento. Ali o defunto arriscaria tudo e nem mesmo Anúbis o poderia socorrer.

A partir de então, a alma estará sozinha diante de seus juízes: Osíris, evidentemente, e também Maat (a deusa da verdade e da justiça) e Thot (marido de Maat, que anotará o resultado do julgamento).

Maat é responsável pela manutenção da ordem cósmica e social. O equilíbrio do universo, o relacionamento entre as partes constituintes, o ciclo das estações, os movimentos celestes e observações religiosas, bem como as negociações justas, honestas e a confiança nas interações sociais são regidos por Maat e se tornaram a base da lei no Egito. Se a harmonia cósmica fosse afetada, a vida do indivíduo mudaria, e assim o destino do Estado (SALVAT, 2013, n.p.).

## 6.3.2 Oração para evitar Ammit

De acordo com a publicação *Deuses do Egito* (GUIA CONHECER, 2016), a oração número 125 do Livro dos Mortos era uma declaração de inocência para evitar Ammit, a qual transcrevemos a seguir:

1. Eu não matei ninguém.
2. Eu não cometi nenhum mal.
3. Eu não prejudiquei meus parentes.
4. Eu não me juntei a pessoas más.
5. Eu não cometi atos de abominação.
6. Eu não fiz menos do que o dever exige.
7. Eu não tentei ganhar honras desmerecidas.
8. Eu não oprimi ninguém.
9. Eu não tratei qualquer divindade com desrespeito.
10. Eu não desapossei ninguém.
11. Eu não fiz o que os deuses detestam.
12. Eu não causei sofrimento a ninguém.
13. Eu não permiti que ninguém passasse fome.
14. Eu não fiz ninguém chorar.
15. Eu não enganei na medição de grãos.
16. Eu não invadi os campos de outras pessoas.
17. Eu não adicionei peso para o equilíbrio da balança.
18. Eu não fui negligente ao fazer ofertas aos templos (GUIA CONHECER, 2016, n.p.).

## 6.3.3 Políticos corruptos agem como se fossem monarcas divinos

Anúbis é um tipo de Caronte melhorado. Imagine as confissões dos políticos corruptos para as entidades que fazem as travessias da alma.

Anúbis conduzia a alma dos plebeus em seus caminhos até o julgamento dos mortos. Havia uma exceção que não precisava ser julgada: os faraós! Estes eram filhos diretos das divindades e não precisavam ser julgados. Isso lhes dava uma imunidade a qualquer crime que praticassem, por isso se colocavam acima do bem e do mal e podiam fazer tudo o que bem entendessem.

Será que os governantes corruptos acham que seus países são monarquias divinas e que são filhos de Rá?

Será que os políticos acham que seus crimes não serão investigados e julgados?

## 6.4 Apep – a serpente inimiga de Rá

Na mitologia egípcia, Apep é uma serpente que combatia o deus Rá ao cair de cada noite, sendo sempre morta, mas sempre ressuscitando. Representa o caos no submundo e um inimigo jurado dos deuses. Ele, ou ela, é o mal em si. Apep era acompanhada por dezenas de demônios, que pareciam serpentes de fogo. Para os egípcios, quando havia um eclipse, era o corpo gigantesco de Apep que cobria a luz do Sol, enquanto tentava destruir a barca de Rá e devorá-lo. Apep se encontrava no último dos doze portões do submundo, cada um representado por uma hora da noite, onde era o maior desafio do deus Sol. Apep quer aniquilar o mundo. Provoca alucinações coletivas, ataques terroristas, caos e guerras.

> As almas ensandecidas, corruptas e malignas que se devotam a Apep buscam a destruição: a destruição de todos os deuses do panteão Faraônico (Egípcio), seus templos, clérigos, seguidores e até mesmo do mundo criado por eles e as criaturas que o habitam. Os seguidores de Apep – que não são tão raros quanto os sacerdotes de outras divindades gostariam – não lutam por um mundo dominado pelo mal; eles lutam pela sua total aniquilação. Em muitas histórias, quando Rá foi sucedido por Hórus, sua última grande ação foi prender Apep no fundo de um mar de escaravelhos, para que nunca mais saísse (HA PUCH, 2016, n.p.).

A simbologia do olho de Hórus foi utilizada pelos maçons e pelos Illuminatis para lembrar que "Deus tudo vê"! Sua representação mais usual é a de um olho dentro de uma pirâmide, mostrando que Deus é o grande arquiteto do universo e é onipresente.

Apep é o precursor egípcio do demônio das religiões judaico-cristãs.

Os membros da justiça que parecem advogar para os corruptos e agir em conluio com alguns investigados, libertando descaradamente corruptos que praticaram tenebrosos crimes de lavagem de dinheiro, colarinho branco e formação de quadrilha, agem como Apep.

Juiz que defende ladrão é odiado pela nação.

Juiz ladrão e vendido enfrentará a justiça divina.

## 6.5 Sekhmet – a leoa da magia e protetora do Faraó

Esta deusa com cabeça de leoa e narizinho fino era muito perigosa e inquietava os homens e deuses. Sekhmet, quando calma, assumia uma personalidade mansa e se assemelhava à deusa Bastet, filha de Amon-Rá e Ísis. Esposa do deus chacal Anúbis, era uma divindade solar, deusa da fertilidade, protetora das mulheres e detentora de poder sobre os eclipses solares. Os gatos eram venerados no Egito por serem tidos como descendentes de Bastet.

De acordo com Salvat (2013):

> Com o tempo, a autoridade de Rá se enfraqueceu. Alguns deuses, que cobiçavam seu posto, acreditavam que Rá estivesse muito cansado para reinar e acabaria por ceder-lhes o trono. Até mesmo os homens se levantaram contra ele! Rá não podia permitir tal situação e decidiu consultar os sábios da Enéade. Eles o aconselharam a acabar com a revolta na Terra, enviando Sekhmet.
> 
> O olho de Rá cumpriu sua missão, perpetrando uma verdadeira chacina em nome da autoridade solar. A destruição dos homens comoveu Rá, fazendo com que este chamasse Sekhmet a fim de pôr fim à carnificina que exterminava a humanidade rebelde.
> 
> Desde então, os homens jamais puderam esquecer o pavor provocado por esta terrível deusa leoa [...] que se cercou de uma horda de espíritos inferiores, terríveis e sanguinários que obedeciam a todas as suas ordens, aos quais nem mesmo Rá poderia parar. Sekhmet teve um lado bom, ela também combatia as doenças, as epidemias, pragas e conflitos. Sekhmet defendia o faraó, estando ele certo ou errado, ela o defendia. [...] Se a ameaça fosse preocupante, o faraó, a pedido de Rá, lançava a terrível leoa contra seus inimigos (SALVAT, 2013).

## 6.6 Sobek – o devorador

O deus com cabeça de crocodilo tinha um apetite gigantesco. A maior parte dos deuses era vegetariano, apenas Sobek era um carnívoro inveterado e escandalizava seus colegas divinos.

## 6.7 Thot – o deus do conhecimento e Maat – a deusa da verdade

De acordo com a mitologia egípcia, Thot também foi um deus criador, inventor da linguagem e da escrita, deus do conhecimento, senhor da moral e do tempo. É representado com cabeça humana ou de íbis, de leão ou de macaco. Foi o primeiro escriba e possível pai da mitologia egípcia. Um tipo de Homero do Egito. Também foi o descobridor da química, da matemática, da geometria e da música. Reza a lenda que inventou a forma das pirâmides.

Thot, ou Tot, era inteligente, sábio e competente. Nasceu do crânio de Seth, ou Set, e também é o deus da Lua, o reflexo noturno do deus Rá. Thot tudo calcula e mede, sendo o responsável pela organização do mundo terrestre e celestial. Foi considerado um modelo para os homens, para o faraó e para os governantes. Tinha bico de íbis, uma elegante ave branca e preta, ou vermelha, com um longo bico fino e ligeiramente curvado, bem conhecida pelos habitantes do Nilo. Foi tão bom e imprescindível para o panteão egípcio, que se tornou para a noite o que Rá era para o dia, a luz da Lua.

Thot pode ter sido o famoso mago egípcio Hermes de Trismegisto, que passou seus conhecimentos para a humanidade por meio do Tarô de Marselha e originador dos conhecimentos herméticos. Pode ter sido Hermes, o mesmo que fazia a comunicação entre os mundos.

Maat, esposa de Thot, era tida como a representação da verdade absoluta, do princípio divino, do conceito de perfeição. A generosidade e a bondade eram os principais atributos dessa divindade conceitual cujo principal símbolo era a cruz *ankh*. Eis o mandamento da deusa Maat:

> Se você tiver crescido depois de ter sido pequeno, se você se tornar rico depois de ter sido pobre, não seja mesquinho com sua riqueza, porque ela chegou até você como um presente de Deus (SALVAT, 2013, n.p.).

### 6.7.1 As almas na balança dos deuses

De acordo com Salvat:

> Thot era o deus da lua. A razão para isso pode ser encontrada em fatos que remontam ao início dos tempos. O grande, e então idoso, deus já estava cansado das contínuas brigas entre os humanos e por isso decidiu se retirar, dirigindo-se para alturas celestiais mais tranquilas, iluminando o dia e viajando ao mundo inferior à noite. Desse

modo, a Terra foi privada de luz durante metade do dia, nascendo assim a noite. (SALVAT, 2013).

O mito de Osíris e Ísis trata de morte e ressureição, a colheita do grão e o novo crescimento deste a partir da semente. O aspecto julgador de Osíris seria um outro lado de Rá, um outro aspecto da mesma divindade.

### 6.7.2 As 42 confissões negativas de Maat e os juramentos dos réus

Estas confissões, encontradas no Papiro de Ani, a versão mais conhecida do *Livro dos Mortos* (BLANC, 2023), eram recitadas em reuniões religiosas e grafadas em sarcófagos e monumentos fúnebres e acabaram constituindo uma espécie de mandamentos, de retidão, como o decálogo o é para judeus, cristãos e muçulmanos.

Os mandamentos de Maat foram escritos até 2 mil anos antes dos de Moisés, sendo que oito dos dez mandamentos hebreus já estavam contemplados entre os de Maat. Os objetivos maiores dos mandamentos egípcios eram tornar o ser humano "um deus" ou fazer com que este agisse "como um deus". Pelo menos, era oferecer as mesmas qualidades e virtudes divinas aos seres humanos.

As leis de Maat indicam o caminho do amor e do respeito à vida. Indicam lições de moralidade, dignidade e justiça e poderiam ser adotadas por todos, independentemente de suas crenças. A virtude poderia ser alcançada por meio dos estudos, esforços e conhecimento dos ritos culturais.

As confissões negativas eram postas nos sarcófagos dos defuntos para que os juízes pudessem levar tais confissões em consideração no momento do julgamento e da pesagem de cada coração. As leis de Maat geravam amor e respeito com a vida e com o planeta. Esses conceitos eram independentes de qualquer religião e são válidos para um bom código moral até hoje, quase 5 mil anos depois.

Sugiro aos juízes corruptos ao redor do mundo que peçam para seus réus recitarem tais frases antes de serem interrogados (com um detector de mentiras acoplado).

**As 42 confissões negativas de Maat**
1. Eu não pequei.
2. Eu não roubei com violência.

3. Eu não furtei.
4. Eu não assassinei homem ou mulher.
5. Eu não furtei grãos.
6. Eu não me apropriei de oferendas.
7. Eu não furtei propriedades do deus.
8. Eu não proferi mentiras.
9. Eu não desviei comida.
10. Eu não proferi palavras obscenas.
11. Eu não cometi adultério.
12. Eu não levei alguém ao choro.
13. Eu não senti o inútil remorso.
14. Eu não ataquei homem algum.
15. Eu não sou homem de falsidades.
16. Eu não furtei terras cultivadas.
17. Eu não fui bisbilhoteiro.
18. Eu não bajulei, nem caluniei.
19. Eu não senti raiva sem justa causa.
20. Eu não desmoralizei a mulher de homem algum.
21. Eu não me profanei.
22. Eu não profanei um deus diferente do meu.
23. Eu não dominei alguém pelo terror.
24. Eu não transgredi a lei.
25. Eu não fui irado.
26. Eu não fechei meus ouvidos às palavras verdadeiras.
27. Eu não blasfemei.
28. Eu não sou homem de violência.
29. Eu não sou um agitador de conflitos.
30. Eu não agi ou julguei com pressa injustificada.
31. Eu não pressionei em debates.
32. Eu não multipliquei minhas palavras em discursos.
33. Eu não levei alguém ao erro. Eu não fiz o mal.
34. Eu não fiz feitiçarias ou blasfemei contra o rei.
35. Eu nunca interrompi a corrente de água.
36. Eu nunca levantei minha voz, falei com arrogância ou raiva.
37. Eu nunca amaldiçoei ou blasfemei a deus.
38. Eu não agi com raiva maldosa.
39. Eu não furtei o pão dos deuses.
40. Eu não desviei os bolos *khenfu* dos espíritos dos mortos.
41. Eu não arranquei o pão de crianças nem tratei com desprezo o deus da minha cidade.
42. Eu não matei o gado pertencente a deus (BLANC, 2016, n.p.)

## 6.8 A situação do Egito há 4 mil anos
De acordo com Salvat (2013):

> A história do Egito é cheia de paradoxos. Por isso, não é de se estranhar que o reinado de Sesóstris I (Dinastia XII, aproximadamente 2000 e 1800 a.c.) seja caracterizado por um período de paz e prosperidade, ainda que o faraó tenha sido um soldado, lutando em uma guerra vitoriosa contra os líbios e até mesmo em combates na Ásia [...]. Seu principal talento foi o de administrador e construtor [...]. Seu pai o ensinou a desconfiar daqueles que o cercavam e o bajulavam, e também a não se esquecer da sabedoria e da generosidade [...]. Parte da prosperidade alcançada durante o reinado de Sesóstris I foi consequência de uma gestão rigorosa e de extrema atenção que foi dada à economia, o que obrigava o próprio faraó a justificar e registrar todas as suas despesas.
> 
> Sesóstris I tinha uma grande obsessão: evitar os transtornos do período do Império Antigo, que foi caótico, um autêntico pesadelo. O Egito esteve à beira de desaparecer por causa de uma nova divisão e por conta do confronto entre o Alto e o Baixo Egito, que tinham iniciado uma rivalidade que não parecia ter fim. Sesóstris sabia, por meio de seus antepassados, das características daquele tempo e do caos assustador em que o país tinha caído. O Estado foi incapaz de lidar com a anarquia e a confusão que reinavam em todos os lugares. Os funcionários públicos roubavam o erário real e a bandidagem aterrorizava vilas e cidades. As cidades mais poderosas declararam guerra e se enfraqueceram nesta luta.
> 
> Porém, tudo isso fazia parte do passado. Com Sesóstris I, o país foi unificado novamente e a autoridade do Estado foi restaurada (SALVAT, 2013).

## 6.9 Aton – o primeiro deus monoteísta do Egito
Ainda de acordo com Salvat:

> Aton não era o sol dos tempos imemoriais, mas sim o disco solar que diariamente aparecia no céu. Sendo assim, ele não era confundido com Rá. Desde o momento em que o faraó se tornou seu sumo sacerdote, todos os demais deuses foram ofuscados por Aton. Esta divindade solar foi exaltada por Amenhotep IV até ser elevada à categoria de deus único [...].

Desafiando todos os sacerdotes, o faraó (que passou a se chamar Akhenaton) decretou que o disco solar deveria ser reverenciado por todos em todos os lugares.

Aton foi representado de forma simples, ou seja, como um disco solar elevado no céu. Ao ser uma fonte permanente de vida, as extremidades de seus raios eram decoradas com mãos que seguravam cruzes da vida *ankh*. Todo mundo podia rezar para o astro solar, embora apenas Akhenaton pudesse escutá-lo, dado que o faraó era o único e verdadeiro intermediário entre a divindade e os homens. Por esta razão, qualquer representação de Aton era acompanhada pela imagem de Akhenaton [...].

Aton pulverizou o tradicional panteão egípcio, dado que a partir de então já não havia nenhum outro ser divino além do disco solar. [...] Aton nascia e morria todo dia, no entanto, ele era sempre o mesmo, sem começo nem fim, o deus representava a própria eternidade. [...] Este deus benfeitor distribuía sua bondade para todos e valorizava a família e a natureza.

O deus era um gerador de vida, como evidenciam as cruzes da vida *ankh* que carregava nas mãos. Assim, parece que a sua única relação de ordem divina era com Maat, a pequena deusa da justiça e da verdade. Esta entidade do panteão egípcio parecia mais um conceito divino da verdade do que uma verdadeira deusa, como Hator ou Ísis.

Com Aton foi inaugurada a era da "democracia religiosa". O clero foi reduzido ao mínimo, dado que cada ser humano podia dirigir-se ao deus através de si mesmo. [...] De fato, a imagem de Aton faz com que não saibamos se se trata de um homem, uma mulher ou ambos. Podemos intuir que Akhenaton queria justamente isso, no intuito de transmitir que as diferenças eram mera aparência, argumento este que se baseava em um mundo ideal, para não dizer utópico.

Aton, sendo um deus único, não tinha esposa, nem família e nem filho. [...] A terra era sua filha e o faraó, o seu filho mais distinto, embora não fosse o único, dado que todo homem e toda mulher do Egito eram filho ou filha de Aton, irmãos e irmãs uns dos outros. Como dizem os textos, ele era o "pai de toda vida". De fato, estas ideias são muito similares às da futura religião cristã.

Porém, o faraó reformador cometerá alguns excessos que gerarão grande revolta, como por exemplo mandar martelar todas as imagens dos antigos deuses. Não satisfeito em elevar Aton à categoria de deus único, ele quis acabar com a imagem de todas as outras divindades. Os sacerdotes mais poderosos do país não demoraram em protestar contra tais práticas. Além disso, esses sacerdotes viam como seu poder financeiro, fruto das propriedades dos deuses, diminuía significativamente. Assim, pouco a pouco a ira ia crescendo.

A julgar pelo sincretismo tão comum no país, poderíamos até mesmo pensar que isso não seria um grande problema, pois a assimilação dos deuses entre eles não era feita, no fundo, no intuito, ainda que inconsciente, de convergir todas as crenças? Seria Aton, então, o ponto culminante desta tendência? Sem dúvida nenhuma que sim. No entanto, não devemos nos esquecer do poder dos sacerdotes dos deuses relegados, começando pelos mais poderosos, os sacerdotes de Amon, cuja colossal grandeza e riqueza tinham sido reduzidas radicalmente.

Com a morte de Amenhotep IV, os sacerdotes recuperaram o seu lugar. O novo soberano, que receberá ao nascer o nome de Tutankhaton, voltou a se colocar sob a proteção de Amon, passando a se chamar Tutancâmon.

Akhenaton foi considerado um herege, suas imagens foram destruídas e sua memória apagada. Porém, Aton marcou profundamente o pensamento religioso da humanidade com sua ideia de um deus único, que mais tarde acabou prevalecendo através da Bíblia e do Alcorão. (SALVAT, 2013)

Aton nasceu do sincretismo com Rá, mas criou vida própria e individualidade como a de um deus único, talvez o primeiro da história da humanidade. Os sacerdotes foram os políticos que tinham seus poderes advindos do politeísmo, porém as diversas divindades poderiam ser referências às variadas características do Deus único.

O fato é que o poder estava com os sacerdotes, e qualquer mudança de orientação religiosa significava a substituição de um determinado grupo por outro, e a luta religiosa nada mais era do que uma luta política.

Nos tempos atuais, os sacerdotes políticos defendem o gigantismo do Estado como forma de controle dos patrimônios públicos e expropriação da sociedade por meio da corrupção.

### 6.9.1 Seção na imprensa: O hino do deus único

Conheça um texto desenvolvido pelo próprio faraó Amenófis IV para cultuar Aton, a divindade sem forma humana, sem sexo, mas que prezava o amor e a verdade.

Aton é descrito como o criador do universo e de todos os seres; já o faraó é elucidado como o único homem com capacidade de se comunicar com ele.

> Apareces cheio de beleza no horizonte do céu, disco vivo que iniciaste a vida.
> Enquanto te levantaste no horizonte oriental, encheste cada país da tua perfeição. És formoso, grande, brilhante, alto em cima do teu Universo.
> Teus raios alcançam os países até o extremo de tudo o que criaste.
> Porque és Sol, conquistaste até aos seus extremos, atando-os para teu filho amado. Por longe que estejas, teus raios tocam a Terra. Estás diante dos nossos olhos, mas o teu caminho continua a ser desconhecido. Quando te pões, no horizonte ocidental, o Universo fica submerso nas trevas, como morto. Os homens dormem nos quartos, com a cabeça envolta e nenhum deles podendo ver seu irmão...
> Mas na aurora, enquanto te levantas sobre o horizonte, e brilhas, disco solar, ao longo da tua jornada, rompes as trevas emitindo teus raios... Se te levantas, vive-se, se te pões, morre-se. Tu és a duração da própria vida; vive-se de ti.
> Os olhos contemplam, sem cessar, tua perfeição, até o acaso, todo o trabalho para quanto te pões no Ocidente. Enquanto te levantas, fazes crescer todas as coisas para o rei, e a pressa apodera-se de todos desde que organizaste o Universo, e fizeste com que surgisse para teu filho, saído da tua pessoa, o rei do Alto e do Baixo Egito, que vive de verdade, o Senhor do Duplo País, Neferkheperuré Uaenré, filho de Rá, que vive de verdade, Senhor das coroas, Akhenaton. Que seja grande a duração de sua vida!
> E a sua grande esposa que o ama, a dama do Duplo País, Neferneferuaton Nefertiti, que lhe seja dado viver e rejuvenescer para sempre, eternamente (GUIA CONHECER, 2016, n.p.).

Capítulo 7

# Os caminhos do Oriente

Este capítulo discutirá fundamentalmente o budismo e os mestres do Oriente: Buda, as Taras, Gandhi e Osho.

## 7.1 O mestre dos mestres do Oriente: Buda

De acordo com o Vedas, Buda teria sido uma encarnação de Vishnu, o espírito conservador que teria descido à Terra em diversas encarnações para nos proteger do mal e sob diversas personificações, como peixe e também como tartaruga. Uma das encarnações de Buda teria sido a de Krishna, que nos ensinou a canção de louvor a Deus como forma de felicidade:

> Hare Krsna Hare Krsna
> Krsna Krsna Hare Hare
> Hare Rāma Hare Rāma
> Rāma Rāma Hare Hare

A mãe de Buda sonhou que foi tocada pela tromba de um elefante branco e ficou grávida milagrosamente. A concepção sobrenatural é outra indicação de que Buda foi um enviado divino advindo de alguns degraus cósmicos acima do nosso. Os principais ensinamentos são instruir os demais a se absterem de fazer o mal, a fazerem o bem e a purificarem a mente.

Buda vivia no céu dos deuses satisfeitos, uma mãe pura e valorosa o conceberia.

Sidarta se casou com uma prima e teve uma vida agradável de riqueza até os 29 anos.

Mostrou o grande caminho do *sâmsara*, a indiferença à alegria ou à tristeza. É a conquista do domínio desapegado das emoções positivas e negativas. O budista precisa dominar a raiva e o amor, tanto quanto o medo e a confiança, o desejo e a aversão. As emoções opostas mantêm o indivíduo preso ao perpétuo ciclo de renascimento. Um ser iluminado não é levado por emoções autorreferentes.

Por isso, os budistas podem ser bons políticos e os postulados dessa religião formam o arcabouço de uma religião de respeito ao próximo e ao universo e mostram o caminho da iluminação. Atingir o *sâmsara* é caminhar para Deus.

> A história do budismo desenvolve-se desde o século VI a.C. até ao presente, começando com o nascimento de Sidarta Gautama. Segundo a tradição budista, Siddhartha Gautama, o buda histórico, nasceu no clã Shakya, no início do período Mágada (546-424 a.C.), nas planícies de Lumbini, no sul do Nepal. Sidarta Gautama vivia isolado em seu palácio em meio ao luxo e à ostentação. Insatisfeito com a futilidade de sua condição, resolveu abandoná-la e, ao se deparar com o sofrimento, a velhice, a doença e a morte, que não conhecia, juntou-se aos monges brâmanes tornando-se um asceta errante. Por meio do jejum e da penitência queria encontrar respostas para o sofrimento universal.
>
> A vida contemplativa, no entanto, não foi suficiente para responder a seus questionamentos sobre o sofrimento universal. Inquieto, Sidarta abandonou os monges e passou a seguir seus próprios caminhos, de solidão e meditação, rejeitando o ascetismo e buscando um caminho intermediário entre o luxo e a automortificação, capaz de conduzi-lo à verdade (HISTÓRIA DO BUDISMO, 2023, n.p.).

Note que tanto Buda quanto Jesus foram tentados pelo demônio:

> Após sete semanas sentado ao pé de uma figueira, imperturbável diante das tentações do demônio Mara, encontrou finalmente as respostas que procurava, chegando assim à iluminação. Sidarta alcançou assim o nirvana ("extinção da chama da paixão e dos desejos"). A partir desse momento, tornou-se Buda, o Iluminado, passando a questionar as verdades dos Vedas e seus ensinamentos.
>
> Nos quarenta e cinco anos seguintes percorreu a planície do Ganges, na região central da Índia, ensinando as suas doutrinas a um grupo heterodoxo de pessoas. Morreu aos 80 anos, na cidade de Kushinagar. Os budistas chamam sua morte de *paranirvana*, o que significa que seu trabalho como buda foi concluído (HISTÓRIA DO BUDISMO, 2023, n.p.).

Ao contrário do que se pensa e do que parece, o budismo não é uma religião. O budismo é uma filosofia de vida, que não prega a adoração de Deus ou de deuses. Por isso, pode ser praticado por qualquer um, seja católico, espírita ou mesmo ateu. O principal objetivo do budismo é ajudar cada um a se libertar do sofrimento e ser feliz. De acordo com Galvão:

> Aquele que é representado sempre sentado e risonho não condiz com a verdadeira aparência de Sidarta Gautama, o Buda histórico (gordinho e careca). Essa é apenas uma forma folclórica de simular a aparência do monge chinês. O Buda histórico, criador de vários ensinamentos sobre autoconhecimento, é assim chamado porque chegou à iluminação e atingiu a felicidade. Buda significa ao pé da letra "iluminado", por isso qualquer um que conseguir libertar-se do sofrimento pode ser considerado um buda. É sempre dito que Sidarta não foi o primeiro a atingir esse grau de iluminação, mas foi o único que se empenhou para que outras pessoas seguissem o mesmo caminho.
> [...] As Quatro Nobres Verdades do budismo que podem ajudar a superar o sofrimento e atingir a felicidade são:
> 1. O sofrimento existe – Ele é real, não pode ser ignorado;
> 2. O sofrimento tem suas causas – Ele surge a partir dos nossos apegos excessivos e das nossas expectativas irreais;
> 3. É possível eliminar essas causas – Elimine o apego. Você conseguirá isso com práticas corretas (meditação, mantras, estudos, atos de caridade etc.) feitas para eliminar esse hábito;
> 4. Existe um caminho para eliminá-lo – Liberte-se do apego e do desejo. (GALVAO, 2013, n.p.).

A filosofia e o modo de vida budista combinam o pensamento correto, a intenção correta, a fala correta, a ação correta, o modo de vida correto, o esforço correto, a atenção correta e a concentração correta.

A evolução budista combina a meditação, o desapego aos bens materiais e às emoções, e sensações furtivas dos prazeres mundanos com ética e moral elevadas. A maioria dos budistas é vegetariana, pois crê que é imoral matar um animal para se alimentar.

Ramatis mostra que as energias deletérias do animal que está indo para o abate são absorvidas pelos que ingerem a carne e que esta é uma das grandes responsáveis pelo aumento da brutalidade e da violência.

## 7.1.1 Pensamentos e frases de Buda

"Somos o que pensamos. Tudo o que somos surge com nossos pensamentos. Com nossos pensamentos, fazemos o nosso mundo."

"Sua tarefa é descobrir o seu trabalho e, então, com todo o coração, dedicar-se a ele."

"Guardar raiva é como segurar um carvão em brasa com a intenção de atirá-lo em alguém; é você que se queima."

"É a própria mente de um homem, e não seu inimigo ou adversário, que o seduz para caminhos maléficos."

"Um amigo falso e maldoso é mais temível que um animal selvagem; o animal pode ferir seu corpo, mas um falso amigo irá ferir sua alma."

"A paz vem de dentro de você mesmo. Não a procure à sua volta."

"O segredo da saúde mental e corporal está em não se lamentar pelo passado, não se preocupar com o futuro, nem se adiantar aos problemas, mas viver sábia e seriamente o presente."

"Um homem só é nobre quando consegue sentir piedade por todas as criaturas."

"Existem três classes de pessoas que são infelizes: a que não sabe e não pergunta, a que sabe e não ensina e a que ensina e não faz."

"Jamais, em todo o mundo, o ódio acabou com o ódio; o que acaba com o ódio é o amor."

"É melhor conquistar a si mesmo do que vencer mil batalhas."

"A causa da derrota não está nos obstáculos, ou no rigor das circunstâncias, está na falta de determinação e desistência da própria pessoa."

"Todos os seres vivos tremem diante da violência. Todos temem a morte, todos amam a vida. Projete você mesmo em todas as criaturas. Então, a quem você poderá ferir? Que mal você poderá fazer?"

"Não deseje e não sofra! O desejo é a alma do sofrer."

"Em tudo, o nosso sentimento é o que importa. A intenção, boa ou má, influencia diretamente nossa vida no futuro. Qualquer ação, por mais simples que seja, se feita com coração, produz benefícios na vida das pessoas."

"Quanto mais coisas você tem, mais terá com o que se preocupar."

"Três coisas não podem ser escondidas por muito tempo: o sol, a lua e a verdade."

"Milhares de velas podem ser acesas de uma única vela, e a vida da vela não será encurtada. Felicidade nunca diminui ao ser compartilhada."

"O conflito não é entre o bem e o mal, mas entre o conhecimento e a ignorância."
"Nem a morte deve ser temida por quem a vive sabiamente."
"O que somos hoje vem de nossos pensamentos de ontem, e nossos pensamentos presentes erguem a nossa vida de amanhã; nossa vida é criação de nossa mente."
"Se pudéssemos ver o milagre de uma simples flor, toda a nossa vida mudaria."
"Nossa existência é transitória como as nuvens do outono. Observar o nascimento e a morte do ser é como olhar os movimentos da dança."
"A vida não é uma pergunta a ser respondida. É um mistério a ser vivido."
"Os seres humanos que se apegam demasiado aos valores materiais são obrigados a reencarnar incessantemente, até compreenderem que ser é mais importante do que ter."
"Jamais permita que os impasses da vida o perturbem. Afinal, ninguém pode escapar dos problemas, nem mesmo santos ou sábios. Sofra o que tiver que sofrer. Desfrute o que existe para ser desfrutado. Considere tanto o sofrimento como a alegria como fatos da vida."
"Todo sofrimento psicológico é fictício, porque ou está armazenado na memória do passado, ou na imaginação do futuro, porque ambos são apenas ilusórios... O passado já passou e o futuro ainda não chegou."
"Feliz aquele que superou seu ego."
"Levantemos para o dia e sejamos gratos. Porque se nós não aprendemos muito, pelo menos aprendemos um pouco, e se não aprendemos um pouco, pelo menos nós não ficamos doentes, e se ficamos doentes, pelo menos não morremos. Então, sejamos todos gratos. (BUSCAGLIA, n.p.)"
"Os humanos imploram a misericórdia divina, mas não têm misericórdia dos animais, para os quais são divinos." (BUDA)

### 7.1.2 A Roda da Vida: o ensinamento budista tibetano sobre uma psicologia espiritualizada

O audiolivro de Heloísa Gioia chamado *Roda da Vida* (2008) apresenta uma riqueza gigantesca de detalhes que merecem ser relatados:

> A roda da vida nos apresenta o *sâmsara*. O mundo das ilusões e experiências. Sofrimento, confusão, estado de espírito da enganação, pela

distração e ilusão, nele temos perdas e sofrimentos. Algumas ilusões nos prendem nesta e noutras vidas.

O mundo samsárico está representado na Roda da Vida. Devemos conhecer as leis, saber das causas e efeitos para perceber que somente a compaixão nos tira da roda de *sâmsara*. Somente a compaixão ilumina.

Sair do *sâmsara* é se iluminar. É atingir o nirvana, estágio em que a reencarnação não é mais necessária. Meditação, contemplação e oração. Essa é a fórmula.

Compaixão demanda dominar o ego e vencer a raiz do sofrimento. É compreender que não somos separados dos outros e do universo.

Tudo é finito. Para o bem ou para o mal. Tudo é transformável. Tudo muda.

O sofrimento é uma passagem no caminho da iluminação.

Quer alcançar o estado de iluminação? Como atingir a iluminação? Como romper o ciclo cármico? Ações e reações a fatos do passado? Carma é mutável? Sim, o carma é mutável. Para isto, conheça as Leis do Universo e a essência das ações virtuosas.

Livre-se da mágoa, não tenha inveja e não odeie.

As virtudes passadas geram colheitas.

Felicidade é ter um bom coração. Quanto maior a bondade, maior a felicidade!

A sorte não é por acaso. Sorte é consequência de ações virtuosas atuais ou de vidas passadas. Em tudo o que fizermos teremos êxito se nos libertarmos de carmas negativos, eliminando a ganância e praticando a humildade para vencer o orgulho do apego. Eis o caminho para virar budas. É o caminho da iluminação.

A roda da vida mostra que a psique humana vive em um mundo sêxtuplo: seis estados, reinos ou esferas energéticas, sendo três superiores e três inferiores.

A roda da vida mostra a importância do ser em vez do ter. Quem busca sucesso, quer reconhecimento. Quem faz por amor tem que fazer sem o ego. Muitos perdem a noção de que somos humanos e nos confundimos com os deuses. Entramos, então, no mundo dos semideuses. Buscamos a felicidade sem fim, vivemos pelo ego na ignorância.

Os seres sobem e descem na Roda da Vida.

Precisamos compreender as causas do sofrimento e conhecer a impermanência dos estados de alegria e tristeza.

Há ignorância sobre o destino. É quando o ser humano não sabe qual caminho seguir. Como romper com carma? *Sâmsara* e nirvana não estão distantes um do outro. Para sair do *sâmsara*: reflexão consciente do livre-arbítrio! Oriente-se pela virtude e pela compaixão.

Os reinos inferiores da Roda da Vida mostram o estado de espírito dos famintos. Vícios, avareza, penúria e manias. Gente que evita o sofrimento, não sonha. Falta de respeito aos demais e baixa autoestima estão interligados. Desrespeitados viram amargurados. Psicoses, euforias, fobias. As psicoses por adição são comuns em usuários de drogas e sexo-maníacos. Promessas malucas geram vícios de difícil cura. Dependência dos outros é um grande custo.

Buscamos a felicidade com meios errados. Então, ficamos doentes. Psicologicamente dependentes para projetar nossos defeitos e nos ancorarmos em outros famintos.

Os famintos sugam os deuses e semideuses que não se defendem. Por isso também muitos preferem viver como chupins e encostos. Roubam as vontades. Escondemos o jogo e nossos sentimentos. Amamos pouco.

Os seres humanos nos reinos inferiores têm problemas para dar e rancor para receber. Alguns são nostálgicos. Outros, insaciáveis. O fascínio por estar faminto é a constante busca de algo maior e mais espetacular. O apego à carência e à dor é algo viciante nos infernos astrais. A causa da ganância é o apego à soberba.

No reino dos espíritos vazios, traímos quem amamos e amamos quem nos trai. Recebemos com atenção quem nos despreza e amamos com reservas e de forma mesquinha a quem nos ama. Neste mundo, temos dificuldades para ter o orgasmo. O sexo parece ser sem prazer. Mesmo com alta frequência sexual não há ligação com o outro e até com o ato em si. Delírios de paixões vazias. Sexo sem emoção, automático. Tudo isto vira desencantamento, fome insaciável e vazio interior.

Para sair deste mundo é preciso desapegar das coisas, conceitos e idealizações. O ego não quer se desapegar e com isto viramos escravos e ficamos infelizes. Para sair deste reino recomenda-se que se pratique a humildade e a bondade.

Afinidade gera compaixão. Amor e compaixão geram saúde, vitalidade e felicidade. Compaixão genuína traz felicidade e auxilia no acúmulo de méritos.

Para estar fora do *sâmsara*, precisa-se acumular méritos cármicos!

O saldo moral depende dos investimentos e saques. Se o resultado final zerar todo o saldo e aumentar o positivo, se o coração for compassivo, teremos méritos eternos.

Eis o caminho da iluminação para os seres sencientes! A motivação da energia da ação quando pura de coração gera a iluminação.

**Dedicação de agradecimento às três joias budistas**
No Budismo, começamos todas as práticas pedindo refúgio em Buda, Dharma e Sanga. Terminamos com a prática da dedicação.

Ao finalizarmos este ensino contemplativo sobre o precioso ensinamento da Roda da Vida, dedicaremos os méritos acumulados por nós durante esta auspiciosa jornada.

Que a luz da sabedoria oriente as suas intenções e ações. Por sua vez, eleja você alguém importante para o seu próprio desenvolvimento espiritual como estou sendo para você e oferte as boas energias que você obteve durante esta leitura.

Lembre-se de que as energias acumuladas neste ensinamento são sempre dedicadas para todos os seres animados que ainda não conseguiram dar o primeiro passo na libertação espiritual.

Para terminar, vale soletrar a tradicional dedicação budista: "De sol a sol, durante a noite e durante o dia, possam as três joias conceder as suas bênçãos. Possam as três joias ajudar-nos a alcançar todas as realizações. Possam as três joias espalhar muitos ciclos auspiciosos no caminho de nossa vida. Boa sorte e siga em paz" (GIOIA, 2008, n.p.).

## 7.1.3 Quantos radicais budistas existem? Nenhum

Então, quem está "certo": os budistas ou os radicais? Ou melhor: quem é "melhor"? O budismo é um elevado estado de espírito e forma de curtir a vida. É o caminho da iluminação para aqueles que superam o ego e o orgulho.

Para aqueles que estão preocupados em ser alguém e não se preocupam tanto em possuir coisas e pessoas, o budismo é um excelente caminho para a iluminação. Para aquele que não precisa provar que está "certo" e para aquele que está em paz, esse não precisa buscar nada nem converter ninguém. Amar incondicionalmente é o caminho.

Porém, não podemos ser ingênuos. Amar a todos não significa abrir todas as fronteiras para aqueles que podem ser radicais. O mundo anda complicado demais. Aqueles que nos chamam de infiéis e ímpios estão contaminados com o ódio e podem atacar.

Tenhamos piedade. Estejamos alertas.

## 7.1.4 Seção na imprensa: a paz reside em não julgar

Toda vez que você critica alguém mentalmente, ou verbalmente, ainda que seja com as melhores intenções, automaticamente você estará se ligando ao campo energético dessa tal pessoa. Pensamento é energia e emite ondas vibracionais.

Evite falar dos outros, pensar sobre as atitudes dos outros de forma intensa (família, vizinhos, colegas de trabalho, parceiros, conhecidos, amigos, inimigos etc.). SOLTE TODO MUNDO. VIVA E DEIXE VIVER!

Sintomas de trocas energéticas prejudicais: dores na cabeça, dores na coluna, irritabilidade, dores de estômago, retenção de líquido, gripes constantes, confusão mental, briga sem motivos com pessoas próximas, aperto no peito, desânimo, mal-estar etc. (BONI, 2016, n.p.).

### 7.1.5 Tao – a sabedoria do silêncio interno

Pense no que vai dizer antes de abrir a boca. Seja breve e preciso, já que cada vez que deixa sair uma palavra, deixa sair uma parte da sua energia.

Assim, aprenderá a desenvolver a arte de falar sem perder energia.

Nunca faça promessas que não possa cumprir. Não se queixe, nem utilize palavras que projetem imagens negativas, porque se reproduzirá ao seu redor tudo o que tenha fabricado com as suas palavras carregadas de energia.

Se não tem nada de bom, verdadeiro e útil a dizer, é melhor não dizer nada.

Aprenda a ser como um espelho: observe e reflita a energia.

O universo é o melhor exemplo de um espelho que a natureza nos deu, porque aceita, sem condições, os nossos pensamentos, emoções, palavras e ações, e envia-nos o reflexo da nossa própria energia através das diferentes circunstâncias que se apresentam nas nossas vidas.

Se se identifica com o êxito, terá êxito. Se se identifica com o fracasso, terá fracasso.

Assim, podemos observar que as circunstâncias em que vivemos são simplesmente manifestações externas do conteúdo da nossa conversa interna. Aprenda a ser como o universo, escutando e refletindo a energia sem emoções densas e sem preconceitos.

Porque, sendo como um espelho, com o poder mental tranquilo e em silêncio, sem lhe dar oportunidade de se impor com as suas opiniões pessoais, e evitando reações emocionais excessivas, tem oportunidade de uma comunicação sincera e fluida.

Não se dê demasiada importância e seja humilde. Pois quanto mais se mostra superior, inteligente e prepotente, mais se torna prisioneiro da sua própria imagem e vive num mundo de tensão e ilusões.

Seja discreto, preserve a sua vida íntima. Desta forma libertar-se-á da opinião dos outros e terá uma vida tranquila e benevolente, invisível, misteriosa, indefinível, insondável como um grande sábio.

Não entre em competição com os demais, a terra que nos nutre dá-nos o necessário. Ajude o próximo a perceber as suas próprias virtudes e qualidades, a brilhar. O espírito competitivo faz com que o ego cresça e, inevitavelmente, cria conflitos.

Tenha confiança em si mesmo. Preserve a sua paz interior, evitando entrar na provocação e nas trapaças dos outros.

Não se comprometa facilmente, agindo de maneira precipitada, sem ter consciência profunda da situação.

Tenha um momento de silêncio interno para considerar tudo que se apresenta e só então tome uma decisão.

Assim desenvolverá a confiança em si mesmo e a sabedoria. Se realmente há algo que não sabe, ou para que não tenha resposta, aceite o fato.

Não saber é muito incômodo para o ego, porque ele gosta de saber tudo, ter sempre razão e dar a sua opinião muito pessoal. Mas, na realidade, o ego nada sabe, simplesmente faz acreditar que sabe.

Evite julgar ou criticar. O verdadeiro sábio é imparcial nos seus juízos: não critica ninguém, tem uma compaixão infinita e não conhece a dualidade.

Cada vez que julga alguém, a única coisa que faz é expressar a sua opinião pessoal, e isso é uma perda de energia, é puro ruído. Julgar é uma maneira de esconder as nossas próprias fraquezas.

O sábio tolera tudo sem dizer uma palavra. Tudo o que nos incomoda nos outros é uma projeção do que não vencemos em nós mesmos.

Deixe que cada um resolva os seus problemas e concentre a sua energia na sua própria vida. Ocupe-se de si mesmo, não se defenda.

Quando tenta defender-se, está a dar demasiada importância às palavras dos outros, a dar mais força à agressão deles.

Se aceita não se defender, mostra que as opiniões dos demais não o afetam, que são simplesmente opiniões, e que não necessita de os convencer para ser feliz.

O seu silêncio interno torna-o impassível. Faça uso regular do silêncio para educar o seu ego, que tem o mau costume de falar o tempo todo. Pratique a arte de não falar.

Tome algumas horas para se abster de falar. Este é um exercício excelente para conhecer e aprender o universo do saber ilimitado, em vez de tentar explicar o que é esse saber.

Progressivamente desenvolverá a arte de falar sem falar, e a sua verdadeira natureza interna substituirá a sua personalidade artificial, deixando aparecer a luz do seu coração e o poder da sabedoria do silêncio.

Graças a essa força, atrairá para si tudo de que necessita para a sua própria realização e completa libertação.

Porém, tem que ter cuidado para que o ego não se infiltre.

O poder permanece quando o ego se mantém tranquilo e em silêncio. Se o ego se impõe e abusa desse poder, este converter-se-á num veneno, que o envenenará rapidamente.

Fique em silêncio, cultive o seu próprio poder interno. Respeite a vida de tudo o que existe no mundo.

Não force, manipule ou controle o próximo. Converta-se no seu próprio mestre e deixe os demais serem o que têm a capacidade de ser (SILVA, 2018, p. 80-82).

### 7.1.6 O santo Miroku (Maitreya Buda)

Miroku é o santo do sonho e da esperança, responsável pela construção do paraíso terrestre. Ele representa uma época maravilhosa de felicidade. Nossa alma recebe tranquilidade e felicidade quando pronunciamos seu nome. Para a ligação com o Santo Miroku é só manter o sorriso, a alegria e a misericórdia. A missão do santo nesta época, que ora vivemos, é construir um mundo onde não haja sofrimento, doenças, guerras e calamidades e sim, onde só exista fartura, paz e harmonia entre os povos. Será o planeta ideal, todos os desejos serão satisfeitos e todos os sonhos serão realizados!

Na Antiguidade, monges, imperadores e políticos de todo o oriente buscaram a salvação por meio dos ensinamentos do Santo Miroku em sua manifestação da época. E desejavam renascer na época do seu retorno à Terra para poderem receber a sua orientação. Criaram muitas imagens do Santo Miroku mostrando-o como orientador, salvador e iluminado.

O nome do Santo Miroku em sânscrito é Maitreya, que significa misericórdia. Ele é o Buda da misericórdia, o Santo do grande amor. Na China, é chamado de Buddha do Sorriso e nos Estados Unidos é o Happy Buddha. Ele, por meio das virtudes da sabedoria, da misericórdia e do amor será, no fim dos tempos, o grande salvador. O Santo Miroku também ultrapassa as divisões de raças, nações e diferentes religiões, salvando a todos em sua infinita compaixão. Sua promessa é transformar este mundo de sofrimentos num verdadeiro paraíso, ou seja, agora não é mais necessário que as pessoas abandonem o seu lar, seu trabalho e a vida comum para se aprimorarem espiritualmente. Mesmo vivendo neste "mundo de lama", cheio de emoções negativas, conflitos e competitividade, qualquer pessoa poderá se aprimorar. Cada um pode se purificar por meio da fé nos ensinamentos do Miroku, das reverências e da prática diária de virtudes. Assim agindo, todos poderão atingir a iluminação dos santos e *bodisatvas*.

Nos Sutras está escrito que podemos limpar nosso carma de vidas passadas pronunciando seu nome. Por meio da fé e devoção sincera ao Santo Miroku conseguiremos a salvação da alma. E aí está a sua grandiosidade. E quando irá surgir esta época maravilhosa governada por ele que tantos anseiam? Agora é o início da época do Miroku, a época da luz branca, e é por isso que o Kyudô está aberto a todos que buscam a abertura da terceira visão. Pois é por meio do Kyudô que cada um conseguirá a ligação com o Santo Miroku, podendo, assim, receber sua orientação e proteção.

**Abertura do terceiro olho**
O primeiro passo para se abrir o terceiro olho é participar da cerimônia do Kyudô que ocorre em templos dedicados a este fim e receber a ligação direta e permanente com o Santo Miroku. Assim, poderemos conhecê-lo, praticar suas virtudes e recuperarmos a alma original, a consciência pura, com a qual perdemos contato há muito tempo.

Quais são os benefícios da abertura do terceiro olho?

**1) Afastar-se dos sofrimentos e obter a felicidade:** Durante a vida, as pessoas se deparam com diversos sofrimentos e aflições, porém, se atentarem para a origem dos fatos, perceberão que se distanciaram do seu verdadeiro eu. Kyudô significa, em primeiro lugar, reconhecer o caminho que existe, desde sempre, dentro de todas as pessoas. Significa também recuperar o estado do verdadeiro eu, que é harmonioso e iluminado, eterno e imutável, a suprema verdade, o supremo bem e a suprema beleza.

Esse é o sagrado e imutável caminho da luz Divina e do bem supremo. Se diariamente manifestarmos nosso verdadeiro eu, de modo que cada gesto esteja de acordo com a razão e resulte no bem supremo, nossas almas deixarão naturalmente de ser influenciadas pelas pessoas, coisas e fatos e de se apegar aos assuntos materiais, tais como perdas e lucros. É dito que a alma rege nosso corpo. Elevando nosso nível espiritual, nosso corpo também deixará de se entregar às tentações. Atingindo esse elevado nível, nossa alma não mais será controlada pelas formas externas, nosso destino será mudado e transformará a infelicidade em felicidade. O nosso futuro será envolvido num caminho de luz. Obteremos a verdadeira felicidade, o verdadeiro prazer e a autêntica liberdade que transcende o mundo físico.

**2) Escapar das grandes catástrofes:** Desde os primórdios da história da humanidade, a essência deste caminho vem sendo transmitida de geração em geração por um mestre para apenas um discípulo. Esta corrente foi penetrando em todas as antigas culturas, tais como a chinesa, a indiana e outras mais. Porém, nos últimos cem anos, o véu da cobiça atingiu seu ponto máximo e, com o desenvolvimento material jamais visto, o ser humano perdeu a consciência da sua alma, do seu verdadeiro eu.

**3) Conseguir transcender a vida e a morte:** A vida das pessoas é uma mistura de dor e prazer. É difícil alguém escapar da dor de envelhecer, adoecer e morrer e do medo e da aflição que isso provoca, além da dor causada pela acirrada disputa pela sobrevivência. Estes são, sem dúvida, sentimentos difíceis de ultrapassar. Por outro lado, os prazeres e as alegrias da vida são temporários e provisórios. E, quando o vento da transitoriedade soprar, tudo se transformará em nada. Por meio da transmissão do ponto sagrado pelo *Meishi*, que tem a ordem divina, é aberto o portal que dá acesso ao céu, obtendo-se assim a garantia da transcendência da vida e da morte.

Após o Kyudô, devemos nos dedicar ao nosso aprimoramento espiritual, reconhecendo o verdadeiro eu como nosso regente, eliminando as más intenções e os pensamentos mundanos. Que os nossos atos (corpo), as nossas palavras (boca) e o nosso pensamento (mente) estejam sempre em sintonia com a consciência, sejam quais forem as situações, coisas ou fatos momentâneos. Se assim procedermos, após a morte, o verdadeiro eu (o espírito) retornará verdadeiramente à origem e desfrutará da paz e felicidade eternas.

**4) Tornar-se sábio e santo:** Kyudô é, em outras palavras, semear a causa correta ou a semente do caminho para se tornar sábio ou santo. Após o Kyudô, para que essa semente germine, cresça e floresça, devemos regá-la com a água da misericórdia, do sentimento puro e da sabedoria divina" (KATO, 2008, n.p.).

## 7.2 As Taras

Conhecida por sua velocidade em atender aos praticantes sinceros, Tara é um Buda feminino, é a manifestação da sabedoria suprema de todos os Budas. A Tara principal é a Verde, e as outras 21 são suas manifestações. Tara também é conhecida como a "Mãe dos Conquistadores" ou a mãe de todos nós, nossa Mãe Sagrada.

Quando crianças, procuramos nossa mãe sempre que precisamos de ajuda. Ela nos protege dos perigos imediatos, satisfaz nossas necessidades temporais, orienta e incentiva nossa educação e desenvolvimento pessoal.

Durante nosso crescimento espiritual, também precisamos recorrer à nossa Mãe Sagrada em busca de refúgio. Ela nos protege contra os perigos interiores e exteriores, propicia todas as condições necessárias para nosso treino espiritual e nos guia e inspira com suas bênçãos ao longo do caminho.

Se confiarmos na Mãe Tara com muita sinceridade e fé, ela nos protegerá contra todos os obstáculos e atenderá todos os nossos desejos. Se recitarmos as 21 estrofes de louvor, receberemos benefícios extraordinários. Essas preces são muito poderosas porque elas são o sutra, as palavras textuais de Buda. É bom recitá-las o mais frequentemente possível (GYATSO, 2010, p. 395).

### 7.2.1 A transmissão das 21 Taras

A prática de Tara Verde ajuda a superar o medo e a ansiedade, mas os devotos acreditam também que pode conceder desejos, eliminar o sofrimento de todos os tipos e trazer felicidade.

Ao ser chamada, Tara instantaneamente nos salva de oito calamidades específicas, que são os representantes de correspondentes defeitos, falhas ou obscuridades:

1) Os leões e o orgulho.
2) Os elefantes selvagens e os delírios.
3) Os incêndios florestais e o ódio.
4) As cobras e a inveja.
5) Os ladrões e as opiniões fanáticas.
6) As prisões e a avareza.
7) As inundações e a luxúria.
8) Os demônios e as dúvidas.

### 7.2.2 O poder dos mantras das Taras

Mantra é tudo aquilo que é repetido com um significado de elevação e adoração, normalmente sob a forma de cântico ou oração. Quando expressado com sentimento, e não de forma robótica, tem o poder de emanar energias e de realização daquilo que foi sentido como verdadeiro.

O mantra da Tara Verde é OM TARE TUTTARE TURE SOHA.

- OM contém três sons, *ah*, *oh* e *mm*, e significa as imensuráveis qualidades dos corpos, da fala e das mentes dos seres iluminados.
- *Tare*: "Aquela que liberta."
- *Tuttare*: "Que elimina todos os medos."
- *Ture*: "Que concede todo o sucesso."
- *Soha* por si mesmo significa: "Possam as bênçãos de Tara que estão contidas no mantra OM TARE TUTTARE TURE se enraizarem em nossos corações".

Há quatro Taras vermelhas, seis brancas, três amarelas, quatro laranjas, duas vermelho-escuras e duas pretas, para um total de 21.

    **1 – Nyurma Palmo – Vermelha:** A ágil dama da glória: para pacificar as aflições devido a obstáculos; para exercer influência positiva sobre aqueles que estão errados; para pacificar entraves e desenvolver *bodhicitta*.

    **2 – Shiwa Ch'enmo – Branca:** Para pacificar influências externas negativas. Senhora da suprema paz: brilhantemente branca com expressão pacífica para pacificar doenças, maledicências ou influências demoníacas e problemas.

    **3 – Serdog Chen – Amarela:** Para desenvolver prosperidade e longevidade. Senhora da cor amarelo-dourado: para aumentar a longevidade e a riqueza.

    **4 – Namgyalma (Ushnisha) – Amarela:** Ela reside na morada dos Budas e desenvolve prosperidade e longevidade. Senhora da vitória completa, corporificação de todas as qualidades positivas: para ter longevidade. Seu mantra é: OM BHUM SOHA (*Ohm – Dhrun – Sowha*).

    **5 – Kurukulla – Laranja ou vermelha:** Aquela que proclama o som de Hung: gargalhando com apaixonada expressão para dominar e influenciar as pessoas. Desenvolve a capacidade das pessoas. Elas também têm a reputação de lhe arranjar parceiras sexuais. Recomenda-se recorrer a outras práticas para serem feitas junto com a de Kurukulla, para equilibrar as energias, pois sua prática sozinha pode causar ansiedade, agitação e nervosismo. Seu mantra é: OM KURUKULLE HUM HRIN SVAHA.

**6 – Jigten Sumle Nampar Gyalma – Vermelho-escuro:** Aquela que é completamente vitoriosa sobre os três mundos: vermelho-escuro, levemente irada para domar espíritos (*Bhuta*). Esta Tara é usada para domar os espíritos elementais – seres locais que podem nos causar problemas.

**7 – Shen Jom-Ma – Preta:** A que conquista os outros: negra expressão irada para desviar os mantras nocivos dos outros. Esta Tara nos protege contra magia e maldições de seres humanos e não humanos.

**8 – Du Dra Jom Ma – Vermelho-escuro:** A que conquista os Maras e os inimigos: expressão irada e aborrecida para eliminar os danos causados por inimigos. Ela nos garante vitórias.

**9 – Jigpa Kunkhyob Ma – Branca:** A que protege contra todos os medos: pacífica e expressão risonha para guarda contra qualquer temor. Esta Tara nos salva de todos os medos.

**10 – Dudang Jigten Wangdu Dema – Vermelha:** A que põe os Maras e o mundo sob seu poder: expressão gargalhante, domina todos os Maras e forças obstrutivas. Ela nos protege contra confusão mental causada por espíritos.

**11 – Norgyun (Basudarini) – Laranja:** A que erradica a pobreza: para erradicar todas as formas de pobreza e trazer prosperidade. Todas as práticas de prosperidade sempre mencionam esta divindade. Seu mantra é: OM BASUDARINI SOHA ou OM TARE TUTARE TURE BASUDARINI SOHA.

**12 – Tashi Donjedma – Amarela:** A que garante tudo o que é auspicioso: para assegurar as condições auspiciosas. Ela nos traz condições auspiciosas, como clima bom para plantio, muitos filhos, prosperidade e sorte no lugar onde vivemos. Seu mantra é: OM TARE TUTARE TARE MANGALAM SOHA. *Mangalam* significa uma benção ou bons presságios.

**13 – Metar Barma – Vermelha:** Para as pessoas falarem bem de nós e nos prevenir contra difamação ou problemas de reputação verbal.

**14 – Tronyer Chen – Preta:** A que é tremendamente irada: negra, irada, com expressão carrancuda e irritada para suprimir problemas. Esta Tara é para suprimir forças que podem estar tentando nos obstruir (forças do espírito).

**15 – Shiwa Ch'enma – Branca:** A supremamente pacífica: expressando excelente paz, para pacificar o efeito das nossas próprias ações maléficas. Para purificar e suprimir os efeitos das próprias ações negativas.

**16 – Saraswati – Vermelha:** Tara que nasce do Hung da consciência intrínseca: para aumentar o conhecimento transcendental e a sabedoria. Esta Tara é a patrona das artes, da música e do aprendizado. Ela é a consorte de Manjushri, *bodisatva* da sabedoria. Seu mantra é: OM EIM SARASWATYEI SWAHA.

**17 – Jigten Sumyowa – Laranja:** A que faz tremer os três reinos: para pacificar Maras e forças obstrutivas; para pacificar problemas.

**18 – Dugselma – Branca:** A que neutraliza veneno: para pacificar as venenosas influências de espíritos *nagas*. Esta Tara purifica ou neutraliza os efeitos de venenos. No Oriente é frequente o uso de venenos por inimigos. Aqui no Ocidente podemos usar o seu mantra contra substâncias nocivas que podem nos prejudicar.

**19 – Mip'ham Gyalmo – Branca:** A que alivia todo sofrimento: pacífica sorrindo, dissipa disputas, conflitos e sonhos maus. Pacificadora. Seu mantra evita discussões e sonhos ruins. É rápido e efetivo. Seu mantra é: OM TARA TUTARE TURE MOTSANA SOHA.

**20 – Selwe'i Drolma – Laranja:** A que remove a peste: pacífica, para guardar contra as epidemias e dissipá-las. Esta Tara remove a pestilência. É normalmente invocada quando alguma praga ataca. Alguns acham desrespeitoso invocá-la para uma dor de cabeça ou um nariz escorrendo, mas Tara deve ser invocada sempre que possível para qualquer tipo de problema.

**21 – Tr'inle Tamche Yongsu Dzogpar Jepe'i Drolma – Branca:** A completamente perfeita de todas as atividades iluminadas: pacífica, para concluir e aperfeiçoar todas as atividades. Esta Tara torna tudo perfeito e completo.

### 7.2.3 Prática de Tara Verde

**Recitação do mantra:**
OM TARE TUTTARE TURE SOHA

**Súplica:**
Oh Venerável Mãe, compassiva e conquistadora!
Que eu e todos os seres sem exceção
possamos ser pacificados dos obscurecimentos
e que sejam completadas as duas acumulações.

Por favor, nos ajude a obter o perfeito estado de Buddha.
E que, até alcançar este estado,
possamos desfrutar da felicidade superior
como deuses e humanos durante nossas próximas vidas.
Que estejamos livres de obstáculos de demônios, bloqueios,
doenças contagiosas, morte prematura, pesadelos
e sinais desfavoráveis, além dos grandes perigos aterrorizantes
que sem dúvida prejudicam a realização do estado onisciente.
Faça, por favor, que obtenhamos a imensa meta
da auspiciosidade perfeita, êxtase e bondade
dos seres ordinários e dos árias que transcenderam o *sâmsara*.
Por favor, faça com que desenvolvamos o entusiasmo na prática
e que se solidifique o Santo Dharma,
obtendo a visão de seu supremo rosto.
Que compreendamos a vacuidade.
Que alcancemos a suprema mente de Iluminação.
Que tudo isso se desenvolva como a lua crescente.
É possível renascer de um sagrado e belo lótus
na delícia da mandala vitoriosa.
Que eu possa fazer o mesmo,
como confirma a profecia do Conquistador Amithaba.
Ó deusa, para quem eu apelei durante todas as minhas vidas,
princípio ativo de todos os seres iluminados que estão nos três tempos!
Ó deusa verde-esmeralda, uma face,
dois braços, rápida, corajosa, materna,
tem na mão uma flor de lótus –
Que signos auspiciosos nasçam!
Que nós nos tornemos como você,
com um corpo idêntico ao seu,
com o mesmo tempo de vida na Terra
e com as excelentes e supremas marcas.
Pela força de confiar em você
e por lhe recitar orações de louvor,
são pacificadas todas as enfermidades, todas as misérias.
E onde nós nos encontremos,
por favor, proteja-nos
para que tudo seja auspicioso
e que o Dharma se desenvolva! (SAMUEL, 2008, n.p.).

## 7.2.4 Resumindo os mantras tibetanos das 21 Taras

**1 – Tara Verde, Deusa das Deusas – a fonte das outras 21 emanações:**
OM TARE TUTARE TURE SOHA

**2 – Tara que impede desastres:**
OM BANZA TARE SARVA BIGANEN SHINDHAM KURU SOHA

**3 – Tara que impede calamidades:**
OM TARE TUTARE TURE MAMA SARVA LAM LAM BHAM DZALA BHAYA SHINDHAM KURU SOHA

**4 – Tara que impede destruição forjada pela água:**
OM TARE TUTARE TURE MAMA SARVA BHAM BHAM DZALA BHAYA SHINDHAM KURU SOHA

**5 – Tara que impede destruição forjada pelo fogo:**
OM TARE TUTARE TURE MAMA SARVA RAM RAM DZALA BHAYA SHINDHAM KURU SOHA

**6 – Tara que impede destruição forjada pelo vento:**
OM TARE TUTARE TURE MAMA SARVA YAM YAM DZALA BHAYA SHINDHAM KURU SOHA

**7 – Tara que aumenta a sabedoria:**
OM RATANA TARE SARVA LOKA JANA PITEYA DARA DARA DIRI DIRI SHENG SHENG DZA DZAANJIA NA BU SHENG KURU UM

**8 – Tara que impede calamidades que vêm do céu:**
OM TARE TUTARE TURE MAMA SARVA EH EH MAHA HANA BHAYA SHINDHAM KURU SOHA

**9 – Tara que impede destruição causada por exércitos:**
OM TARE TUTARE TURE MAMA SARVA DIK DIK DIKSHENA RAKSHA RAKSHA KURU SOHA

**10 – Tara que impede calamidades que vêm do Inferno:**
OM TARE TUTARE TURE MAMA SARVA RANDZA DUSHEN DRODA SHINDHAM KURU SOHA

**11 – Tara que impede o mal causado por ladrões:**

OM TARE TUTARE TURE MAMA SARVA DZORA BENDA BENDA DRKTUM SOHA

**12 – Tara que aumenta o poder:**
OM BEMA TARE SENDARA HRI SARVA LOKA WASHUM KURU HO

**13 – Tara que impede o mal causado por demônios:**
OM TARE TUTARE TURE SARVA DUSHING BIKANEN BHAM PEH SOHA

**14 – Tara que impede o mal que afeta o gado:**
OM TARE TUTARE TURE SARVA HAM HAM DUSHING HANA HANA DRASAYA PEH SOHA

**15 – Tara que impede o mal causado por bestas selvagens:**
OM TARE TUTARE TURE SARVA HEH HEH DZALEH DZALEH BENDA PEH SOHA

**16 – Tara que impede o mal causado por veneno:**
OM TARE TUTARE TURE SARVA DIKSHA DZALA YAHA RAHA RA PEH SOHA

**17 – Tara que subjuga demônios:**
OM GARMA TARE SARWA SHATDRUM BIGANEN MARA SEHNA HA HA HEH HEH HO HO HUNG HUNG BINDA BINDA PEH

**18 – Tara que cura as enfermidades:**
OM TARE TUTARE TURE SARVA DZARA SARVA DHUKKA BRASHA MANAYA PEH SOHA

**19 – Tara que confere longevidade:**
OM TARE TUTARE TURE BRAJA AYIU SHEI SOHA

**20 – Tara que confere prosperidade:**
OM TARE TUTARE TURE DZAMBEH MOHEH DANA METI SHRI SOHA

**21 – Tara que cumpre o desejo:**
OM TARE TUTARE TURE SARVA ATA SIDDHI SIDDHI KURU SOHA
(BLOFELD, 2004, p. 64).

## 7.3 Gandhi – um líder político e religioso e o socorro ao espírito de Hitler

Normalmente a combinação entre Estado e religião é ruim. Gandhi é uma exceção de primeiríssimo nível.

Mahatma Gandhi (do sânscrito *Mahatma*, "A Grande Alma") foi o idealizador e fundador do moderno Estado indiano e o maior defensor do *Satyagraha* (princípio da não agressão, forma não violenta de protesto) como um meio de revolução.

Em suas falas, ele exibiu por meio dos dedos da mão seu programa de cinco pontos:

- igualdade;
- nenhum uso de álcool ou droga;
- unidade hindu-muçulmano;
- amizade;
- igualdade para as mulheres.

Em seus últimos anos de vida, ele teria dito: "A violência é criada por desigualdade; a não violência, pela igualdade". A filosofia de Gandhi e suas ideias sobre o *satya* e o *ahimsa* foram influenciadas pelo Bhagavad Gita, por crenças hindus e pela religião. O título de Mahatma atribuído a Gandhi representa um reconhecimento de seu papel como líder espiritual.

"Não existe um caminho para a paz. A paz é o caminho!"
"Felicidade é quando o que você pensa, o que você diz e o que você faz estão em harmonia."

### 7.3.1 Quando os religiosos da Índia são melhores que os do Brasil

Vão dizer que uma coisa pode não ter nada a ver com a outra. Política e religião são coisas diferentes. Nem sempre essa combinação é boa no Brasil.

Já na Índia, Gandhi é o exemplo do religioso político que deu certo e que foi agraciado com importantes funções pacifistas mesmo após o seu desencarne (como veremos a seguir).

Quantos corruptos defendem os grupos religiosos e são por eles apoiados?

## 7.3.2 Onde estaria o espírito de Hitler?

Formou-se o consenso de que Nero tenha sido uma das cabeças da besta do Apocalipse. Outrossim, é inegável que seus feitos tenham sido desastrosamente superados pela figura pública do asqueroso Adolf Hitler, cujos crimes e malignidade são relativamente recentes: "milhares de suas vítimas ainda vivem e, embora os mais recentes historiadores daquele período do século 20 comecem a esboçar um perfil mais isento do líder nazista; ainda assim, o saldo é o do horror pela deformação a que pode chegar um ser humano" (CONY, 2005, n.p.).

De acordo com Geraldo Lemos Neto, com base em suas conversas com o espírito de Chico Xavier:

> Perguntei ao Chico sobre Hitler. Onde estaria o espírito de Hitler? Chico então me contou uma história muito interessante. Segundo ele, imediatamente após a sua desencarnação, o espírito de Hitler recebeu das Altas Esferas uma sentença de ficar 1000 anos terrestres em regime de solitária numa prisão espiritual situada no planeta Plutão. Chico explicou-me que esta providência foi necessária não somente pelo aspecto da pena que se lhe imputara aos erros clamorosos, mas também em função da Misericórdia Celeste em protegê-lo da horda de milhões de almas vingativas que não o haviam perdoado os deslizes lamentáveis. Durante este período de 10 séculos em absoluta solidão, ele seria chamado a meditar mais profundamente sobre os enganos cometidos e então teria nova chance de recomeçar na estrada evolutiva.
>
> Quando o espírito de Gandhi desencarnou, e ascendeu aos Planos Mais Altos da Terra pela iluminação natural de sua bondade característica, ao saber do triste destino do algoz da Humanidade na II Guerra Mundial, solicitou uma audiência com Jesus Cristo, o Governador Espiritual da Terra, e pediu ao Cristo a possibilidade de guiar o espírito de Hitler para o Bem, o Amor e a Verdade. Sensibilizado pelo sacrifício de Gandhi, Nosso Senhor autorizou-o na difícil tarefa, e desde então temos Gandhi como dos poucos que se aproximam do espírito de Hitler com compaixão e amor. (NETO apud GAMA, 2015, n.p.).

Ou seja: de acordo com Lemos Neto (apud GAMA, 2015), Hitler pode ter sido uma das cabeças da besta do Apocalipse. Começa assim a ser desvendado um dos grandes enigmas das escrituras sagradas. **Obrigado, Chico Xavier!**

## 7.3.3 Seção bíblica: Apocalipse 20

1. E vi descer do céu um anjo, que tinha a chave do abismo, e uma grande cadeia na sua mão.
2. Ele prendeu o dragão, a antiga serpente, que é o Diabo e Satanás, e amarrou-o por **mil anos**.
3. E lançou-o no abismo, e ali o encerrou, e pôs selo sobre ele, para que não mais engane as nações, até que os **mil anos** se acabem. E depois importa que seja solto por um pouco de tempo.
4. E vi tronos; e assentaram-se sobre eles, e foi-lhes dado o poder de julgar; e vi as almas daqueles que foram degolados pelo testemunho de Jesus, e pela palavra de Deus, e que não adoraram a besta, nem a sua imagem, e não receberam o sinal em suas testas nem em suas mãos; e viveram, e reinaram com Cristo durante mil anos.

## 7.4 Osho – a beleza do agora e a libertação do passado

Osho, o filósofo indiano mais aclamado do século 20, põe todo cristão para pensar: "Não matar é um mandamento de Moisés, mas quem disse que ele serve somente para nos advertir que não devemos matar humanos e não serve para nos advertir que não devemos matar os animais?".

Osho foi considerado um dos maiores transgressores das regras morais desde a vinda de Jesus Cristo. Um revolucionário que pôs em xeque todas as ideias que temos sobre as religiões e sobre a forma como estas nos manipularam por séculos.

A seguir, um excerto dos pensamentos proferidos por Osho que sacudiram o mundo pensante:

> Se você flui como a vida você é religioso. Religião, em alguns casos, significa a guerra contra a vida por Deus.
>
> A vida é para ser negada e sacrificada para que Deus seja alcançado. Isto não é religião. Isto é uma mente agressiva. Não há vida além de Deus. A vida é Deus. Se você sacrifica um, você sacrifica o outro.
>
> Parece um paradoxo, mas é verdade. Todas as religiões são contra Deus.
>
> Você não pode sacrificar a vida para querer louvar a Deus.
>
> Lao Tsé ou Lao Tsu é mais que um poeta, um músico, um artista, um criador, um padre, um pastor, um filósofo. Ele é tão grande que você nem percebe que ele é religioso.

Você nem percebe que a parte vai contra o todo. A parte flui com o todo.
Para ser religioso, você não tem que ser separado da vida.
Se você tem meta e pensa no amanhã, você não é religioso.
Religiosidade se percebe no trato com o agora, com o presente.
Você pode ter suas metas contra a vida, suas metas próprias, pessoais.
Você está tentando impor algo materialista para Deus em seus pedidos.
Você está perto de ser forte e de perder a graça da vida.
Apenas pense em ser forte, em lutar, isto cria dureza.
Apenas pense na luta e a dureza estará com você.
Quando você se separa da vida, é como uma árvore que está separada da arte.
Uma árvore precisa de rotas. Você precisa curtir a vida e não ser preso.
Não há nada a temer. O medo cria a ideia de se proteger.
Quando você tem medo, você se separa da arte e vive no passado.
Por isso, muitos vivem no passado. O que já foi, já foi.
O passado está morto. Por que pensar tanto no passado?
Você poderá perder o rio da vida se ficar somente no passado ou no futuro.
Você poderá estar lutando contra todos e aí você se torna um indivíduo que não é mais parte do todo. Do vasto Universo.
Sua mente está presa no passado e sua imaginação, no futuro que dá esperança.
Viver no passado ou no futuro é perder a eternidade do momento.
Você nem percebe a separação do tempo. Aí você se torna parte do processo.
Você se torna o rio e aí não há separação. Você se torna Vida.
Você nem se liberta, quando se torna livre.
Você nem se protege, já está protegido.
Você está no presente, curtindo a vida.
Tudo o que é belo é agora.
Quanto mais você viver a vida dos outros, mais você viverá uma vida falsa (OSHO, 2002, p. 111-112).

## 7.4.1 Osho – guerra e paz

Todos os líderes políticos dizem que querem a paz, mas se preparam para a guerra e vão acumular armamentos.

Eles falam de paz e se preparam para a guerra porque têm medo dos outros.
Tudo parece ridículo e estúpido. Chineses com medo dos indianos, americanos com medo dos russos.
Claro que você se deve preparar. Quando você fala em paz e se prepara para a guerra, você está buscando a guerra.
Somente existem dois períodos na história: o de guerra e o de preparação para a guerra (OSHO, 2002, p. 113).

## 7.5 O desenvolvimento espiritual não é um fenômeno parapsíquico

O desenvolvimento espiritual demanda esforço no trabalho de aprimoramento consciencial, demanda crescimento interno e ampliação do amor, lucidez, maturidade, alegria, modéstia, respeito, autoconhecimento, paz íntima, generosidade, equanimidade e luz no coração. Tudo isso leva à autêntica sabedoria, que não é encontrada em curso e nenhum guru pode realizá-la por alguém, não é alcançada no estudo de livro algum, não pertence a instituição humana alguma e nem é encontrada em meio a fenômenos parapsíquicos sem o equilíbrio necessário à maturidade real (BORGES, 1999, n.p.).

## 7.6 Reiki e budismo

David Vennells, em seu livro *Reiki para iniciantes* (2004), prega que qualquer doença, distúrbio ou infelicidade é o resultado de alguma desarmonia no corpo, na mente e no ambiente. No entanto, não é fácil estabelecer a causa original de um problema em particular. Após estudar o budismo, um dos fundadores do Reiki, Dr. Usui, compreendeu que as causas iniciais para todos os nossos grandes e pequenos problemas são nossas próprias ações negativas passadas do corpo, da fala e da mente, retornando para nós em forma de doença, pobreza, ignorância ou qualquer outro tipo de experiência desagradável.

O carma pode ser traduzido diretamente como "ação", ou algo que intencionalmente criamos de forma mental, verbal ou física. As leis do carma ensinam que tudo o que criamos volta para nós mais cedo ou mais tarde – como um bumerangue! Essas ações negativas podem ter sido praticadas muitas vidas atrás e é apenas agora que talvez iremos experienciar as repercussões. Podemos pensar que jamais cometeríamos ações gravemente negativas, como machucar os outros em cada uma das nossas vidas passadas, porém, éramos quase totalmente diferentes do tipo de pessoa que somos agora. Se fosse possível nos conhecermos de vidas passadas, não nos reconheceríamos de forma alguma. Seria como encontrar um completo estranho (VENNELLS, 2014, p. 163).

O budismo sugere que em cada tempo de vida nós nascemos quase completamente novos; na superfície temos corpos e personalidades completamente diferentes, porém bem profundamente, dentro da nossa mente, alma ou eu superior, carregamos as memórias, tendências e impressões de todas as nossas antigas vidas e todas as ações do corpo, da fala e da mente que já foram realizadas. Quando as condições estão boas, essas ações vão voltar para nós como experiências positivas ou negativas, dependendo se foram bem-intencionadas e benéficas, ou o contrário.

Para evitar doenças é preciso remover as causas, raízes ou sementes das antigas ações negativas bem de dentro da nossa mente, antes que emerjam como novas experiências desagradáveis. Devemos tentar não evitar os problemas, mas sim buscar uma solução duradoura por meio do entendimento das origens e de uma real intenção de mudança.

A junção do conhecimento e da prática budista com a ciência do Reiki é um casamento perfeito.

Capítulo 8

# Gaia e Maria: as mães da humanidade

Eis um capítulo bastante curto, que os futuros críticos deste livro julgarão como herege, assim como outros anteriores a este livro julgariam.

Muito antes do judaísmo, diversos povos honravam uma divindade feminina associada à Terra, à fertilidade, à sexualidade. Eis Gaia, ou a Mãe Terra.

Este capítulo não tem a intenção de reestabelecer cultos a divindades antigas esquecidas, nem a entidades pagãs; porém, gostaria de destacar que muitos povos antigos tinham verdadeira devoção à natureza, ao planeta, à vida.

A veneração a tal entidade se multiplicou para diversas outras deusas, e de uma forma enigmática pode até ter facilitado a aceitação da veneração à Santíssima Mãe de Deus, Nossa Senhora, Maria – a mãe do Nosso Senhor Jesus Cristo.

> Levemos, portanto, a questão adiante: pode a Virgem Maria ser a mesma que Vênus-Afrodite, ou que Cibele, Hátor, Ístar e as demais? Pensamos nas palavras da deusa Ísis dirigidas a seu iniciado Apuleio, cerca de 150 d.C., citadas no início do volume I desta coleção, intitulado *Mitologia primitiva*: "Sou aquela que é a mãe natural de todas as coisas, senhora e soberana de todos os elementos, a progênie original dos mundos, principal dos poderes divinos, rainha de todos os que estão no inferno, comandante daqueles que habitam o céu, manifestada unicamente sob a forma de todos os deuses e deusas. À minha vontade disponho os planetas do céu, os saudáveis ventos marítimos e os silêncios deploráveis do inferno; meu nome, minha divindade é adorada por todo o mundo, de diversas maneiras, em costumes variados e por muitos nomes. Pois os frígios, que são os primeiros de todos os homens, chamam-me Mãe dos deuses do Pessinus; os atenienses,

autóctones, de Minerva Cecrópia; os cipriotas, cingidos pelo mar, de Vênus Pafiana; os cretenses sagitíferos, de Diana Dictina; os sicilianos, que falam três línguas, de Prosérpina Estigia; os nativos de Eleusis, de Ceres Acteana; para alguns Juno, para outros Belona e outros Hécate, para outros, ainda, Ramnúsia. Já ambos os tipos de etíopes que habitam o Oriente e são iluminados pelos raios do sol da manhã e os egípcios, excelentes em todas as espécies de doutrinas antigas e acostumados a adorar-me em suas próprias cerimônias, chamam-me pelo meu verdadeiro nome, Rainha Ísis".

Nenhum bom católico ajoelhar-se-ia diante de uma imagem de Ísis. Mas todos os motivos míticos atribuídos dogmaticamente a Maria, como ser humano histórico, pertencem também – e pertenceram na época e local do desenvolvimento de seu culto – àquela deusa mãe de todas as coisas, de quem tanto Maria quanto Ísis foram manifestações locais: a mãe-esposa do deus morto e ressuscitado, cujas primeiras representações conhecidas têm que ser atribuídas a uma data no mínimo tão antiga quanto por volta de 5500 a.C.

Em todo o mundo antigo, da Ásia Menor ao Nilo e da Grécia ao Vale do Indo, abundam as estatuetas, nas mais diversas posturas, da forma feminina nua da deusa que a tudo suporta e tudo abrange: suas duas mãos oferecendo os seios; a mão esquerda apontando seus genitais e a direita oferecendo o seio esquerdo; amamentando ou acariciando um menino; de pé, ereta entre animais; braços estendidos portando símbolos – caules, flores, serpentes, pombas. Tais estatuetas estão, além do mais, relacionadas com bem conhecidos mitos e cultos da Grande Deusa de muitos nomes da Idade do Bronze. Um de seus mais famosos templos está precisamente em Éfeso onde, no ano 431 d.C., o dogma de Maria como Theotokos, "Mãe de Deus", foi proclamado em Concílio.

Naquela época, as religiões pagãs do Império Romano estavam sendo implacavelmente suprimidas: templos fechados e destruídos; sacerdotes, filósofos e mestres banidos e executados. E assim ocorreu que no final, e até hoje, Maria, rainha dos mártires, tornou-se a herdeira única de todos os nomes e formas, sofrimentos e alegrias da deusa mãe no mundo ocidental: Sede da Sabedoria, Vaso Honorífico, Rosa Mística, Casa de Ouro, Porta da Manhã, Refúgio dos Pecadores, Rainha dos Anjos, Rainha da Paz (CAMPBELL, 2004, p. 44).

## 8.1 Pai Nosso! Mãe Nossa! Terra Gaia!

Para aqueles que não entenderam a junção da mitologia com a religião e creram que caminhei em campos hereges, informo-vos que tive a mesma dúvida. E quem não tem dúvidas nesta vida é um tolo.

Maimônides uniu o conhecimento da filosofia grega com a Torá. O Maimônides moderno que vos fala teve a pretensão de atualizar os Princípios de Maimônides e apontar para a existência de outros caminhos sagrados além do judaísmo.

Espero que as entidades que me auxiliaram nesta obra tenham vindo de mundos espirituais dos campos superiores e sejam detentoras de energias engrandecedoras e sem nada de heresia.

Humor, sim; heresia, jamais. Liberte-se dos preconceitos. Aprenda a discordar com dignidade. A imundície está no olhar de quem vê a imundície. Tudo é sagrado. O imundo é quem vê a imundície nos outros para esconder a própria. Deixe Deus julgar e condenar. Ele é o Todo-Poderoso.

Tudo na Terra é sagrado. Aquele que pensa diferente é porque não reconhece a beleza da vida e do próprio planeta. Viva a Mãe Terra! Viva a Mãe Gaia! O Planeta está vivo.

Gaia foi umas das primeiras representações divinas, e foi a profetisa original do Oráculo de Delfos. As imagens de divindades femininas foram consagradas ao planeta Terra.

A Vênus de Willendorf tem aproximadamente 25 mil anos, e acredita-se que pode ser a primeira relíquia sagrada criada pelo ser humano para uma deusa da fertilidade e da natureza. Esta imagem está exposta no museu de história nacional de Viena/Áustria.

Gaia é a energia da própria vida, do planeta. Pode ser percebida na água, na pedra, nas cavernas, nos animais, nas montanhas e nas árvores. Reconhecer Gaia é reconhecer a divindade da criação e respeitar o meio ambiente.

Para muitos cientistas, o planeta é capaz de se regenerar e regular suas próprias condições. Gaia seria um gigante organismo vivo que se ajusta e se aperfeiçoa às condições para se manter vivo e propiciar a vida dos seres.

Outra divindade feminina bastante conhecida na Grécia Antiga, mais especificamente na ilha de Creta, é a Deusa das Serpentes. Eis outra divindade ligada à fertilidade, à Mãe Terra e à natureza. A pomba na cabeça da deusa comprova seu caráter divino.

Diversas divindades femininas de outras mitologias carregam cobras ou serpentes; por exemplo, a yorubá, a suméria e a asteca.

Mesmo que você discorde de tudo o que este capítulo retratou, se este despertar o respeito pelo meio ambiente, pelo planeta e pela vida, já terei atingido o objetivo implícito desta seção.

### 8.1.1 Oração para Mãe Gaia

*Mãe Gaia, salve as florestas do nosso mundo!*
*Ó Mãe Gaia, ó Mãe Gaia, a Toda Poderosa*
*A Senhora da Terra, nós vos louvamos com paixão*
*Gaia, Gaia, infinitamente Gaia! Eterna Gaia!*
*Gaia da Vida, Gaia do Amor, da semente e da paixão*
*Protegei e iluminai o povo do Brasil e o mundo*
*Para salvar as florestas do nosso país*
*Mãe Gaia: Salve as Florestas do mundo*
*Mãe Gaia: Salve as Florestas do mundo*
*Mãe Gaia, Mãe Gaia: Salve as florestas do mundo*
*Salve as florestas do mundo: salvai, salvai, salvai, salvai!*
*Mãe Gaia, Mãe Gaia: salvai as florestas do mundo*
*Salvai, salvai, salvai, sal vem, sal vem, do pó vai e do pó vem*
*Do pó vai, do pó vai, do pó vem, do pó vem*
*Mãe Gaia! Mãe Gaia! Mãe Maria! Mãe Maria!*

Capítulo 9

# Anjos, santos e profetas do Reino de Deus

Milagres acontecem com frequência nos centros espíritas, curas milagrosas são relatadas em nome de Jesus, de Maria, de Deus, de santos em diversos templos, não sendo exclusividade dos cristãos e judeus.

Até os espíritos caídos podem realizar milagres. No fim dos tempos, espera-se que os seguidores do pai da mentira realizem muitas proezas para confundir os eleitos.

O cristianismo é não só a maior religião em número de fiéis, como certamente é a que apresenta disparadamente a maior quantidade de milagres relatados na história da humanidade.

O judaísmo também computa uma quantidade bastante relevante de milagres, e muitos de seus rabinos são verdadeiros mestres iluminados, santos em essência. Devoto todo o respeito e louvor a essa religião, em cuja estruturação um dos meus antepassados auxiliou.

Cabe ao catolicismo a maior quantidade de provas irrefutáveis da existência de Deus, da divindade de Jesus e da santidade de Maria. Cabe ao cristianismo ortodoxo uma horda de santos e monges iluminados que habitam nos conventos gregos, turcos e de outras nacionalidades.

Apenas para citar os mais importantes e conhecidos milagres:

- o Santo Sudário;
- a pintura de Nossa Senhora de Guadalupe (feita sem tinta);
- o Milagre do Sol em Fátima com o aparecimento de Maria, José e o Menino Jesus para mais de 70 mil pessoas;
- hóstias que transbordam sangue;
- imagens sacras que choram como a Nossa Senhora de Akita, que chorou sangue 102 vezes;

- a transmutação da casa da família sagrada para Loreto na Itália;
- a construção misteriosa da escada na Catedral de Loreto no México feita por são José;
- a estigmatização de santos, como São Francisco, padre Pio, Santa Rita e Anne Catherine Emmerich;
- santos que beberam veneno e permaneceram vivos (Santo Antônio);
- milhares de santos que morreram e mantiveram seus corpos incorruptos por até centenas de anos após o óbito, sendo os mais conhecidos São Francisco Xavier, padre Pio, São João Maria Batista, Santa Catarina de Labouré, Santa Rita de Cássia, Maria de Jesús de Agreda, São Silvano, Santa Cecília, Santa Catarina de Bologna, Santa Bernadete de Lourdes, beato Carlos Acutis e muitos outros;
- as aparições de Nossa Senhora em dezenas de lugares ao redor do mundo;
- as aparições de Nossa Senhora impedindo guerras e do padre Pio em bilocação impedindo bombardeios durante a Segunda Guerra Mundial;
- as visões de Santa Teresinha, Anne Catherine Emerich e muitos outros santos que escreveram livros iluminados.

Mais de 40 mil santos dedicaram suas vidas á Deus, realizaram diversos milagres ao longo de suas vidas e podem ser venerados e cultuados como intercessores de nossas súplicas junto ao divino.

Este livro tratou apenas de alguns milagres mais conhecidos, citou outros para que sejam pesquisados e estudados pelo leitor que queira se aprofundar e discorrerá sobre alguns santos, anjos e profetas com um pouco mais de profundidade nas páginas seguintes, sem demérito contra os demais.

Este não é um capítulo sobre os santos, anjos e profetas, e sim um capítulo bastante sucinto sobre alguns deles, em especial São Francisco de Assis, São Jorge, arcanjo Miguel e o profeta Elias.

## 9.1 São Francisco de Assis estigmatizado – a maior prova da divindade de Jesus

Giovanni di Pietro di Bernardone, ou São Francisco de Assis, é um dos mais famosos santos católicos e provavelmente é a figura mais importante do cristianismo depois de Jesus Cristo. Revolucionou a fé cristã e trouxe os valores da simplicidade e da devoção a Deus, manifestados nos aspectos da natureza e da pobreza.

Em relação à valorização da pobreza, pode-se inferir que com a pobreza material é mais fácil se desapegar do ego, da ambição, da inveja e dos demais pecados capitais e assim entrar no Reino do Céu. A riqueza é uma tentação para muitos e pode escravizar seus súditos e desviar o percurso do homem de Deus. Para muitos, o uso da riqueza e do poder é um abuso e vicia. Para esses viciados, a riqueza é uma busca constante e muitas vezes à custa de qualquer coisa. Muitos perdem a vida, a saúde e a felicidade conjugal em busca da riqueza.

Alguns santos resolveram cortar o mal pela raiz e tiveram uma vida franciscana, ou seja, se desapegaram totalmente das riquezas materiais. Evitaram as posses e riquezas para não se escravizarem.

Outra forma igualmente bela de se elevar espiritualmente é usufruir do dinheiro e usá-lo para o bem comum por meio de apoio a projetos do terceiro setor, a caridade com o próximo e o patrocínio de projetos educacionais, de pesquisa científica, de combate à pobreza ou de conservação dos recursos naturais.

Ninguém mais do que São Francisco venerou a Deus por meio da reverência à natureza. São Francisco via a divindade da criação em cada ser vivo e considerava todos os seres sagrados iguais perante a Deus, inclusive os dos reinos vegetal e animal. Conversou com as flores, protegeu um lobo que atacava as comunidades e se tornou grande amigo deste e de um falcão. Pregava para aves e porcos, era protetor das abelhas, das ovelhas e até das minhocas. Até em seu enterro recebeu a visita de diversas cotovias que acompanharam seu velório e fizeram uma revoada final em homenagem ao amigo.

Protetor das ervas daninhas, que segregava das plantações em áreas diferentes, Francisco transitou por este mundo como devoto de Deus, adorador de Jesus Cristo, e se tornou o pai da ecologia. Muitos séculos antes desse assunto virar moda, Francisco, por amor à natureza e a Deus, se santificou.

## 9.1.1 Os milagres de São Francisco

De acordo com relatos de seus amigos e seguidores, Francisco atingiu estados meditativos e místicos bastante elevados, tendo ouvido a própria voz de Cristo. Certa vez entrou para orar na igreja de são Damião, fora das portas da cidade, e ali, diz a tradição, ouviu pela primeira vez a voz de Cristo, que lhe falou de um crucifixo. A voz chamou a sua atenção para o estado de ruína de sua Igreja e instou para que Francisco a reconstruísse. Imediatamente ele voltou para sua casa, recolheu diversos tecidos caros da loja de seu pai, os vendeu a baixo preço no mercado da cidade e voltou para a igreja onde tivera sua revelação, doando o dinheiro para o padre, a fim de que ele restaurasse o prédio decadente. Ao saber disso, o pai se enfureceu e mandou que o buscassem. Atemorizado, Francisco se escondeu em um celeiro, onde seu amigo lhe levava um pouco de comida.

Passado algum tempo, decidiu revelar-se, e diante do povo de Assis se acusou de preguiçoso e desocupado. A multidão o tomou por louco e divertiu-se o apedrejando. O pai ouviu o tumulto e o recolheu para sua casa, mas o acorrentou no porão. Alguns dias depois, sua mãe, por compaixão, livrou-o das correntes, e Francisco foi buscar refúgio junto ao bispo. O pai seguiu-o e o acusou de dissipador de sua fortuna, reclamando uma compensação pelo que ele havia tirado sem licença de sua loja. Então, para a surpresa de todos, Francisco despiu todas as suas belas roupas e as colocou aos pés do pai, renunciou à sua herança, pediu a bênção do bispo e partiu, completamente nu, para iniciar uma vida de pobreza junto do povo, jamais retornando. O bispo viu nesse gesto um sinal divino e se tornou seu protetor pelo resto da vida.

Durante a viagem de navio, conta a tradição que o santo fez o milagre de pacificar uma tempestade e de multiplicar a comida dos marinheiros, que terminava. Nessa época seus milagres foram numerosos. Em Ascoli, curou enfermos e fez muitas conversões. Em Arezzo, os arreios de um cavalo que ele havia tocado curaram uma mãe em perigoso trabalho de parto. Em Narni, curou um paralítico. Em San Gimignano, expulsou demônios e, em Gubbio, pacificou um lobo que assolava a região, entre muitos outros prodígios. Sua fama como santo já se espalhava, e recebeu em doação o monte Alverne para que erguesse ali um refúgio para os irmãos.

Seus anos finais foram passados em tranquilidade interior, quando, segundo seus biógrafos primitivos, seu amor e compaixão por todas as criaturas fluíam abundantes. Ao mesmo tempo em que ele experimentava repetidas visões e êxtases místicos, fazia outros milagres, continuava a percorrer a região em pregações, e multidões acorriam para vê-lo e tocá-lo. No Natal de 1223 foi convidado pelo senhor de Greccio para celebrar a festa numa gruta com pastores e animais, desejando recriar o nascimento de Cristo em Belém, sendo a origem da tradição dos presépios. Na primavera seguinte, viajou para a Porciúncula a fim de assistir a reunião do Capítulo Geral, e em seguida retirou-se para o santuário do Monte Alverne, acompanhado dos irmãos Leo, Ruffino, Angelo, Silvestre, Illuminato, Masseo e talvez também Bonizzo. Muitas vezes os deixava e se embrenhava nas matas, a fim de meditar solitário, levando consigo apenas os Evangelhos e comendo muito pouco. Às vezes, o Irmão Leo, em segredo, o observava, e por mais de uma vez testemunhou seus êxtases e viu parte das visões que o santo via. Nos estados contemplativos eram-lhe reveladas por Deus não somente coisas do presente, mas também do futuro, assim como lhe fazia conhecer as dúvidas, os secretos desejos e os pensamentos dos irmãos. Numa dessas ocasiões, segundo relata a coletânea *I Fioretti di San Francesco*, o Irmão Leo o viu levar a mão ao peito e parecer tirar algo de lá e oferecer a uma língua de fogo que descera sobre ele. Perguntando depois o que sucedera, Francisco respondeu:

"Por que vieste aqui, irmão cordeirinho? Diz-me: viste ou ouviste alguma coisa?"

Leo respondeu: "Pai, ouvi-te falar e repetir várias vezes: Quem és Tu? Quem és Tu, oh dulcíssimo Deus? E eu quem sou, verme desprezível e teu inútil servo?"

Ao que Francisco disse: "Sabe, irmão cordeirinho de Jesus Cristo, que, enquanto eu dizia aquelas palavras que ouviste, eram nesse momento mostradas a minha alma duas luzes, uma a da revelação e do conhecimento do Criador, e outra a do conhecimento de mim mesmo. Quando eu dizia 'Quem és Tu, oh meu dulcíssimo Deus?', estava numa luz de contemplação na qual via o abismo de infinita bondade, sabedoria e poder de Deus; e quando dizia 'Que sou eu etc', estava numa luz de contemplação na qual via a profundidade lamentável da minha abjeção e miséria, e era por isso que indagava do Senhor da infinita bondade o mistério de Ele dignar-se a visitar-me, a mim que não sou mais que um verme desprezível e inútil. E entre outras coisas que Ele me disse, pediu-me que Lhe fizesse três dádivas, e eu respondi-Lhe: 'Meu Senhor, sou Teu, e bem sabes que nada tenho além da túnica, da corda e das bragas, e estas três coisas também são Tuas. Que posso, pois, oferecer ou dar à Tua majestade?' Então Deus disse-me: 'Procura no teu íntimo e oferece-me o que lá encontrares.' Eu procurei e encontrei lá uma bola de ouro e ofereci-a a Deus; e fiz isso três vezes, pois três vezes Deus me ordenou; depois ajoelhei três vezes e bendisse e agradeci a Deus que me dera alguma coisa para eu Lhe oferecer. E logo me foi dado compreender que essas três oferendas significavam a santa obediência, a extrema pobreza e a belíssima castidade que Deus, por Sua graça, me concedeu observar tão perfeitamente. E como Deus depositara no meu íntimo aquelas três bolas de ouro, assim também deu à minha alma essa virtude de sempre O louvar e enaltecer, com o coração e a boca, por todos os bens e por todas as graças que Ele me concedeu, por Sua santíssima bondade (GUEDES, 2017, p. 228-232).

São Francisco ouviu da cruz "Vai lá e cura a minha igreja" e foi agraciado com a estigmatização muitos anos depois.

Durante uma dessas meditações, em 14 de setembro de 1224, no dia da Festa da Exaltação da Santa Cruz, Francisco viu a figura de um homem com seis asas, semelhante a um serafim, e pregado a uma cruz, e à medida que continuava na contemplação, que lhe dava imensa felicidade, mas, era sombreada de tristeza, sentiu se abrirem em seu corpo as feridas que o tornaram uma imitação do próprio Cristo crucificado. Foi, dessa forma, o primeiro cristão a ser estigmatizado, mas enquanto isso lhe trazia alegria, sendo um sinal do favor divino, foi-lhe motivo de muito embaraço e sofrimento físico. Sempre tentou ocultar os estigmas com faixas e seu hábito, e poucos irmãos os viram enquanto ele viveu. Mas eles lhe causavam muita dor e com isso dificultavam seus movimentos, além de sangrarem com frequência. Muitas vezes teve de ser carregado por não poder andar, ou teve de viajar sobre uma mula, o que não era permitido aos irmãos, por ser um luxo. Também padeceu de outras enfermidades, ficou quase cego, e as suas dores de cabeça eram terríveis, mas apesar de receber ordem de procurar tratamento, os médicos nada puderam fazer para aliviá-lo. Passou algum tempo sob os cuidados de Clara, e ali deve ter composto, em 1225, seu Cântico ao irmão Sol, mas sua condição se deteriorava diariamente, e ditou seu Testamento. Melhorou então, e viajou para um eremitério perto de Cortona, mas ali piorou novamente, e foi levado para Assis, hospedando-se na casa do bispo em meados de 1226. Pouco depois, pediu para ser levado a Porciúncula, para que pudesse morrer entre os irmãos.

Sentindo a morte próxima, solicitou a uma amiga romana, a nobre Jacopa de' Settesoli, que trouxesse o necessário para seu sepultamento, e também alguma comida bem preparada, que ele havia provado em sua residência em Roma e que deveria aliviar seu sofrimento. Foi despedir-se de Clara e das irmãs em São Damião e voltou a Porciúncula. Deu instruções para ser sepultado nu, e no pôr do sol de 3 de outubro de 1226, depois de ler algumas passagens do Evangelho, faleceu rodeado de seus companheiros, nobres amigos e outras personalidades. As fontes antigas dizem que nesse momento um bando de aves veio pousar no telhado e cantou. Logo em seguida, o Irmão Elias notificou a todos de seu desaparecimento e divulgou sua estigmatização, até ali mantida em sigilo. Seu corpo foi examinado por muitas testemunhas a fim de comprová-lo, e o povo de Assis e dos arredores acorreu para prestar-lhe sua última homenagem (GUEDES, 2017, p. 232-233).

Mesmo em seus últimos anos de vida, aturdido por doença infecciosa nos olhos, entoou belas orações. São Francisco é a maior prova da crucificação de Jesus e de sua divindade.

### 9.1.2 E assim disse São Francisco

**Cântico do Irmão Sol**
*Altíssimo, onipotente, bom Senhor,*
*teus são o louvor, a glória e a honra e toda a bênção.*
*Somente a ti, ó Altíssimo, eles convêm,*
*e homem algum é digno de mencionar-te.*
*Louvado sejas, meu Senhor, com todas as tuas criaturas,*
*especialmente o Senhor Irmão Sol,*
*o qual é dia, e por ele nos iluminas.*
*E ele é belo e radiante com grande esplendor,*
*de ti, Altíssimo, traz o significado.*

*Louvado sejas, meu Senhor, pela irmã lua e pelas estrelas,*
*no céu as formaste claras e preciosas e belas.*
*Louvado sejas, meu Senhor, pelo irmão vento,*
*e pelo ar e pelas nuvens e pelo sereno e todo o tempo,*
*pelo qual às tuas criaturas dás sustento.*

*Louvado sejas, meu Senhor, pela irmã água,*
*que é mui útil e humilde e preciosa e casta.*

*Louvado sejas, meu Senhor, pelo irmão fogo
pelo qual iluminas a noite,
e ele é belo e agradável e robusto e forte.
Louvado sejas, meu Senhor, pela irmã nossa, a mãe terra
que nos sustenta e governa
e produz diversos frutos com coloridas flores e ervas.*

*Louvado sejas, meu Senhor, por que perdoam pelo teu amor,
E suportam enfermidade e tribulação.*

*Bem-aventurados aqueles que as suportarem em paz,
porque por ti, Altíssimo, serão coroados.*

*Louvado sejas, meu Senhor, pela irmã nossa, a morte corporal,
da qual nenhum homem vivente pode escapar.*

*Ai daqueles que morrerem em pecado mortal:
bem-aventurados os que ela encontrar na tua santíssima vontade,
porque a morte segunda não lhes fará mal!*

*Louvai e bendizei ao meu Senhor,
e rendei-lhe graças e servi-o com grande humildade.*

São Francisco de Assis

"Senhor, dai-me força para mudar o que pode ser mudado, resignação para aceitar o que não pode ser mudado. E sabedoria para distinguir uma coisa da outra."

"Comece fazendo o que é necessário, depois o que é possível, e de repente você estará fazendo o impossível."

"Ó, Mestre, fazei que eu procure mais consolar, que ser consolado; compreender, que ser compreendido, amar, que ser amado. Pois é dando que se recebe, e perdoando que se é perdoado, e é morrendo que se vive para a vida eterna."

## 9.2 Carlo Acutis – a Eucaristia foi seu caminho ao céu

O venerável beato Carlo Acutis, patrono da evangelização pela internet, morreu de uma leucemia fulminante com apenas 15 anos. Foi canonizado no dia 10 de outubro de 2020, se tornando um dos mais jovens santos.

O corpo de Carlo Acutis está intacto após mais de 15 anos de seu falecimento – uma graça alcançada somente pelos santos, e com a qual o beato menino também foi agraciado por Deus.

O milagre que resultou em sua beatificação foi o de cura de uma grave doença de um menino brasileiro, em Mato Grosso do Sul.

Carlo Acutis é uma das provas mais recentes de que Deus premia os santos com a graça de terem seus corpos incorruptos – e isso a ciência jamais conseguirá explicar sem se render à aceitação dos mistérios divinos.

## 9.3 Michel – o primeiro arcanjo

Acredita-se que, quando o ser humano foi criado, o coro de anjos que louvou a criação divina foi liderado pelo arcanjo Michel. Michael, Miguel ou Michel se refere a um anjo arcanjo, que significa "que é como Deus". Foi ele quem acompanhou Adão ao longo dos seus mirabolantes 930 anos de vida; foi ele quem visitou o patriarca Abraão para consolar sua dor, três dias depois da sua circuncisão.

Miguel venceu o demônio no livro de Daniel e no Apocalipse de João. É sempre representado com uma lança ou espada, e pelas asas se distingue de São Jorge, que anda a cavalo. Porta uma balança para pesar as almas dos defuntos e é um eterno combatente do demônio.

Arcanjo Miguel, iluminai o caminho do mundo! Mas se o ser humano atacar a humanidade, Miguel, por favor, use sua sagrada espada para abater o algoz.

O herói é aquele que corrige a si mesmo e quer a correção dos demais sem o forçar a aceitar a sua verdade, exceto em casos de crimes contra os Dez Mandamentos, que são questões de justiça divina.

Seu Deus é criador, bom e justo? Então, deixe que ele mesmo julgue os erros dos demais. Não assuma o papel de justiceiro divino.

Leis terrenas devem ser aplicadas por juízes justos. Deixe seu Deus julgar em seu lugar. Abstenha-se de julgar. Vigie-se para que não julgue ninguém. Autopolicie-se.

William P. Young (2017), em seu livro *As mentiras que nos contaram sobre Deus*, deixa claro o que é isso em sua essência divina:

> A maior parte do Novo Testamento foi escrita originalmente em grego comum – grego *koiné*. Adivinhe qual é a palavra grega para acusar, como na passagem que trata Satã como "um acusador?" (veja Apocalipse 12:10). É *kategoro*, que tem a mesma raiz da palavra categorizar. Significa pôr algo ou alguém num grupo para ser classificado. Fazemos isso o tempo todo, e nem sempre é algo ruim.
> Mas, quando essa categorização traz consigo um juízo implícito de valor, estamos nos unindo a Satã, o adversário da Humanidade. Fazer acusações divisivas reduz e mesmo desintegra a Humanidade, e acabamos nos tornando açougueiros do Corpo de Cristo.
> As categorias podem ser úteis para auxiliar nosso entendimento e orientação no cosmos onde todos residimos, mas são poderosamente divisivas e destrutivas nos relacionamentos (YOUNG, 2017, n.p.).

### 9.3.1 Oração para São Miguel arcanjo contra Satanás

Pedro Celestino (2017), em seu livro *Os anjos*, nos brinda com a oração a São Miguel arcanjo:

> *São Miguel arcanjo,*
> *protegei-nos no combate;*
> *cobri-nos com o vosso escudo contra*
> *os embustes e ciladas do demônio.*
> *Subjugue-o Deus, instanteneamente*
> *o pedimos; e vós,*
> *Príncipe da milícia celeste,*
> *pelo divino poder, precipitai*
> *no inferno a Satanás e aos*
> *outros espíritos malignos que*
> *andam pelo mundo para perder*
> *as almas. Amém.*

### 9.3.2 Oração: São Jorge, rogai por nós

> *Eu andarei vestido e armado com as armas de São Jorge, para que meus inimigos, tendo pés, não me alcancem; tendo mãos,*

*não me peguem; tendo olhos, não me vejam; e nem em pensamentos eles possam me fazer mal.*
*Armas de fogo o meu corpo não alcançarão; facas e lanças se quebrem sem o meu corpo tocar; cordas e correntes se arrebentem sem o meu corpo amarrar.*
*Jesus Cristo, me proteja e me defenda com o poder de Sua santa e divina graça. Virgem de Nazaré, me cubra com o seu manto sagrado e divino, protegendo-me em todas as minhas dores e aflições. E Deus, com Sua Divina Misericórdia e grande poder seja meu defensor contra as maldades e perseguições dos meus inimigos.*
*Glorioso São Jorge, em nome de Deus, estenda-me o seu escudo e as suas poderosas armas, defendendo-me com a sua força e com a sua grandeza, e que debaixo das patas de seu fiel ginete meus inimigos fiquem humildes e submissos a vós. Assim seja com o poder de Deus, de Jesus e da falange do divino Espírito Santo.*
*São Jorge, rogai por nós. Amém.*

## 9.4 A segunda vinda de Elias: João Batista

O profeta Malaquias previu que Elias viria de novo: "Eis que eu vos envio o Elias, antes que venha o grande e terrível dia do Senhor" (Malaquias 4: 5). Jesus testemunhou que a vinda anunciada de Elias se realizara por meio de João Batista: "Mas digo-vos que Elias já veio, e não o conheceram, mas fizeram-lhe tudo o que quiseram. Assim farão eles também padecer o Filho do Homem. Então, os discípulos entenderam que lhes falara de João Batista" (Mateus 17: 12-13).

No entanto, nem João Batista se reconheceu como sendo a segunda vinda de Elias (João 1: 21), nem o povo judeu o reconheceu como tal. A ignorância de João reforçou suas dúvidas acerca de Jesus (Mateus 11: 3). Como muitos judeus estimavam João Batista, eles respeitaram o seu ponto de vista, aumentando mais ainda sua descrença em Jesus. Portanto, a ignorância de João Batista pode ter contribuído para o caminho que levou Jesus à cruz.

Jesus replicou que João Batista, de fato, era o Elias que o povo estava esperando (Mateus 17: 10). Uma vez que os discípulos já acreditavam que Jesus era o Messias, eles aceitaram de boa vontade o seu testemunho de que João Batista era Elias. Todavia, como os outros, que não conheciam Jesus, poderiam aceitar essa afirmação controversa?

O próprio Jesus não esperava que eles a aceitassem prontamente, por isso disse: "E se quereis dar crédito, é este o Elias que havia de vir" (Mateus 11: 14). O que tornou ainda mais difícil acreditar na proclamação de Jesus foi a negação prévia de João Batista quando insistira que não era Elias: E perguntaram: "Quem és tu? És tu Elias?" Ele disse: "Não sou". "És tu o profeta?" E ele respondeu: "Não" (João 1: 21).

A Bíblia registra que, quando Jesus morreu na cruz, muitos corpos de santos ergueram-se de seus túmulos (Mateus 27: 52). Este versículo pode não significar que os corpos decompostos dos santos se regeneraram, permitindo-lhes levantarem-se em carne. Esse mistério pode ter descrito o fenômeno espiritual da ressurreição – eis um grande mistério da humanidade.

Assim como Jesus se elevou aos céus, Elias também ascendeu de forma incrivelmente bela em sua carruagem de fogo.

Deus enviou o profeta Elias para levar a cabo o confronto com os profetas de Baal (ou Bael) no Monte Carmelo; ele os derrotou com o poder de Deus e destruiu os altares de Baal. Todavia, Elias subiu aos céus em um redemoinho e em um carro de fogo antes de poder completar sua missão divina. Assim, o poder de Satanás retornou, continuando a atormentar a providência de Deus. O caminho do Messias não podia ser levado a cabo até que a influência satânica fosse totalmente removida. É por essa razão que, antes de Jesus poder realizar o ideal da encarnação, um outro profeta deveria herdar e completar a missão inacabada de Elias, que era quebrar os laços de seu povo com Satanás. Devido a essa necessidade providencial, o profeta Malaquias previu que Elias viria de novo.

O povo judeu, que acreditava nas profecias das Escrituras, ansiava fervorosamente pelo Advento do Messias. Contudo, devemos levar em consideração que eles também ansiavam muito pelo retorno de Elias. Isso, porque Deus tinha claramente prometido, por meio do profeta Malaquias, que enviaria o profeta Elias antes do advento do Messias para preparar o caminho do Senhor. Elias subiu ao céu por volta do ano 850 antes do nascimento de Jesus, passando a habitar, desde então, o mundo espiritual. Muitas pessoas conhecem a história bíblica da transfiguração, quando Elias e Moisés apareceram espiritualmente diante dos discípulos de Jesus. Muitos judeus acreditavam que, em seu retorno, Elias desceria do céu da mesma forma como havia subido.

Outra indicação de que João Batista pode ter sido a reencarnação de Elias foi a forma da morte do primeiro (degola) e a forma como o segundo combateu os profetas de Baal (cortando o pescoço destes). Ou seja, o poderoso profeta que fez a ponte entre o Antigo Testamento e o Novo teve um destino igual ao que causou a seus oponentes em sua provável vida anterior. Aqui se faz, aqui se paga. E isso vale para todo mundo.

### 9.4.1 Os santos dizem amém!

Senhor, nós te louvamos,
Senhor nós te adoramos, pelo imenso cortejo de todos os santos.

Sim, como se afirma nesse canto, os santos formam um imenso cortejo (há perto de 40 mil deles reconhecidos oficialmente pela Igreja Católica, 10 mil no calendário litúrgico).

Para nossos antepassados, o culto aos santos, intermediários entre Deus e os homens, era um componente essencial da vida religiosa.

A santidade não significa perfeição moral, mas o fato de ficar à parte, de pertencer a Deus.

No seio da igreja, todos estão chamados à santidade. O batismo traz implícita essa vocação, comum a todos os membros do povo de Deus, sejam simples fiéis, ou altos dignitários da Igreja, casados ou celibatários. Seja qual for sua condição física, cultural, intelectual ou social, ou sua idade, todo aquele que é batizado trabalha para fazer resplandecer o reino de Deus através da santidade de sua vida.

Como respondem os fiéis a esse chamado? Através da fidelidade ao seu batismo, perseverando no rezar e no louvor a Deus e praticando a caridade, caridade para com seus irmãos e cada um dos humanos, dotados do amor que lhes é professado pelo próprio Deus. A chamada à santidade afeta cada um de nós, onde quer que vivamos, de acordo com nossa própria condição [...]. Humanos como os demais, nem melhores nem piores, os santos, humildes ou poderosos, souberam marcar o que estava ao redor. Foram diferentes, mas tiveram em comum o resplendor de vida ou de morte (GRAVIERS; JACOMET, 2003).

### 9.5 O herói é aquele que muda a si mesmo

Chegou a hora de mudar a mente, e não o mundo. O herói é aquele que muda a si próprio e aceita aqueles que são diferentes sem julgar.

Muitos seres humanos acreditam que são superiores aos outros e não se identificam com as angústias dos demais.

O ego nos distancia das demais pessoas e abre as portas para os pecados capitais, gerando sofrimento para nós e para os outros.

Precisamos nos esforçar para termos estados mentais sadios e pensamentos construtivos.

Precisamos substituir a raiva pelo amor, a inveja pelo desejo de boa sorte aos demais e usar isso como incentivo para a construção de nossa poupança de bens materiais.

Precisamos não focar nossa mente somente no eu. Precisamos superar o autoagarramento, e com isso cessar as causas interiores e exteriores de sofrimento.

Um bom passo nessa direção é aprender a admirar os outros e apreciar os seus bons feitos. A felicidade dos demais precisa nos trazer felicidade, e com isso não haverá mais tantas disputas entre o eu e os demais.

Precisamos perceber como nossa mente nos manipula para que percebamos os erros dos demais e não os próprios.

O amor só nos traz felicidade, mas o apego nos aprisiona na roda do *sâmsara*.

Na visão dos budistas é fútil trabalhar para si próprio. Para se tornar Buda, precisa haver amor ao próximo, e a política, quando bem empregada, pode ser uma excelente forma de exercício desse amor.

Será que os ensinamentos dos mestres iluminados não podem ser aplicados pelos políticos e governantes por meio da observação dos princípios cármicos?

Será que a mensagem de Buda não foi um prenúncio da mensagem de Jesus para os povos do Oriente? Respeitar um espírito elevado como o de Buda não é um ato anticristão. É sim o reconhecimento de que pode haver inspiração divina em outras religiões.

Jesus Cristo é o Messias e Maria, Nossa Senhora da Imaculada Conceição, a mãe da humanidade, está em plena união com o Espírito Santo.

Capítulo 10

# Apócrifo da assunção da Virgem Maria – Livro de São João evangelista

Eis o Tratado de são João, o Evangelista, sobre a Dormição da santa Mãe de Deus, a Santíssima Virgem Maria, Nossa Senhora, a mãe de Jesus e da humanidade. Por esse não ser tão conhecido, nem mesmo pelos católicos praticantes, muito menos pelos judeus, tornei-o parte deste livro por meio deste capítulo.

**De Obitu S. Dominae**
Livro de João, o Teólogo, sobre a Assunção da Virgem Maria[12]

### I

*Quando a santíssima e gloriosa Mãe de Deus e sempre Virgem Maria, segundo o seu costume, ia ao sepulcro do Senhor para queimar aromas e dobrava seus santos joelhos, costumava suplicar a Cristo, seu filho e nosso Deus, que se dignasse a vir até ela.*

### II

*Mas, ao notar a assiduidade com que ela se acercava da sagrada tumba, os judeus foram até os príncipes dos sacerdotes para dizer-lhes: "Maria vai todos os dias ao sepulcro". Aqueles chamaram os guardas que haviam sido colocados ali com o objetivo de impedir que alguém se aproximasse para orar junto ao sagrado monumento, e começaram a fazer averiguações para saber se era verdade o que se dizia com relação a ela. Os guardas responderam que não haviam notado nada, pois de fato, Deus não lhes permitia aperceberem-se da sua presença.*

### III

---

[12] In: *Evangelhos apócrifos*. Introdução e tradução de Urbano Zilles. 3. ed. Porto Alegre: EdiPUCRS, 2004.

*Certo dia, uma sexta-feira, a santa Maria foi, como de costume, ao sepulcro. E, enquanto estava orando, aconteceu que os céus se abriram e o arcanjo Gabriel desceu até ela e lhe disse: "Deus a salve, ó mãe de Cristo nosso Deus; tua oração, depois de atravessar os céus, chegou até a presença de teu Filho e foi ouvida. Por isto abandonarás o mundo daqui a pouco e partirás, conforme teu pedido, para as mansões celestiais, ao lado de teu Filho, para viver a vida autêntica e perene".*

## IV
*E, tendo ouvido isto dos lábios do santo arcanjo, voltou até a cidade santa de Belém, tendo junto de si as três donzelas que a atendiam. Quando, então, repousava um pouco, ergueu-se e disse-lhes: "Trazei-me um incensório, que vou orar". E elas o trouxeram, conforme lhes havia sido ordenado.*

## V
*Depois pôs-se a orar desta maneira: "Senhor meu Jesus Cristo, que por tua extrema bondade houveste por bem ser gerado por mim, ouve minha voz e envia-me o teu apóstolo João para que a sua visão me propicie o início da boa sorte. Manda-me também o restante dos teus apóstolos, aqueles que já foram ter contigo e aqueles que ainda se encontram nesta vida, de onde estiverem, para que, ao vê-los novamente, possa eu abençoar teu nome, sempre louvável. Sinto-me animada porque atendes à tua serva em todas as coisas".*

## VI
*E, quando ela estava orando, eu, João, apresentei-me, já que fui arrebatado pelo Espírito Santo que me trouxe de Éfeso sobre uma nuvem, deixando-me depois no lugar onde estava a mãe de meu Senhor. Entrei, então, até onde ela se encontrava e dei graças ao seu Filho; depois disse: "Salve, ó mãe de meu Senhor, aquela que gerou a Cristo nosso Deus; alegra-te, porque irás sair deste mundo muito gloriosamente".*

## VII

E a santa mãe de Deus louvou a Deus porque eu, João, havia chegado junto a ela, lembrando-se daquela voz do Senhor que disse: "Eis aqui a tua mãe e eis aqui o teu filho". Nesse momento as três jovens vieram e prostraram-se diante dela.

## VIII

Então a santa mãe de Deus dirigiu-se a mim, dizendo-me: "Vem orar e jogar incenso". Eu orei desta maneira: "Ah, Senhor Jesus Cristo, que fizeste tantas maravilhas, faz alguma também neste momento, à vista daquela que Te gerou; que tua mãe saia desta vida e que sejam abatidos aqueles que Te crucificaram e aqueles que não acreditaram em Ti".

## IX

Depois que dei por terminada minha oração, a santa Maria disse-me: "Traz-me o incensório". E, tomando-o, ela exclamou: "Glória a Ti, meu Deus e Senhor, foi cumprido em mim o que prometeste antes de subir aos céus, que, quando fosse a minha vez de sair deste mundo, virias ao meu encontro cheio de glória e rodeado de uma multidão de anjos".

## X

Então eu, João, disse-lhe: "Jesus Cristo, nosso Senhor e Deus, já está para vir; e tu o verás, conforme Ele prometeu", ao que respondeu a santa mãe de Deus: "Os judeus fizeram o juramento de queimar meu corpo quando eu morrer", eu respondi: "Teu santo e precioso corpo não verá a corrupção". Ela então replicou: "Anda, pega o incensório, esparzi incenso e ora", e do céu veio uma voz dizendo amém.

## XI

Eu ouvi esta voz, e o Espírito Santo disse-me: "João, ouviste essa voz que foi emitida no céu depois que a oração terminou?". Eu respondi-lhe: "Sim, eu ouvi". Então, o Espírito Santo acrescentou: "Esta voz que escutaste é sinal da iminente chegada de teus irmãos, os apóstolos e das santas hierarquias, pois hoje reunir-se-ão aqui".

## XII

*Eu, João, pus-me então a orar. E o Espírito Santo disse aos apóstolos: "Vinde todos e sobre as nuvens, dos confins da terra, e reuni-vos na santa cidade de Belém para assistir a mãe de Nosso Senhor Jesus Cristo que está em comoção: Pedro, de Roma, Paulo, da Tibéria, Tomé, do centro das Índias, Tiago, de Jerusalém".*

## XIII

*André, o irmão de Pedro, e Felipe, Lucas e Simão Cananeu, juntamente com Tadeu, os quais já haviam morrido, foram despertados de seus sepulcros pelo Espírito Santo. Este dirigiu-se a eles e disse-lhes: "Não creiais que já chegou a hora da ressurreição. A razão pela qual neste momento surgis de vossas tumbas é que haveis de ir prestar preito à mãe de vosso Salvador e Senhor Jesus Cristo, tributando-lhe uma maravilhosa homenagem; pois chegou a hora de sua saída deste mundo e de sua partida para os céus".*

## XIV

*Também Marcos, ainda vivo, chegou de Alexandria juntamente com os outros, chegados, como foi dito, de todos os países. Pedro, arrebatado por uma nuvem, esteve no meio do céu e da terra sustentado pelo Espírito Santo, enquanto os demais apóstolos, por sua vez, também eram arrebatados sobre as nuvens para se encontrarem com Pedro. E assim, desta maneira, como fica dito, todos foram chegando por obra do Espírito Santo.*

## XV

*Entramos depois no lugar onde estava a mãe de nosso Deus e, prostrados em atitude de adoração, dissemos-lhe: "Não tenhas medo nem aflição. O Senhor Deus, a quem deste à luz, tirar-te-á deste mundo gloriosamente". E ela, regozijando-se em Deus seu salvador, ergueu-se no leito e disse aos apóstolos: "Agora sim eu creio que nosso Deus e mestre já vem do céu, que o vou contemplar e que hei de sair desta vida da mesma maneira pela qual eu vos vi apresentar-vos aqui. Quero que me digais como tomastes conhecimento da minha partida e vos apresentastes a mim e de quais países e latitudes viestes, já que viestes visitar-me com tanta presteza. Embora havereis de saber que meu Filho, nosso Senhor Jesus Cristo e Deus universal, não quis ocultar-me, pois estou firmemente persuadida, mesmo neste momento, de que Ele é o Filho do Altíssimo".*

## XVI
*Então Pedro dirigiu-se aos apóstolos nestes termos: "Cada um de nós, de acordo com o que nos foi anunciado e ordenado pelo Espírito Santo, dê a informação à mãe de Nosso Senhor".*

## XVII
*Eu, João, de minha parte respondi e disse: "Encontrava-me em Éfeso e, enquanto me aproximava do santo altar para celebrar os ofícios, o Espírito Santo disse-me: 'Chegou para a mãe do teu Senhor a hora de partir; põe-te então a caminho de Belém para despedir-te dela'. Nesse instante uma nuvem luminosa arrebatou-me e colocou-me na porta da casa onde tu jazes".*

## XVIII
*Pedro respondeu: "Eu também, quando me encontrava em Roma, ouvi uma voz da parte do Espírito Santo, a qual me disse: 'A mãe de teu Senhor, tendo já chegado sua hora, está para partir; põe-te então a caminho de Belém para despedir-te dela'. E eis que uma nuvem luminosa arrebatou-me, e pude ver também os demais apóstolos que vinham até mim sobre as nuvens e percebi uma voz que dizia: 'Ide todos a Belém'".*

## XIX
*Paulo, por sua vez, respondeu e disse: "Também eu, enquanto me encontrava numa cidade a pouca distância de Roma, chamada terra dos Tibérios, ouvi o Espírito Santo que me dizia: 'A mãe de teu Senhor está para abandonar este mundo e empreender por meio da morte a sua caminhada aos céus; põe-te tu também então a caminho de Belém para despedir-te dela'. E nesse momento uma nuvem luminosa arrebatou-me e colocou-me no mesmo lugar em que estais".*

## XX

Tomás, por sua vez, respondeu e disse: "Também eu encontrava-me percorrendo o país dos hindus, e à medida que pregava ia conquistando confiança, com a graça de Cristo, quando o filho da irmã do rei, de nome Lavdan, estava para receber de mim o selo do batismo, no palácio, de repente o Espírito Santo disse-me: 'Tu, Tomás, apresenta-te também em Belém para despedir-te da mãe do teu Senhor, pois o seu trânsito para os céus está para se efetuar'. Nesse momento uma nuvem luminosa arrebatou-me e trouxe-me à vossa presença".

## XXI

Marcos, por sua vez, respondeu e disse: "Eu me encontrava na cidade de Alexandria, celebrando o ofício da terça e, enquanto orava, o Espírito Santo arrebatou-me e trouxe-me à vossa presença".

## XXII

Tiago respondeu e disse: "Enquanto me encontrava em Jerusalém, o Espírito Santo intimou-me com esta ordem: 'Vai a Belém, pois a mãe de teu Senhor está para partir'. E uma nuvem luminosa arrebatou-me e colocou-me na vossa presença".

## XXIII

Mateus, por sua vez, respondeu e disse: "Eu dei graças e continuo dando graças a Deus porque, estando cheio de agitação ao encontrar-me dentro de uma embarcação e ver o mar alvoroçado pelas ondas, veio de repente uma nuvem luminosa e deitou sua sombra sobre a fúria da tempestade, acalmando-a; depois tomou-me e colocou-me junto a vós".

## XXIV

Por sua vez, aqueles que haviam vindo anteriormente responderam e narraram de que maneira se haviam apresentado. Bartolomeu disse: "Eu encontrava-me na Tebaida pregando a palavra, e eis que o Espírito Santo se dirigiu a mim nestes termos: 'A mãe de teu Senhor está para partir; põe-te então, a *caminho de Belém para despedir-te dela'. E eis que uma nuvem luminosa arrebatou-me e trouxe-me até vós".*

## XXV

*Tudo isto foi dito pelos apóstolos à santa mãe de Deus: como e de que maneira haviam feito a viagem. E depois ela estendeu suas mãos aos céus e orou dizendo: "Adoro, exalto e glorifico teu celebradíssimo nome, pois puseste teus olhos na humildade da tua escrava e fizeste em mim grandes coisas, Tu que és poderoso. E eis aqui que todas as gerações chamar-me-ão bem-aventurada".*

## XXVI

*E quando deu por terminada sua oração, disse aos apóstolos: "Lançai incenso e orai". E, enquanto eles oravam, produziu-se um trovão no céu e uma voz terrível fez-se ouvir. E nesse instante apareceu um imenso exército de anjos e de divindades e ouviu-se uma voz como a do Filho do Homem. Ao mesmo tempo, os serafins circundaram a casa onde jazia a santa e imaculada virgem e mãe de Deus, de tal maneira que tantos quantos estavam em Belém viram todas estas maravilhas e foram a Jerusalém, anunciando todos os prodígios acontecidos.*

## XXVII

*E sucedeu que, depois que se ouviu aquela voz, o sol apareceu de repente ao mesmo tempo que a lua, ao redor da casa. E um grupo de primogênitos dos santos apresentou-se na casa onde jazia a mãe do Senhor para sua honra e glória. E vi também que muitos milagres aconteceram; cegos que voltavam a ver, surdos que ouviam, coxos que andavam, leprosos que se tornavam limpos e possuídos por espíritos imundos que eram curados. E todo aquele que se sentia acometido por alguma doença tocava pelo lado de fora o muro da casa onde ela jazia e gritava: "Santa Maria, mãe de Cristo, nosso Deus, tem compaixão de nós". E imediatamente sentiam-se curados.*

## XXVIII

*E grandes multidões, vindas de diversos países, que se encontravam em Jerusalém por motivo de oração, ouviam os prodí-*

gios que se operavam em Belém por meio da mãe do Senhor e apresentaram-se naquele lugar suplicando a cura de diversas enfermidades: coisa que obtiveram. E aquele dia produziu uma alegria inenarrável, enquanto a multidão dos curados e dos espectadores davam graças a Cristo nosso Deus e à sua mãe. E Jerusalém inteira, ao voltar de Belém, festejava cantando salmos e hinos.

## XXIX

Os sacerdotes dos judeus, por sua vez, e todo o seu povo, estavam extáticos de admiração pelo ocorrido. Mas, dominados por uma violentíssima paixão, e depois de se terem reunido em conselho, levados pelo seu raciocínio néscio, decidiram ir contra a santa mãe de Deus e contra os santos apóstolos que se encontravam em Belém. Mas, tendo a multidão dos judeus se posto a caminho de Belém, aconteceu que à distância de uma milha uma visão terrível apresentou-se-lhes e eles ficaram com os pés como que amarrados, e voltaram aos seus conterrâneos e narraram aos príncipes dos sacerdotes tudo sobre a terrível visão.

## XXX

Mas aqueles, sentindo-se ainda mais irados, foram à presença do governador gritando e dizendo: "A nação judaica veio abaixo por causa dessa mulher; expulsa-a de Belém e da comarca de Jerusalém". Mas o governador, surpreendido pelos milagres, replicou: "Eu, de minha parte, não a expulsarei nem de Jerusalém nem de nenhum outro lugar". Mas os judeus insistiam falando muito e rogando-lhes pela saúde de César Tibério que expulsasse os apóstolos de Belém, dizendo: "E, se assim não o fizeres, informaremos o imperador a respeito". Então, viu-se constrangido a enviar um quiliarca a Belém contra os apóstolos.

## XXXI

Então, o Espírito Santo disse aos apóstolos e à mãe do Senhor: "Eis que o governador enviou um quiliarca contra vós por causa dos judeus que se amotinaram. Saí, então, de Belém e não temais, porque eu vos transportarei numa nuvem até Jerusalém, e a força do Pai, do Filho e do Espírito Santo está convosco".

## XXXII

Então, os apóstolos levantaram-se e saíram da casa levando a liteira da senhora, a mãe de Deus, e dirigiram seus passos a caminho de Jerusalém. Mas de repente, conforme o Espírito Santo havia dito, foram arrebatados por uma nuvem e encontraram-se em Jerusalém na casa da senhora. Uma vez ali, levantaram-se e cantaram hinos durante cinco dias ininterruptamente.

## XXXIII

E quando o quiliarca chegou a Belém, ao não encontrar ali nem a mãe do Senhor nem os apóstolos, deteve os belemitas, dizendo-lhes: "Não sois vós aqueles que vieram contar ao governador e aos sacerdotes todos os milagres e prodígios que acabam de acontecer e não lhes dissestes que os apóstolos vieram de todos os países? Então, onde estão? Agora ponde-os todos imediatamente a caminho de Jerusalém para apresentá-los diante do governador". Note-se que o quiliarca não estava inteirado da retirada dos apóstolos e da mãe do Senhor para Jerusalém. Então, o quiliarca prendeu os belemitas e apresentou-se ao governador para dizer-lhe que não havia encontrado ninguém.

## XXXIV

Cinco dias depois, chegou ao conhecimento do governador, dos sacerdotes e de toda a cidade que a mãe do Senhor, em companhia dos apóstolos, encontrava-se em sua própria casa de Jerusalém, graças aos prodígios e maravilhas que ali aconteceram. E uma multidão de homens, mulheres e virgens reuniram-se gritando: "Santa Virgem, mãe de Cristo nosso Deus, não te esqueças da raça humana".

## XXXV

Diante destes acontecimentos, tanto o povo judeu quanto os sacerdotes sentiram-se ainda mais joguetes da paixão; e, atirando lenha ao fogo, arremeteram contra a casa onde estava a mãe do Senhor em companhia dos apóstolos, com a intenção de queimá-la. O governador contemplava o espetáculo de longe.

Mas, no exato momento em que o povo judeu chegava às portas da casa, eis que, por obra de um anjo, saiu do seu interior uma labareda que abrasou um grande número de judeus. Com isto, a cidade inteira ficou assustada e cheia de temor e todos deram graças ao Deus que foi gerado por ela.

## XXXVI

E quando o governador viu o que sucedera, dirigiu-se a todo o povo, dizendo aos brados: "Na verdade Aquele que nasceu da Virgem, Aquele que vós maquinastes perseguir, é filho de Deus, pois estes sinais são próprios do verdadeiro Deus". Assim, então, produziu-se uma cisão entre os judeus, e muitos acreditaram no nome do Nosso Senhor Jesus Cristo graças aos prodígios realizados.

## XXXVII

E depois que se operaram estas maravilhas por intermédio da mãe de Deus e sempre Virgem Maria, mãe do Senhor, enquanto nós, os apóstolos, encontrávamo-nos com ela em Jerusalém, o Espírito Santo disse-nos: "já sabeis que foi num domingo que teve lugar a anunciação do arcanjo Gabriel à Virgem Maria, e que foi num domingo que nasceu o Salvador em Belém, e que foi num domingo que os filhos de Jerusalém saíram com palmas ao seu encontro dizendo: 'Hosana nas alturas! Bendito o que vem em nome do Senhor', e que foi num domingo que ressuscitou de entre os mortos, e que num domingo haverá de vir julgar os vivos e os mortos e que, finalmente, num domingo haverá de baixar dos céus para honrar e glorificar com a sua presença a partida da santa e gloriosa virgem que lhe deu à luz".

## XXXVIII

Nesse mesmo domingo, a mãe do Senhor disse aos apóstolos: "Atirai incenso, pois Cristo já está vindo com um exército de anjos". No mesmo instante, Cristo apresentou-se-nos sentando--se sobre um trono de querubins. E, enquanto todos estávamos orando, apareceram multidões incontáveis de anjos, e o Senhor estava pleno de majestade sobre os querubins. E eis que um eflúvio resplandecente irradiou-se sobre a santa Virgem por virtude da presença de seu Filho Unigênito, e todas as divindades celestiais caíram por terra e O adoraram.

### XXXIX
O Senhor dirigiu-se, então, a sua mãe e disse-lhe: "Maria". Ela respondeu: "Aqui me tens, Senhor". Ele disse-lhe: "Não te aflijas; melhor será que teu coração se alegre e sinta gozo, pois encontraste graça para poder contemplar a glória que me foi dada pelo meu Pai". A santa mãe de Deus elevou então seus olhos e viu nele uma glória tamanha, que é inefável para a boca do homem e incompreensível.

### XL
O Senhor permaneceu ao seu lado e continuou dizendo: "Eis que a partir deste momento teu corpo será transportado ao paraíso, enquanto tua santa alma estará nos céus, entre os tesouros de meu Pai, coroada de um extraordinário resplendor, onde há paz e alegria próprias dos santos anjos e mais ainda".

### XLI
A mãe do Senhor respondeu e disse-lhe: "Senhor, impõe-me tua mão direita e abençoa-me". O Senhor estendeu sua santa mão direita e abençoou-a. Ela a estreitou e cobriu-a de beijos enquanto dizia: "Adoro esta mão direita que criou o céu e a terra. E rogo em teu nome sempre abençoado, ó Cristo-Deus, Rei dos séculos, Unigênito do Pai! Recebe a tua serva, Tu que Te dignaste encarnar por meio de mim, a pobrezinha, para salvar a raça humana segundo teus inefáveis desígnios. Concede tua ajuda a todo aquele que invoque ou que rogue ou que simplesmente faça menção ao nome da tua serva".

### XLII
Enquanto ela dizia estas coisas, os apóstolos chegaram junto aos seus pés e, adorando-a, disseram-lhe: "Deixa, ó mãe do Senhor, uma bênção ao mundo, posto que vais abandoná-lo. Já o abençoaste e o ressuscitaste, perdido como estava, ao gerares tu a luz do mundo." E a mãe do Senhor, tendo-se colocado em oração,

fez esta súplica: "Ó Deus, que pela tua imensa bondade enviaste o teu Filho Unigénito para habitar este humilde corpo e Te dignaste a ser gerado por mim, a pobrezinha, tem compaixão do mundo e de toda alma que invocar teu nome".

### XLIII
E orou novamente desta maneira: "Ó Senhor, Rei dos céus, Filho do Deus vivo, recebe todo homem que invoque teu nome para que o teu nascimento seja glorificado". Depois pôs-se novamente a orar, dizendo: "Ó Senhor Jesus Cristo, que podes no céu e na terra, esta é a súplica que dirijo ao teu santo nome: santifica para todo o sempre o lugar que se celebre a memória de meu nome e concede glória aos que Te dão graças por mim, recebendo deles toda a oferenda, toda a súplica e toda a oração".

### XLIV
Depois de haver ela orado desta maneira, o Senhor disse à sua própria mãe: "Alegra-te e regozija-te, pois todas as formas de graças e de dons foram dados por meu Pai celestial, por mim e pelo Espírito Santo. Toda alma que invocar o teu nome ver-se-á livre da confusão e encontrará misericórdia, consolo, ajuda e amparo neste século e no futuro diante de meu Pai celestial".

### XLV
Então o Senhor voltou-se e disse a Pedro: "Chegou a hora de dar início à salmodia". E Pedro entoou e todas as potências celestiais responderam com o Aleluia. Então um resplendor mais forte que a luz enalteceu a face da mãe do Senhor e ela levantou-se e foi abençoando com sua própria mão cada um dos apóstolos. E todos deram glórias a Deus. E o Senhor, depois de estender suas mãos puras, recebeu sua alma santa e imaculada.

### XLVI
E no momento da sua imaculada alma sair, o lugar viu-se inundado de perfume e de uma luz inefável. E eis que se ouviu uma voz do céu que dizia: "Bendita és tu entre as mulheres". Então Pedro, e também eu João, e Paulo e Tomé, abraçamos com toda a pressa os

seus santos pés para que fôssemos santificados. E os doze apóstolos, depois de depositar seu santo corpo no ataúde, levaram-no.

## XLVII

E então, eis que, durante a caminhada, certo judeu chamado Jefonias, robusto de corpo, atirou-se impetuosamente contra o féretro que os apóstolos levavam. Mas imediatamente um anjo do Senhor, com força invisível e servindo-se de uma espada de fogo, separou as duas mãos dos seus respectivos braços e deixou--as penduradas no ar ao longo do féretro.

## XLVIII

Ao operar-se este milagre, todo o povo judeu que o havia presenciado exclamou aos brados: "Realmente é Deus o Filho a quem deste à luz, ó mãe de Deus e sempre Virgem Maria." E o próprio Jefonias, intimado por Pedro para que reconhecesse as maravilhas do Senhor, levantou-se por detrás do féretro e pôs-se a gritar: "Santa Maria, tu que geraste Cristo-Deus, tem compaixão de mim". Pedro então dirigiu-se a ele e disse-lhe: "Em nome de seu Filho, que as mãos que estão separadas de ti se juntem". E, apenas pronunciou essas palavras, as mãos que estavam dependuradas ao longo do féretro da senhora separaram-se dele e de novo uniram-se a Jefonias. E com isto ele próprio acreditou e deu graças a Cristo-Deus, que foi gerado por ela.

## XLIX

Operado este milagre, os apóstolos levaram o féretro e depositaram o seu santo e venerado corpo no Getsêmani, num sepulcro novo. E eis que daquele santo sepulcro de Nossa Senhora, a mãe de Deus desprendia um delicado perfume. E durante três dias consecutivos ouviram-se vozes de anjos invisíveis que davam graças a seu Filho, Cristo nosso Deus. Mas, ao término do terceiro dia, deixaram de ouvir-se as vozes, com isto ficaram cientes de que o seu venerável e imaculado corpo havia sido transportado ao paraíso.

## L

*Verificado que ele havia sido transportado, vimos imediatamente Isabel, a mãe de São João Batista, e Ana, a mãe de Nossa Senhora, e Abraão, e Isaac, e Jacó e Davi que cantavam Aleluia. E vimos também todos os coros dos santos que adoravam a venerável relíquia da mãe do Senhor. Apresentou-se-nos também um local radiante de luz, cujo resplendor não se compara a nada. E o local onde teve lugar o transporte de seu santo e venerável corpo ao paraíso estava saturado de perfume. E fez-se ouvir a melodia daqueles que cantavam hinos ao seu Filho, e era tão doce que somente às virgens é dado escutá-lo; e era tal, que nunca chegava a parecer demais.*

## LI

*Então nós, os apóstolos, após contemplarmos o augusto transporte de seu santo corpo, pusemo-nos a dar graças a Deus por haver permitido conhecermos suas maravilhas na passagem da mãe de Nosso Senhor Jesus Cristo.*
*Por cujas orações e intercessão sejamos dignos de alcançar o poder de viver sob seu abrigo, amparo e proteção neste século e no futuro, dando graças em todo lugar e tempo a seu Filho unigênito, juntamente com o Pai e o Espírito Santo, pelos séculos dos séculos. Amém.*

## LII

*Ao lado de Maria, nos seus últimos instantes, estavam apóstolos e discípulos, à exceção de Tomé, que somente chega, transportado, ao Monte das Oliveiras, a tempo de presenciar a Assunção. Depois é que se reúne aos demais, quando é advertido por Pedro, mais uma vez, por sua incredulidade. Uma vez mais ele provoca a ira de seus irmãos quando diz que o corpo não jazia no sepulcro. Suas dúvidas, porém, não eram dessa vez produto da descrença. Tinha a sua razão: ele havia sido a única testemunha da subida da Virgem aos céus.*

Capítulo 11

# Enoque no Paraíso e com o Messias

O livro apócrifo de Enoque menciona que Deus transformou Set, filho de Adão, numa criatura angelical, um ser glorioso como um anjo; e que o próprio Enoque teve acesso ao paraíso e ao trono de Deus. Adiante, transcrevemos o relato de seu encontro com o divino:

### Enoque no Paraíso[13]

*¹ Depois disso, o seu nome, no decurso da sua vida, será elevado àquele Filho do Homem e ao Senhor dos Espíritos e subtraído aos habitantes da terra. Ele foi transportado pelas sendas do Espírito, e o seu nome desapareceu do meio deles.*

*² A partir daquele dia não fui mais contado entre eles, e ele depositou-me entre duas regiões celestes, entre o Norte e o Ocidente, onde os Anjos pegaram as suas fitas e mediram para mim o lugar dos eleitos e dos justos. Lá eu vi os Patriarcas e os Justos, que desde os tempos antigos ali habitavam.*

### Enoque com o Filho do Homem

*¹ Depois o meu espírito foi arrebatado, e subi ao céu. Eu vi os filhos dos santos Anjos caminhando sobre chamas de fogo; suas roupas e vestimentas eram brancas e suas faces cintilavam como a neve. Eu vi duas torrentes ígneas, e a luz do fogo brilhava como um jacinto. Então caí sobre a minha face, diante do Senhor dos Espíritos.*

*² Então o Anjo Miguel, um dos Arcanjos, tomou-me pela mão direita, ergueu-me e introduziu-me em todas as coisas ocultas e mostrou-me todos os verdadeiros segredos. Ele mostrou-me todos os segredos dos confins do céu, das estrelas e das câmaras*

---

[13] In: PROENÇA, E. de PROENÇA, E. O. de. (org.). *Apócrifos e pseudo-epígrafos da Bíblia*. Tradução de Claudio Rodrigues. São Paulo: Fonte Editorial, 2020. v. 1. p. 295.

*das luminárias, de onde procedem para chegarem na presença do Santo.*

³ *E ele transportou o meu espírito ao céu dos céus, e lá eu vi um edifício de cristal, e entre os cristais havia línguas de fogo vivo. O meu espírito viu o cinturão que circundava a casa de fogo, e nos seus quatro lados existiam torrentes de fogo vivo, e elas fluíam ao redor da quela casa.*

⁴ *Ao redor havia Serafins, Querubins e Orphanins; estes são os que nunca dormem, e que guardam o trono da Sua Glória. Eu vi como inumeráveis Anjos postavam-se ao redor daquela casa, aos milhões. Miguel, Gabriel, Raphael e Phanuel, bem como os santos Anjos, que estão no alto dos céus, entravam e saíam daquela casa.*

⁵ *Nesse momento, saíam daquela casa Miguel, Gabriel, Raphael, Phanuel e Anjos em número incontável. Entre eles vinha o Ancião, e sua cabeça era branca e imaculada como a lã, e suas vestes eram indescritíveis.*

⁶ *Então eu caí sobre a minha face; todo o meu corpo estava derreado, e o meu espírito entrou em delírio. Eu gritei em alta voz, com a força do espírito, bendizendo, glorificando e louvando. Esses louvores que procediam da minha boca agradaram ao Ancião.*

⁷ *Então o Ancião veio, com Miguel, Gabriel, Phanuel e mil vezes mil e dez mil vezes dez mil Anjos, em número incontável. Ele aproximou-se de mim, saudou-me com a sua voz, e falou me: "Este é o Filho do Homem, que haverá de nascer para a Justiça. A Justiça habita n'Ele, e a Justiça do Ancião não o abandona".*

⁸ *Então Ele falou-me: "Ele saúda-te em nome do mundo que há de vir, pois d'Ele procede a paz desde a criação do universo, e assim será contigo até à eternidade.*

⁹ *"Todos os que andam nos seus caminhos pois a Justiça nunca mais os abandonará terão n'Ele a sua morada e sua herança, e d'Ele nunca mais se afastarão por toda a eternidade. E, assim, encontrar-se-á vida perene junto ao Filho do Homem, e os justos então gozarão paz e caminharão pelas veredas retas, para todo o sempre.*

Capítulo 12

# Jesus é o Messias e está no topo da Árvore da Vida

> Todo ser humano é criado conforme a imagem de Deus.
> Diante desta realidade, constatamos que a grandeza da criatura não está na sua superioridade, na fama ou na riqueza que conquistou, mas em sua pessoa, marcada por atitudes de dignidade, amor e bondade.
> Cada um de nós é como um eco divino que vive buscando a sua fonte de origem: desejamos vida plena, saúde, conhecimentos, bem-estar, amor, felicidade.
> Tudo isso é dom e, ao mesmo tempo, demanda empenho pessoal, vida de fé, amor-doação.
> Somente Jesus Cristo é o verdadeiro mestre que nos indica o caminho a seguir, a verdade que salva e liberta, e a vida plena, eterna.
> O coração humano permanecerá inquieto enquanto não encontrar este mestre divino. Só então a vida terá chance de se qualificar e ser feliz (TOMMASI, 2018, n.p.).

Este é o capítulo mais importante deste livro – ainda mais por ter sido escrito por um dos descendentes diretos de um dos mais importantes rabinos de todos os tempos, Maimônides.

Escrevo desta vez com especial atenção para os irmãos judeus, para lhes dar algumas provas da divindade de Jesus Cristo e da santidade de sua Santíssima Mãe, a Virgem Maria.

Comprometo-me também a ser muito mais convincente em minha próxima obra que já está a caminho; porém, apresento o divino mestre a seu próprio povo, o que farei com toda humildade e todo respeito nas páginas finais deste livro e no próximo.

## 12.1 E se Jesus nascesse em seu país?

Quando Jesus voltar ao mundo, imagine que ele poderá estar em sua cidade.

E se nascer nas entranhas de uma favela carioca, filho de mãe solteira, para resgatar o Brasil e salvar o mundo?

E se Ele nascer em um país muçulmano para mostrar que é o verdadeiro Deus e acabar com as guerras santas?

Preparem seu país para receber o filho de Deus. Prendam os Herodes e os novos Pilatos.

Preparem-se para receber o Restaurador da Ordem. Jesus voltará para cumprir a providência do resgate e a implantação do Reino do Céu na Terra.

Façam de seu país o melhor de todos, para vocês e para os que vierem de fora.

Mesmo que Jesus não volte ao mundo fisicamente, ele pode estar nos olhos de toda e qualquer pessoa. E por que não na pele de um animal, ou na casca de uma árvore?

O oráculo está decifrando o enigma e enviando os caminhos da salvação.

Preparem o mundo para ser o melhor. Façam o globo melhor para os filhos de Deus, para Deus e para a Natureza. Eis uma trindade perfeita.

Na época da primeira vinda de Jesus, a Terra estava povoada de hipócritas, corruptos e bajuladores. Será que os atuais corruptos são muito diferentes? Os hipócritas podem ser os antigos fariseus que agiam como "filhotes de víboras".

E será que, desde então, a evolução da humanidade foi real? Ou continuamos a repetir os mesmos erros de sempre?

Salvem o Brasil, para que Jesus venha nos salvar. Brasil, a pátria do Evangelho!

Seria o Brasil um país iluminado por nunca ter vivido uma grande guerra, nenhuma bomba, nenhum holocausto?

Será o Brasil a futura terra de Jesus?

Um país que não tem desastres naturais e que é rico em recursos. Sofre somente com a hipocrisia de seus governantes e com a corrupção. Seria linda essa história, se não tivéssemos mais de 60 mil assassinatos no Brasil no ano de 2018 (tendo caído para 40 mil em 2021).[14]

O Brasil precisa de socorro. Novos modelos educacionais devem prosperar por todos os cantos. Novos modelos de segurança precisam reduzir drasticamente as taxas de violência e criminalidade.

---

[14] *Senado Federal*, 2018. Disponível em: https://www12.senado.leg.br/radio/1/noticia/2018/08/13/brasil-registra-quase-64-mil-assassinatos-em-2017-e-congresso-aprova-
-leis-para-combater-a-violencia.

Toda vez que tiver uma dúvida sobre qual caminho seguir, sobre o que fazer em uma situação de grande temeridade, pense calmamente:

- **"Se eu fosse como Jesus, o que faria?"** Então tome a decisão de qual direção seguir e carregue a cruz com alegria.
- **"Se eu fosse como Maria, o que faria?"** Então tome a decisão de amar incondicionalmente e proteja todas as formas de vida humana, animal e vegetal.
- **"Se eu fosse como José, o que faria?"** Então auxilie na construção da Sagrada Igreja e proteja sua família.

## 12.2 A crucificação foi o renascimento de Jesus na vida espiritual

A crucificação foi o fim da vida terrena de Jesus, mas não de sua vida espiritual.

A ressurreição dos mortos pode ser a reencarnação da alma em um outro corpo, em uma próxima vida. Confesso que sobre esse assunto tenho grandes dúvidas, e nada sei.

Eu fui judeu em minha vida passada, e hoje sou cristão. Todo cristão é judeu. Todo espírita é cristão. Pratico os fundamentos do judaísmo. Os cristãos de hoje são os judeus de ontem. Os espíritas de hoje são cristãos.

Os deuses politeístas pagãos também se transfiguraram, e surgiram os adoradores de Baal modernos. Muitos adoradores antigos de Belzebu hoje praticam uma religião de guerra e de destruição dos valores ocidentais. Incorporam o papel de bestas do apocalipse e lutam contra os valores de uma civilização inteira, em nome de uma suposta divindade que deve sobrepujar a força de todas as demais e que considera todos os outros religiosos como infiéis que devem ser subjugados ou assassinados. Deus não converte seus fiéis sob a ameaça da foice.

Partidos políticos viraram seitas governadas por espíritos caídos. Todas as diferenças são exacerbadas.

Quando o irmão que pensa e ora diferente é chamado de infiel e impuro, e forçado a se converter para um outro credo, a situação para o opressor é a pior possível.

Tudo o que é forçado é contra a divindade. Aquele que acha que seu Deus é maior do que o dos outros não compreendeu Deus. Não sentiu Deus. Não ama o irmão, não ama a Deus.

Deus não é um ser político. Deus é homem. Deus é mulher. Deus precede todas as descrições. Os judeus jamais pintaram Deus nem o descrevem, já os cristãos ortodoxos raramente pintaram Deus Pai, pois representá-Lo é impossível. Para eles, os ícones têm grande expressão e poder de emanação de energias.

Os ícones são venerados e amados como formas de união do ser humano com o divino, como forma de causar admiração e de nos estender uma ponte para ele, a fim de ensinar o ser humano a amar a Deus.

A Trindade Sagrada é representada por três anjos. Os anjos representam o Criador, o filho e o Espírito Santo. Os mesmos que visitaram Abraão.

A teologia dos ícones está ligada intrinsecamente à adoração divina real e mais pura. O mistério da Trindade é um dos maiores da humanidade. Difícil de ser aceito pelos judeus e pelos muçulmanos, porém, para aqueles que amam intensamente a Jesus e a Maria, nenhuma certeza maior habita o coração do que o mistério do Deus Triuno.

Nada é mais belo do que a coroação de Nossa Senhora nos céus pela Trindade Divina.

O catolicismo se sustenta pelo amor dos fiéis à Santíssima Virgem, que é a esposa do Espírito Santo e ao mesmo tempo do casto são José, e mãe do Filho de Deus; e desde a cruz, também eleita por Jesus como Mãe da Humanidade.

Maimônides uniu a Grécia com Jerusalém. Maimônides II quer paz entre os judeus, os cristãos, os muçulmanos e entre todos os irmãos.

Quero medidas sérias contra a corrupção, contra a fome e contra a violência. O Estado precisa focar a educação, saúde e segurança. Vamos resgatar os princípios da ética, pilar base de nossa civilização, e eliminar os ensinamentos advindos diretamente de Satanás para enganar ou tentar confundir até mesmo os eleitos.

Se não conseguem amar, pelo menos não odeiem. Não façam guerra. Não ataquem. Tenham esse postulado como um mandamento.

Sigam e honrem Jesus Cristo, nosso Redentor, que é o espírito mais puro e iluminado que habitou o planeta Terra, o Filho de Deus. Então, toda vez que tiver dúvida sobre como agir, pense sobre como Jesus, Maria e José agiriam e siga seus passos. Se quiser, pense como Maria agiria, ou mesmo como José agiria. Se for budista, pense como Buda agiria, pois este foi um precursor de Cristo para os povos do Oriente.

Um verdadeiro mestre não se impõe com violência sobre os demais. Tenha toda a liberdade para ouvir e seguir os mestres que quiser, porém, saiba que o melhor de todos, o mais iluminado, o mais puro, foi o próprio Deus encarnado. Jesus é o Messias.

Jesus Cristo, o Deus Pai encarnado com o manto do Espírito Santo propagado em todos os corações.

E lembre-se: Jesus Cristo é Deus. Ele ressuscitou e está unido ao Criador; e para se chegar ao Pai, pode se ter o Filho e a Santíssima Virgem como os melhores guias.

## 12.3 *A salvação é dos judeus* – por Roy Schoeman

O objetivo do livro *A salvação é dos judeus* (SCHOEMAN, 2003) é dar ao leitor cristão uma compreensão mais profunda do judaísmo, como uma religião em si e como um componente central da salvação cristã, e para revelar ao leitor judeu a importância incompreensível e a glória que os judeus e o judaísmo mais verdadeiramente têm; uma glória e importância que só é revelada à luz da fé católica. O livro traça o papel do judaísmo e do povo judeu no plano de Deus para a salvação de toda a humanidade desde Abraão até a Segunda Vinda, revelado pela fé católica e por um exame cuidadoso da história, mostrando a infinita nobreza e importância do judaísmo. A própria religião de Deus tem um papel único e central no destino de toda a criação. Repetidamente demonstra que, em vez de degradar o judaísmo ou os judeus, o verdadeiro cristianismo os enobrece em um grau muito maior do que o próprio judaísmo. O autor documenta que, ao longo da história, os ataques aos judeus e ao judaísmo não se basearam no cristianismo, mas nas forças mais anticristãs.

A estrutura do livro é cronológica, traçando a interação entre Deus e o homem, que ocorre por meio do judaísmo e do povo judeu. A análise é tecida em torno da interação de Deus, do povo judeu, do Messias, dos gentios e do adversário da salvação do homem. Temas centrais incluem a expectativa messiânica na teologia judaica, o antissemitismo e o Holocausto na economia da salvação, bem como os papéis desempenhados pelo Estado de Israel, o islamismo e o antissemitismo árabe na Segunda Vinda.

Uma questão teológica que tanto judeus como cristãos devem concordar é que "a salvação é dos judeus". Tem sido um ensinamento constante do judaísmo desde os dias de Abraão, visto que a salvação de toda a humanidade virá dos judeus. Esse é o sentido primário em que os judeus são "o povo escolhido". "A Salvação vem dos Judeus" é um ensinamento judaico que existe desde os tempos de Abraão, pois o povo judeu é o "Povo Escolhido".

E os cristãos, ou pelo menos os cristãos que acreditam na precisão do Novo Testamento, não têm escolha senão acreditar nisso, uma vez que essas são as mesmas palavras que Jesus falou à mulher samaritana no poço (João 4: 22). Este livro é uma tentativa de examinar o significado dessas palavras, de uma perspectiva judaica dentro da fé católica.

Como um judeu que entrou na igreja católica, eu poderia ser acusado por alguns de ser singularmente desqualificado para falar pelo judaísmo – que eu sou o pior de todos os judeus possíveis, um apóstata, um traidor, um vira-casaca, um judeu que "trocou fidelidade" e tornou-se católico. No entanto, pelo contrário, eu diria que um judeu que se tornou católico é a melhor pessoa para explorar o verdadeiro significado do judaísmo. Para compreender a história da salvação, é preciso ser cristão, uma vez que a encarnação, a morte e a ressurreição de Cristo estão no centro da história da salvação, e a plenitude da doutrina relevante está contida nos ensinamentos da igreja católica. Um católico que não é de origem judaica teria necessariamente uma compreensão mais abstrata e incompleta do judaísmo do que alguém que cresceu dentro do judaísmo. Esse problema é agravado pela variedade e inconsistência de crenças dentro da comunidade judaica, às vezes tornando difícil determinar "o que os judeus acreditam" ou "o que o judaísmo diz" sobre um determinado tópico. E embora os judeus possam questionar o direito que um judeu "apóstata" tem de representar o judaísmo, essa caracterização em si aponta para o coração do problema subjacente. A questão é quem "nós" somos ou quem era Jesus? Se Jesus foi o Messias judeu?

O Messias há muito profetizado, esperado e venerado pelos judeus – então um judeu pode estar "certo" e aceitar que Ele era o Messias, ou estar errado e sustentar que não estava. Se Jesus era o Messias, então os judeus que rejeitam o cristianismo (ou o judaísmo messiânico) estão errados; se Jesus não era o Messias, então os cristãos, por mais bem-intencionados que sejam, estão errados. Não há necessariamente nenhuma vergonha moral ou culpabilidade por estar errado, mas é um absurdo afirmar que, de alguma forma, o judaísmo é correto para os judeus, e o cristianismo é correto para os cristãos, e que a verdade depende do grupo ao qual se pertence. Se Jesus era o Messias judeu, então, é claro, todo o significado e propósito da religião judaica gira em torno de seu papel em trazer a encarnação de Deus como homem, e qualquer judeu que não aceita Jesus é necessariamente ignorante sobre o verdadeiro papel do judaísmo na história da salvação. Portanto, a questão não é se alguém é judeu "apóstata" ou "real", mas se reconhece ou não que Jesus era o Messias. Obviamente, quem o faz está em melhor posição para entender o desenrolar da história da salvação.

De modo algum o livro pretende ofender ou criticar os judeus que permanecem leais ao judaísmo e rejeitam as reivindicações do cristianismo. Eu certamente sei, por minha própria experiência, que é uma graça e que pode trazer as verdades da fé para qualquer um. A graça que trouxe minha conversão foi inteiramente imerecida e só posso rezar por um semelhante derramamento de graça sobre tantos dos meus correligionários quanto possível, para que eles também cheguem à consciência da plenitude da beleza, da verdade, da glória do judaísmo; da nobreza e honra incompreensível de ser membros da raça que foi escolhida para trazer a redenção de toda a humanidade, trazendo a encarnação do próprio Deus como um homem de carne e sangue, da sua carne e do seu sangue (SCHOEMAN, 2003, n.p., tradução nossa).

No livro também se encontram orações católicas para a conversão dos judeus (todos de fontes católicas *"kosher"*) e do Primeiro Concílio do Vaticano (1868).

Os judeus sempre foram muito queridos por Deus por causa de seus pais, e porque é deles que o Cristo nasceu de acordo com a carne. Os padres compartilham a doce e íntima esperança de que esse ardente desejo de ternura e honra seja, com a ajuda do Espírito Santo, bem recebido por muitos dos filhos de Abraão, porque os obstáculos que os detiveram até agora parecem estar desaparecendo mais e mais, a antiga muralha de separação agora está caída (SCHOEMAN, 2003, n.p., tradução nossa).

### 12.3.1 Orações para a conversão dos judeus – por Roy Schoeman

*Misericórdia e compaixão para com todos os povos, tenha misericórdia do povo judeu, desde o princípio Seu povo escolhido. Você selecionou-os sozinhos de todas as nações do mundo para serem os guardiões dos seus ensinamentos. Deles levantastes Profetas e Patriarcas para anunciar a vinda do Redentor. Oxalá que eles rapidamente aplaudam o Cristo, dizendo "Hosana ao Filho de Davi! Bendito seja Aquele que vem em nome do Senhor!" Oxalá que se atirem nos braços da Imaculada Virgem Maria, mesmo agora sua irmã segundo a carne, que também deseja ser sua mãe segundo a graça como ela é nossa! AMÉM!* (*Breviário Católico para a Semana da Unidade dos Cristãos*, p. 6 apud SCHOEMAN, 2017, n.p., tradução nossa)[15]

---

[15] Omitido na versão mais recente do Breviário.

*Jesus Cristo, nosso Senhor e Salvador, judeu de acordo com a carne, nascido de uma donzela judia na terra da promessa. Ouça as orações que oferecemos hoje para a conversão do povo judeu. Concedei que eles possam chegar em segurança ao conhecimento e amor de nosso Senhor Jesus Cristo, o Messias predito por seus profetas, e que eles possam caminhar conosco no caminho da salvação* (SCHOEMAN, 2017, n.p., tradução nossa).

**Oração a são Paulo para a conversão dos judeus:**
*"Ó santo Apóstolo Paulo de Tarso, do seu glorioso lugar no céu, olhe para baixo sobre a raça que você tanto amou. É verdade que muitos deles permaneceram surdos às suas palavras de verdade, e que alguns deles até provocaram perseguição contra você e seus irmãos"* (SCHOEMAN, 2017, n.p., tradução nossa).

**Oração da Congregação de Nossa Senhora de Sion:**[16]
*"Deus de toda a bondade e Pai das misericórdias, nós imploramos, através do Imaculado Coração de Maria, e pela intercessão dos Patriarcas e dos Santos Apóstolos, para lançar um olhar de compaixão sobre os filhos de Israel para que eles possam ser levados ao conhecimento de nosso único Salvador, Jesus Cristo, e possam participar dos preciosos frutos da Redenção. "Pai, perdoai-os, porque não sabem o que fazem. AMÉM"* (SCHOEMAN, 2017, n.p., tradução nossa).

### 12.3.2 As visões do lado de lá - por Roy Schoeman

Imagine um judeu, professor de marketing de Harvard, passando por questionamentos ateístas, como "Se existe Deus, quem Ele é?" Eis o prof. Roy Schoeman em uma caminhada querendo saber como seria após o desencarne, ou seja, como seria sua vida após a morte física.

Roy Schoeman viu a cortina dos reinos se abrir e imediatamente se viu na presença de Deus, experimentando todo o amor divino e percebendo seus maiores arrependimentos, que foram:

- **Todo o tempo** e a energia que gastou reclamando por não ser amado.
- **Todo momento** da existência que passou ignorando o oceano de amor divino que existe.

---

[16] Infelizmente já não é usada pela Congregação.

- **Todo o tempo** que passou não fazendo nada de valioso sob os olhos dos céus.

Schoeman (2017) viu que a vida de acumulação de dinheiro, ignorando os tesouros dos céus, é uma estupidez decorrente da ganância. Viu que tudo o que nos acontece é um presente de Deus. Acima de tudo, percebeu que o maior objetivo da vida é louvar ao Senhor, que não só sabe o nome de cada um de nós, mas sabe de tudo que nos faz feliz e se importa com tudo o que nos faz bem, chegando a cuidar dos planos do dia a dia de cada um. Ele também percebeu que a única forma de ser inteligentemente ganancioso é desejar ser como um santo.

> Tudo o que acontece é essencialmente desenhado pelas mãos deste desconhecido e amoroso Deus, incluindo as coisas que acontecem ativamente a cada momento da vida, sabendo como nos sentimos a cada momento. Deus nos ama intimamente.
> O mundo espiritual é muito mais real que o físico/terreno (SCHOEMAN, 2017, n.p., tradução nossa).

Em uma outra experiência de viagem astral, Roy Schoeman fez a mesma pergunta de Moisés: "Deixe-me saber seu Nome, e assim poderei Te venerar apropriadamente. Você pode ser Buda, que eu virarei budista; você pode ser Krishna, que eu virarei hindu; eu não me importarei se for Apolo, que eu virarei romano-pagão. Contanto que não fosse Cristo", brincou ele (SCHOEMAN, 2017, n.p., tradução nossa).

Roy, durante sua infância, acreditava que a igreja católica fora condescendente com o Holocausto; por isso tinha reservas quanto ao cristianismo. E quando chegou em casa, orou e pediu a Deus que lhe revelasse Seu nome; e em projeção astral viu a mulher mais bela de todas, que certamente era a abençoada Virgem Maria. Queria se pôr de joelhos, dado o êxtase do fluxo de amor. A voz de Maria parecia ser a essência da música. O amor dela fluía em direção a ele, e ela era toda gloriosa, toda magnificente. Era a mulher mais bela de todas, como a Rainha dos Anjos, e se apresentou como a criatura, criação de Deus, filha amada de Deus, mãe do Filho; e era como as palavras de Deus que são expressas pelo Espírito Santo.

O Espírito Santo é o sorriso de Deus; alegrias, palavras, energias e desejos dEle. Por isso, quando apareceu, veio sob a forma de uma língua de fogo.

Em uma nova projeção astral, Roy Schoeman teve a oportunidade de encontrar o próprio Senhor, muito sério e amado, que irradiava mais amor do que todos aqueles professores bonachões da escola, que lhe perguntou: "Você pode ir esquiar ou trabalhar para a Segunda Vinda. O que você escolhe?".

A Virgem Maria abençoa e abraça a Igreja Católica. Ela abraça toda a igreja.

Viveremos pela Eternidade, e a forma como a viveremos depende do que fizermos num ciclo de setenta, oitenta, noventa anos. Nada pode ser mais importante que a eternidade. O que mais importa é ir ao céu e levar os outros até Ele!

Maria está em total união com o Espírito Santo. Jesus é unido com a humanidade, e Maria com o Espírito Santo. Por isso, todas as bênçãos divinas fluem por Maria para a humanidade, que está em comunhão com o Espírito Santo.

O cordeiro de Abraão foi sacrificado no mesmo lugar que Jesus.

Deus ofereceu o cordeiro no lugar de Isaque como um cordeiro provisório; por isso Jesus foi crucificado na Páscoa.

A figura da escravidão dos judeus ao faraó é a mesma escravidão do homem a Satanás.

O deserto de quarenta anos para os judeus representa a mesma luta de Jesus no deserto por quarenta dias.

Os judeus falharam em não reconhecer a messianidade de Jesus. Jesus somente virá quando houver a conversão de Israel. O judaísmo tem uma misteriosa importância na Segunda Vinda.

Existem dogmas na igreja católica que pregam que enquanto Israel não reconhecer Jesus, não haverá a segunda vinda do Senhor (SCHOEMAN, 2017, n.p., tradução nossa).

## 12.4 Jesus Cristo é o Messias e está retornando em breve! – Rabino Kaduri

"Eu vi o Messias, e certamente Ele é Jesus!" – palavras do amado rabino Kaduri, um ano antes de sua morte aos 107 anos de idade, em 2007.

"Jesus Cristo é o Senhor, e Ele está vindo muito em breve!"

Poucos meses antes de morrer, um dos mais proeminentes rabinos da nação israelita, Yithzak Kaduri, surpreendeu seus discípulos ao dizer que havia se encontrado com o Messias. Ele escreveu o nome do Messias em uma pequena nota, que ele manteve selada e pediu que somente fosse aberta depois de sua morte.

A nota secreta, aberta em outubro de 2007, dizia: "Com relação à abreviação das letras do nome do Messias: Ele levantará o povo e provará que suas palavras e leis são válidas" (CAFÉ TORAH, 2008, n.p.). As iniciais da sentença acima, em hebraico (*Yarim Ha'Am Veyokhiakh Shedvaro Vetorato Omdim*), para espanto de uns e maravilha de outros, formam um acrônimo para o nome que muitos já têm afirmado há séculos: *Yehoshua* – Yeshua, JESUS! A raiz da palavra em hebraico para "salvação". Ressalto que existem depoimentos de que o rabino Kaduri nunca fez tal carta e que isto é uma fraude.

## 12.5 E o Verbo se fez carne

Quando apareceu para Bernadete, em 1858, em Lourdes, na França, Nossa Senhora não disse que foi sem pecado concebida. Ela foi além e disse: "Eu sou a Imaculada Conceição", ou seja, puríssima sem pecado concebida, a própria mãe do Verbo Encarnado.

Se a primeira mulher caiu por meio da serpente, a outra se glorificou e foi corresponsável pela salvação da humanidade, se tornando a própria mãe de Deus, a mãe do Verbo Encarnado, que também fora milagrosamente concebida, por conta de tantas orações advindas de seus pais, Joaquim e Ana.

O começo do Evangelho do Apóstolo João nos apresenta o Verbo Encarnado:

> No princípio era o Verbo, e o Verbo estava com Deus, e o Verbo era Deus.
> Ele estava no princípio com Deus.
> Todas as coisas foram feitas por ele, e sem ele nada do que foi feito se fez. Nele estava a vida, e a vida era a luz dos homens.
> E a luz resplandece nas trevas, e as trevas não a compreenderam.
> Houve um homem enviado de Deus, cujo nome era João.
> Este veio para testemunho, para que testificasse da luz, para que todos cressem por ele.
> Não era ele a luz, mas para que testificasse da luz.
> Ali estava a luz verdadeira, que ilumina a todo o homem que vem ao mundo. Estava no mundo, e o mundo foi feito por ele, e o mundo não o conheceu. Veio para o que era seu, e os seus não o receberam.
> Mas, a todos quantos o receberam, deu-lhes o poder de serem feitos filhos de Deus, aos que crêem no seu nome;
> Os quais não nasceram do sangue, nem da vontade da carne, nem da vontade do homem, mas de Deus.

E o Verbo se fez carne, e habitou entre nós, e vimos a sua glória, como a glória do unigênito do Pai, cheio de graça e de verdade (João 1: 1-14).

## 12.6 Quem vê o Filho, vê o Pai

Eva ouviu a serpente; Maria gerou o matador da serpente.

O pecado foi eliminado. Vossa consciência é a vossa própria balança.

O futuro é o presente que o construirá. O Apocalipse pode ser interrompido.

O homem é o que pensa, sente e faz. Tudo está interconectado.

Estamos todos juntos e misturados.

Somos partes da criação. Pedaços de Deus espalhados pelo universo.

Não há nada que não seja de Deus. Todos somos divinos e iluminados.

A impureza está somente nos olhos daquele que a vê.

Não julgue para não ser julgado. Faça para os outros o que quer que seja feito para si mesmo.

Se além de tudo isso ainda conseguir fazer o bem para toda uma geração, se lutar contra os erros de seu próprio grupo, se executar o resgate de toda a moralidade da juventude, poderá ser o herói de sua geração.

Mudar o mundo é algo que não se faz sozinho. Estejam juntos e unidos, espertos contra os ataques do inimigo. Filhos de Deus, para serem conscientes dessa verdade, estejam prontos para executar essa missão.

A missão de regenerar o mundo é um convite divino. Nossa Senhora abençoa a humanidade.

Ser político ou ser um juiz é ter uma oportunidade ímpar de galgar a iluminação e a salvação divina.

Que venha a era de regeneração. A era da justiça cosmológica.

O verdadeiro cristão ensina o ser humano a pescar. Jesus foi um pescador de almas.

E, para todos aqueles que querem se engajar na política, saibam que poderão salvar todo um país e disseminar os melhores princípios divinos por meio de suas atribuições.

O grande objetivo do *Guia dos Perplexos II*, implícito e indireto, foi encantar os leitores e, com isso, ser uma ferramenta para o amor divino e para o respeito às religiões dos outros.

Por meio das imagens, o amor ao divino aflora e a compreensão da conexão humana com Deus se torna possível. Deus se expressa também pela arte.

Ame sem moderação. Ajude na luta contra o ódio e contra a corrupção. Ore louvando. Cante com o coração. E ame a Deus e ao próximo acima de todas as coisas, praticando a penitência, a justiça, a caridade e o amor no coração. Jesus te ama. Maria também!

*Piedade, Senhor Jesus Cristo! Nosso Pai, Deus Filho, nos Livrai de todo o mal, das amarras de pensamentos e da tentação de cair em corrupção e desgraça. Amém.*

## 12.7 Sobre a perplexidade, a perfeição e a paz

Se observar quaisquer opiniões com que não concorde, empenhe-se em encontrar uma explicação adequada, mesmo que pareça forçada, a fim de que possa julgar-me com bondade. Tal obrigação devemos a cada um.

Mas o pensador cujos estudos o levaram a colidir com a religião tirarão, como já mencionei, muitos benefícios de cada capítulo. Quão grandemente ele se alegrará! Aqueles, contudo, cujas mentes estão confusas com falsas noções e métodos perversos, que consideram ciências seus estudos corrompidos, e se imaginam filósofos, embora não tenham conhecimento que pudesse realmente ser chamado de ciência, farão objeções a muitos capítulos, e encontrarão neles muitas dificuldades insuperáveis, porque não compreendem seu significado, e porque exponho neles a absurdidade de suas noções perversas, que constituem sua riqueza e tesouro peculiar, armazenado para sua ruína.

Deus sabe que hesitei muito antes de escrever sobre os temas contidos nesta obra. Desde o tempo de nosso cativeiro, não foram tratados por quaisquer de nossos eruditos, na medida em que possuímos seus escritos; como então farei agora um começo e o discutirei? Mas reporto-me a dois precedentes: primeiro, aos casos similares que nossos sábios aplicaram ao versículo: Já é tempo de operares, ó Senhor, pois eles têm quebrantado as vossas leis (Salmos 119: 126). Em segundo lugar, eles disseram: que todos os teus atos sejam guiados por puras intenções.

Sobre estes dois princípios eu me baseei enquanto compunha algumas partes desta obra. Ultimamente, quando tenho um assunto difícil diante de mim – quando encontro a estrada estreita e não posso ver qualquer outro modo de ensinar uma verdade bem-estabelecida, a não ser contentando um homem inteligente e desagradando dez mil loucos – prefiro dirigir-me a um homem e não levar em nenhuma conta a condenação da multidão; prefiro desenredar aquele homem inteligente de seu embaraço e mostrar-lhe a causa de sua perplexidade, para que ele possa atingir a perfeição e estar em paz (MAIMÔNIDES, 2018).

## 12.8 Que mundo ofereceremos para os filhos de Deus?

Uma criança está aos pés do Cristo Redentor para ser abençoada e iluminada com as luzes do Criador...

Brasileiros, honrai vosso Redentor. No alto do morro, Cristo está de braços abertos para abençoar o Brasil e para ensinar nosso povo a girar a Roda da Vida para o caminho da iluminação.

Imagine que Jesus vai nascer em sua cidade. Que cidade e que país você quer apresentar para o Filho ou a Filha de Deus?

Prepare sua casa, sua família, seu país, seu mundo, seu coração, sua alma! Prepare-se sempre para o melhor. Jesus está no olhar de toda pessoa. Tente ver Deus em todo ser humano e evolua.

Jesus está no olhar e no coração de cada animal e de cada criança. Jesus, Maria e José salvando e abençoando o mundo!

Abdiquemos de nosso ego e superemos a soberba. Sejamos gratos à vida e a cada aprendizado que tivermos. Agradeçamos pelas coisas que, em nossa visão, não foram boas ou não deram certo.

Reconheçamos que podemos aprender com a doença, pois ela é uma forma de tratar o espírito.

Nosso futuro está em nossas mãos. As profecias podem ser mudadas e o Apocalipse poderá ser interrompido. É hora da reunificação da nação. É hora da iluminação. Precisamos aprender com os grandes mestres. Precisamos montar nossas igrejas em nossas casas. Precisamos nos preparar para o segundo Pentecostes.

O Evangelho apócrifo de são Tomé mostra que o apóstolo incrédulo acreditava que o Reino de Deus poderia ser conquistado pelas pessoas que colocam em prática os ensinamentos divinos, sem nenhuma intervenção externa.

Siga no caminho da contemplação a Deus, à vida, à família e à natureza.

Siga com amor a todos os seres sencientes e a toda forma de vida: mineral, vegetal e animal.

Assim, você terá o conhecimento para se iluminar. Terá a santificação. Terá a iluminação. Terá o nirvana na Terra. Terá o paraíso em seu ser. Faça sua parte na melhoria do mundo.

Não pecarás nem replicarás os erros do passado. Com isso, teremos uma nova humanidade. Um novo mundo. Um povo unido, com humildade e sem soberba.

Deus é Amor! Amor é Deus! Somos todos um. Todos somos iguais e filhos do mesmo Pai e da mesma Mãe.

Podemos nos unir a Deus e sentirmos que somos um com Ele. Que estamos na Luz.

Cante *Hare Krishna* e conte com Buda mostrando o caminho da Iluminação e com Tara louvando o mantra da Salvação.

Conte com o espiritismo nos auxiliando a trilhar o caminho da vida sem carmas negativos e com a prática da caridade para redenção.

Siga os mandamentos de Deus e as tábuas de ética dos antigos egípcios. Conheça os mitos de criação e do dilúvio da antiga Babilônia.

Entenda os princípios de Maimônides, siga seus conceitos de caridade e os aplique ao seu dia a dia. Saiba como o *Guia dos Perplexos* e os princípios de Maimônides representaram uma organização de todo o conhecimento mundial do século 12 e como tais princípios foram atualizados e expandidos no século 21 pelo tataraneto do grande mestre judeu, autor deste livro.

Lute contra o dragão da corrupção e veja como o arcanjo Miguel ilumina os caminhos dos políticos e aniquila a besta primordial.

Ame São Francisco, nosso pai da ecologia, e aos animais – mostrando que Deus está em todo lugar e que ele próprio passou pelas provações da dor sentida por Jesus Cristo na cruz. A estigmatização de São Francisco nos prova que todos temos nossas cruzes. Nos mostra que Jesus está vivo e que intercede por aqueles que estão em comunhão com ele, e que podemos chegar próximos de sua divindade, tanto quanto São Francisco chegou.

Preste atenção aos relatos de santos que foram estigmatizados com os sinais da cruz. Nenhuma explicação racional consegue esclarecer a estigmatização tal qual Francisco, padre Pio e Santa Rita receberam.

Podemos seguir o mesmo caminho de Jesus e nos iluminar pela simplicidade no carregamento de nossa cruz, na prática do perdão aos nossos algozes e no gozo da convicção de que somos almas imortais e que podemos nos conectar com o divino.

Com Jesus, José e Maria no coração, o mundo tem salvação. Deus é único, porém são diversas as suas emanações espirituais e suas formas de manifestação.

O caminho está dado. Basta ser trilhado com ética e amor, e o Brasil será a Pátria do Evangelho. Este país tem salvação! O mundo tem salvação!

**Não julgue para não ser julgado. Nem em pensamento.** Eis algo difícil de ser implementado. Devemos nos vigiar para seguir esse mandamento.

**E, acima de tudo: amemos uns aos outros como a nós mesmos.** Eis o que o herói precisa aprender: mudar a si próprio antes de querer mudar o mundo.

Vocês podem acreditar que os novos princípios de Maimônides não são divinos. Têm todo o direito de discordar deste trabalho ou de parte dele, porém, deem-se ao trabalho de pensar profundamente sobre o assunto de maneira livre de preconceitos.

E acima de tudo, que a divindade maior nos ensine a amar nossas diferenças e que entremos em uma era de paz e de reconstrução.

Se você não consegue amar ao próximo, pelo menos tente não odiá-lo e, em hipótese alguma, faça mal para qualquer ser vivo.

A teologia nos mostra o caminho da iluminação pela Roda da Vida, a salvação pelos atos de caridade e pela justiça divina! Salvai-vos, irmãos! Perdoai-vos e liberai-vos.

Podemos ser divinos e chegar próximos dos anjos do Senhor. Estes se comunicam conosco por meio de pensamentos, sentimentos, energias e sonhos. Pessoas aparecem em nossas vidas e são enviadas pelos anjos.

Usemos os mandamentos divinos, os conhecimentos da Roda da Vida. Louvemos os santos e anjos e sejamos divinos.

## 12.9 Deus se transformou em seus seres

Deus se transformou em seus seres. Somos todos um. Somos partes do Espírito Santo. E Deus nos permite que estejamos em seu reino, perto de seu trono.

Compreendeu agora que as mitologias estavam vivas? Compreendeu agora que os deuses gregos podem ter existido e que os egípcios e babilônicos poderiam ter acreditado em um só Deus, cujos atributos eram dados a diversas divindades?

Somos partes do ato da criação. Podemos nos unir a Deus. Mas se não concorda com tudo isso, siga adiante. Deixe seu Deus fazer justiça caso as crenças dos outros lhes soem como blasfêmias.

O Deus que nos ama, que habita em todos nós, não julga. É mais importante amar e ser feliz do que professar uma verdade.

Pense, sinta e tenha o poder sobre o destino.

Deus conosco. Deus em tudo.

Deus é vida. É Eternidade.

Deus é amor. Ele é ilimitado.

E o melhor de tudo: Deus é Livre.

O Deus dos judeus é o Deus dos cristãos. É o Deus dos islâmicos. É o Deus dos hindus. É o *nirvana* dos budistas. Deus se transformou em tudo o que existe. Tudo é Deus. Todos somos partes da criação de Deus que se transformou em tudo o que há.

Obrigado, Senhor Amado! O universo é consciente. A Terra é viva.

Os princípios divinos, quando aplicados na política, levarão as nações para a Terra Prometida.

Como não se pode ver a face de Deus, não se pode fazer nenhum ídolo que represente o verdadeiro Deus. Salomão em seu templo nunca pintou Deus Pai. Ele e seu filho, que é representado como o próprio Deus, que é seu filho e se tornou igual ao próprio Pai.

Os anjos iluminados são aqueles que trabalham para salvar os demais.

A caridade é o caminho da redenção e da salvação.

O amor verdadeiro não pode ser representado por leis.

Quanto menos leis, melhor.

Os seres humanos também são os anjos dos animais, assim como os espíritos desencarnados são os guias ou obsessores dos seres humanos.

Os santos são os humanos que não pecam; ou que podem ter pecado, porém conseguiram se redimir. Assim, todos podemos seguir o caminho da santidade crística.

No topo da árvore da vida está Jesus Cristo. Eva foi redimida por Maria. Adão foi redimido por José. Elias pode ter reencarnado em João Batista. Viva a Santíssima Trindade. A honra e a glória para sempre.

Com Jesus, José e Maria no coração, o mundo tem salvação. Louvemos aos santos, aos anjos e aos espíritos benfeitores. Luz de Deus! Hosana, Senhor!

Louve Deus Pai, Deus Filho e Deus Espírito Santo que está em comunhão com a Santíssima Virgem Maria, que resgata a humanidade, socorre e pacifica o mundo. Para se chegar a Jesus, conte com o apoio de Maria. Para se chegar a Deus Pai, confie seu coração a Jesus. E para ter o privilégio dos eleitos de conviver nas altas esferas celestiais, lembre-se da mensagem divina: amai-vos uns aos outros como Nosso Senhor Jesus Cristo, o Messias, nos amou! E não julgue, nem em pensamento.

Deus Pai, Deus Filho, Deus Espírito Santo – a Trindade Divina, que ascendeu Nossa Senhora aos céus e a coroou como madrinha da humanidade, em comunhão com os anjos, santos, profetas e seres elevados – te esperam nos céus.

Recebam os novos princípios de Maimônides e o conteúdo desta obra como uma contribuição para uma nova era que ouso chamar antecipadamente de Era da Justiça Cosmológica. A era do fim da corrupção e do ódio entre os seres humanos. A hora da iluminação da consciência. Que venha uma nova **Era de Justiça Sideral. Que venha o Novo Pentecostes**!

No Novo Pentecostes, todos os seres humanos serão abençoados pelas graças divinas para conhecerem seus pecados predecessores e para que possam corrigir os erros passados e caminhar em direção ao divino.

*Deus, tem piedade de nós. Kyrie eleison! Kyrie eleison! Kyrie eleison!*
*Jesus Cristo, tem piedade de nós! Christe eleison! Christe eleison! Christe eleison!*
*Panagia Theotokos, Santíssima Mãe de Deus, salve-nos, por favor!*
*Hosana nas Alturas, Aleluia, Aleluia!*

Com a ajuda de Deus, está completo o *Guia dos Perplexos: Os Princípios Sagrados*.

## 12.10 Oração: Cristo vive em mim

### Oração de cura e libertação pela Cruz de Cristo

*Pai celestial, apresento-me diante do Trono de Tua graça, banhado no Sangue de Cristo, para pedir-Te pelos méritos dos sofrimentos de Jesus, por suas Santas Chagas e por sua Santa Cruz, enviar Teu Espírito Santo sobre meu corpo e meu espírito, para libertar-me e curar-me de [...].*

*Pai Bondoso, ensina-me a amar, aceitar, viver e abraçar minha cruz com paciência, alegria e perseverança, imitando o exemplo de Teu filho muito amado.*
*Querido Jesus, eu Te peço perdão por todas as minhas ofensas e as do mundo inteiro. Beijo cada uma de Tuas Santas Chagas e Te entrego todo o meu coração, minha alma e minha mente, para que disponhas deles para Tua Obra de Redenção.*
*Jesus, Filho de Deus Vivo, eu Te entrego meus cinco sentidos e Te peço que venhas a viver em mim, e restaures Tua imagem Divina dentro de mim.*
*Eu Te entrego os meus olhos: cura minha forma de ver. Que os meus olhos sejam os Teus olhos para que Tu olhes meu corpo, minha vida, a criação e a todos os demais com Teus olhos de Misericórdia e os cure.*
*Eu Te ofereço os meus ouvidos: cura minha forma de escutar e obedecer. Que meus ouvidos sejam Teus ouvidos ao escutar a Palavra do Pai e a voz dos que sofrem.*
*Eu Te ofereço meu respiro: cura minha forma de viver. Que meu respiro seja Teu respiro. Que em cada um dos meus respiros ressoe um "Te amo, Te adoro, Te dou graças" por cada segundo de minha vida e a de todos.*
*Eu Te ofereço meu corpo: cura minha forma de tocar. Que minhas mãos sejam Tuas mãos, meu abraçar, Teu abraçar, meu aliviar, Teu aliviar.*
*Eu Te ofereço minha boca: cura minha forma de falar. Que minha voz seja Tua voz, meu falar, Teu falar e meu pensar o Teu pensar.*
*Toca minha alma: com o dom de compaixão para os demais.*
*Toca meu coração: com Tua coragem e Teu amor infinito para todos.*
*Toca minha mente: com Tua sabedoria, de tal forma que minha boca proclame sempre Tua glória.*
*Jesus, olha-me com Teus olhos de Misericórdia e manda Teu Espírito Santo sobre mim. Faze de mim uma testemunha autêntica da Tua ressurreição, da Tua vitória sobre o pecado e a morte, e de Tua presença viva no meio de nós.*
*Faz com que estas palavras se façam realidade em minha vida: "Eu vivo, mas já não sou eu; é Cristo que vive em mim" (Gálatas 2: 20).*
*Faça-se Tua vontade em minha vida, venha a mim Teu Reino. Amém!*

## 12.11 O pai-nosso que Jesus ensinou à Santa Matilde pelas almas do purgatório

Santa Matilde (895-968) era filha de nobres e foi educada junto a um mosteiro beneditino. Casou-se com Henrique I, rei da Alemanha, mas soube resistir bem às tentações do poder. Teve cinco filhos, a quem procurou ensinar a fé cristã, e era também considerada "a mãe do povo" graças às obras que realizava em prol de muitos. Após a morte do marido, porém, seus filhos se deixaram levar pela ganância e acusaram a própria mãe de desperdiçar os bens com os pobres. Ela se retirou a um convento, de onde intercedia com oração e sacrifícios pela conversão dos filhos amados. Eles enfim tomaram consciência da injustiça que estavam cometendo, pediram perdão e retornaram aos princípios do Evangelho. Matilde continuou ajudando ainda mais pessoas pobres até partir para o Reino verdadeiro no ano de 968.

Foi Santa Matilde, após a Sagrada Comunhão oferecida pela libertação das almas do purgatório, que Jesus um dia inspirou: "Reze por elas um pai-nosso em união com a mesma intenção que Eu tive ao tirá-lo do Meu Coração para ensiná-lo aos homens".

A inspiração divina desvendou então à santa quais eram as intenções de Jesus ao nos ensinar cada frase do pai-nosso em prol das almas. Quando Santa Matilde terminou de rezá-lo com essas intenções, teve a visão de uma grande multidão de almas que davam graças a Deus pela libertação do Purgatório, em extrema felicidade. **Jesus revelou a ela as intenções de cada frase da oração que Ele mesmo nos legou.**

Eis a revelação das intenções do Pai-Nosso, tais como inspiradas por Jesus a santa Matilde:

### *Pai nosso, que estais no Céu*

*Eu Vos peço humildemente, Pai Eterno, Benevolente e Misericordioso, que perdoeis as almas do purgatório por não Vos terem amado nem prestado toda a honra a Vós devida como Seu Senhor e Seu Pai, que, por pura graça, as adotastes como filhas Vossas. Antes, por causa dos seus pecados, fecharam o coração em que Vós queríeis habitar para sempre. Em reparação dessas faltas, eu Vos ofereço o amor e a veneração que o Vosso Filho Encarnado Vos testemunhou ao longo da Sua vida neste mundo e Vos ofereço todos os atos de penitência e* de reparação que Ele cumpriu e pelos quais pagou e expiou os pecados dos homens.

### Santificado seja o Vosso Nome

Eu Vos peço humildemente, Pai Eterno, Benevolente e Misericordioso, que perdoeis as almas do purgatório por não terem honrado dignamente o Vosso Santo Nome: elas o pronunciaram muitas vezes distraidamente e, com sua vida de pecado, se tornaram indignas do nome de cristãos. Em reparação das faltas que cometeram, eu Vos ofereço toda a honra que o Vosso Filho Bem-Amado rendeu ao Vosso Nome, com palavras e atos, ao longo de toda a Sua vida neste mundo.

### Venha a nós o Vosso Reino

Eu Vos peço humildemente, Pai Eterno, Benevolente e Misericordioso, que perdoeis as almas do purgatório por não terem procurado nem desejado o Vosso Reino com intenso fervor e empenho; o Reino que é o único lugar em que impera o verdadeiro repouso e a paz eterna. Em reparação pela indiferença em fazer o bem, eu vos ofereço o ardente desejo do Vosso Divino Filho de torná-las também herdeiras do Seu Reino.

### Seja feita a Vossa Vontade, assim na terra como no Céu

Eu Vos peço humildemente, Pai Eterno, Benevolente e Misericordioso, que perdoeis as almas do purgatório por não se terem submetido sempre e com devoção à Vossa Vontade. Elas não procuraram cumprir a Vossa Vontade em todas as coisas e, muitas vezes, cederam e agiram fazendo unicamente a delas próprias. Em reparação da sua desobediência, eu Vos ofereço a perfeita conformidade do Coração cheio de Amor do Vosso Filho à Vossa Santa Vontade e a submissão total que Ele Vos testemunhou, obedecendo-Vos até à Sua morte na Cruz.

### O pão nosso de cada dia nos dai hoje

Eu Vos peço humildemente, Pai Eterno, Benevolente e Misericordioso, que perdoeis as almas do purgatório por não terem *recebido sempre o Santo Sacramento da Eucaristia com intenso desejo. Elas o receberam muitas vezes sem recolhimento, sem amor, ou indignamente, ou mesmo negligenciaram recebê-lo. Em reparação de todas estas faltas que cometeram, eu Vos ofereço a plena santidade e o grande recolhimento de Nosso Senhor Jesus Cristo, Vosso Divino Filho, bem como o ardente amor com que ofereceu a nós este dom incomparável.*

### Perdoai-nos as nossas ofensas, assim como nós perdoamos a quem nos tem ofendido

*Eu Vos peço humildemente, Pai Eterno, Benevolente e Misericordioso, que perdoeis as almas do purgatório por todas as faltas de que se fizeram culpadas ao sucumbir aos sete pecados capitais e ao não quererem amar nem perdoar aos seus inimigos. Em reparação de todos estes pecados, eu Vos ofereço a Oração cheia de Amor que o Vosso Divino Filho Vos dirigiu em favor dos Seus inimigos quando estava na Cruz.*

### E não nos deixeis cair em tentação

*Eu Vos peço humildemente, Pai Eterno, Benevolente e Misericordioso, que perdoeis as almas do purgatório nas muitas vezes em que não resistiram às tentações e paixões, mas seguiram o inimigo de todo bem e se abandonaram às fraquezas da carne. Em reparação de todos esses pecados em múltiplas formas, dos quais se reconhecem culpadas, eu Vos ofereço a gloriosa Vitória que Nosso Senhor Jesus Cristo trouxe ao mundo, assim como a Sua Vida Santíssima, o Seu trabalho e Suas penas, o Seu sofrimento e a Sua crudelíssima Morte.*

### Mas livrai-nos do mal

*Eu Vos peço humildemente, Pai Eterno, Benevolente e Misericordioso, que nos livreis de todos os flagelos pelos méritos do Vosso Filho Bem-Amado, e que nos conduzais, bem como às almas do purgatório, ao Vosso Reino de Glória eterna que se identifica Convosco.*

**Amém.**

# Bibliografia

ALBUQUERQUE, A. Os Anunnakis. *O estranho curioso*, 24 maio 2010. Disponível em: http://oestranhocurioso.blogspot.com/2010/05/os-anunnakis.html. Não paginado.

ANATALINO, J. *Mestres do universo*: a maçonaria dos graus superiores. São Paulo: Biblioteca 24 Horas, 2010.

BÍBLIA SAGRADA. Edição Corrigida Fiel. Tradução para o português de João Ferreira de Almeida. São Paulo: Sociedade Bíblica do Brasil, 1994.

BLANC, C. (org.). *Guia Segredos do Egito*. São Paulo: On Line, 2016. Não paginado.

BLANC, C. (org.). *O livro dos mortos*: Antigo Egito. São Paulo: Camelot, 2023.

BLOFELD, J. *The Tantric Mysticism of Tibet*. Nova York: Dutton & Co., 1970.

BLOFELD, J. *Mantras*. Madrid: Edaf, 2004.

BORGES, E. Deuses Assírio-Babilônicos. *Deuses & Homens*, 1 dez. 2016. Disponível em: http://deusesehomens.com.br/deuses/assirio-babilonico/item/159-deuses-assirios-babilonicos. Não paginado.

BORGES, W. D. Aura e clarividência. *Instituto de Pesquisas Projeciológicas e Bioenergéticas*, 2 set. 1999. Disponível em: https://www.ippb.org.br/textos/156-aura-e-clarividencia. Não paginado.

BUSCAGLIA, Leo. Born for love: reflections on loving. Disponível em: https://www.pensador.com/frase/MTUyNTUwMg/

CAFÉ TORAH. Rabino Yitzhak Kaduri revela o nome do Messias. *Café Torah*, 21 set. 2008. Disponível em: https://cafetorah.com/rabino-yitzhak-kaduri-revela-o-nome-do-messias/. Não paginado.

CAMINO, R. *Kadosh*: do 19º ao 30º. São Paulo: Madras, 2007.

CAMINO, R. Rito Escocês Antigo e Aceito: 1º ao 33º. São Paulo: Madras, 2013.

CAMPBELL, J. *As máscaras de Deus*. São Paulo: Palas Athena, 2004. v. 3. (Mitologia Ocidental).

CELESTINO, P. B. *Os anjos*. 9. ed. São Paulo: Quadrante, 2017.

CONY, C. H. O Anticristo que o mundo perdeu. *Folha de S. Paulo*, 23 dez. 2005. Disponível em: https://www1.folha.uol.com.br/fsp/ilustrad/fq2312200525.htm. Não paginado.

DIAS, H. D. Perdão e Punição. Vídeo (96 min). *Espiritualidade e Vida*, 25 ago. 2022. Disponível em: https://www.youtube.com/watch?v=kq3mYGfTMcM. Não paginado.

ELIADE, M. *O sagrado e o profano*. Tradução de Rogério Fernandes. São Paulo: Martins Fontes, 1992.

ENUMA ELISH. 2023. Disponível em: https://pt.wikipedia.org/wiki/Enuma_Elish. Não paginado.

EVANGELHOS APÓCRIFOS. Introdução e tradução de Urbano Zilles. 3 ed. Porto Alegre: EDUPICRS, 2004.

GALVÃO, W. Filosofia budista: conheça seus princípios. *Estudo Prático*, 12 dez. 2013. Disponível em: https://www.estudopratico.com.br/filosofia-budista-conheca-seus-principios/. Não paginado.

GAMA, F. Onde estaria o espírito de Hitler? *Espiritismo da alma*, 1 maio 2015. Disponível em: https://espiritismodaalma.wordpress.com/2015/05/01/onde-estaria-o-espirito-de-hitler/. Não paginado.

GARDINI, N. Osíris e o fim do Renascimento. *MORUS – Utopia e Renascimento*, v. 11, n. 2, 2016. Disponível em: http://revistamorus.com.br/index.php/morus/article/view/310. Não paginado.

GIOIA, H. *A Roda da Vida*: ensinamento budista tibetano sobre a psicologia espiritualizada. [S.l.]: Livro Sonoro Produções, 2008. Não paginado.

GRAVIERS, B.; JACOMET, T. *Os santos e seus símbolos*. São Paulo: Folio, 2003. (Coleção Grandes Livros da Religião).

GUEDES, M. H. *O mundo de Vassula*. [s.l.]: Clube de Autores, 2017.

GUIA CONHECER. *Deuses do Egito*. 8. ed. São Paulo: On Line, 2016. Não paginado.

GYATSO, G. K. *Budismo moderno*: o caminho de compaixão e sabedoria. São Paulo: Tharpa Brasil, 2010. Disponível em: https://tharpa.com/br/bm-ebook. Não paginado.

HA PUCH [pseudônimo]. Apep – Mitologia. *Mitologia PT/BR Amino*, 25 dez. 2016. Disponível em: https://aminoapps.com/c/mitologicpt/page/blog/apep-mitologia/. Não paginado.

HISTÓRIA DO BUDISMO. 2023. Disponível em: https://pt.wikipedia.org/wiki/História_do_budismo. Não paginado.

HODAPP, C. *Maçonaria para leigos*. Rio de Janeiro: Alta Books, 2015.

JORGE FILHO, I. Os compromissos do médico: reflexões sobre a oração de Maimônides. *Revista do Colégio Brasileiro de Cirurgiões*, v. 37, n. 4, Rio de Janeiro, jul./ago. 2010. Disponível em: http://dx.doi.org/10.1590/S0100699120100000400013. Não paginado.

KATO, K. O Santo Miroku (Maitreya). *Dootoku Kaikan do Brasil*, 13 set. 2008. Disponível em: http://maitreya369.blogspot.com/2008/09/o-santo-miroku-maitreya-quem-o-santo.html. Não paginado.

KATZ, B. *Transcending creators' trilogy in the era of growing global idiocrasy*. [S.l.] Xlibris Corporation, 2023.

KRAEMER, J. L. *The life and world of one of civilization's greatest minds*. Toronto: Doubleday Religion, 2008.

LOPES, R. J. *Deus*: como ele nasceu. São Paulo: Abril, 2015.

LOUVRE. *"Enki et Ninmah"*, mito sumério da criação do homem. Tábua (1800-1700 a.C. - 1ª dinastia da Babilônia). Paris: Musée du Louvre, Département des Antiquités Orientales, 2021. Disponível em: https://collections.louvre.fr/en/ark:/53355/cl010167721. Não paginado.

MACKEY, A. G. *O simbolismo da maçonaria*. São Paulo: Universo dos Livros, 2008. v. 1-2.

MAGALHÃES, P. M. Baal: o deus semita. Como essa antiga divindade cananeia se transformou em demônio na tradição cristã. *O Historiante*, 4 out. 2012. Disponível em: http://web.archive.org/web/20190120141926/https://ohistoriante.com.br/baal.htm. Não paginado.

MAIMÔNIDES. *Guia dos Perplexos*: obra completa. São Paulo: Sêfer, 2018. Livro eletrônico [Kindle].

MALKÚN, F. O Olho de Hórus, 2000. Documentário (10 vídeos). Disponível em: https://www.youtube.com/playlist?list=PL73407FF6C16CC2E0.

MANAPHÊS, K. A. *Sinai*: treasures of the Monastery of Saint Catherine. Atenas: Eddotike Athenon, 1990.

METROPOLITAN MUSEUM OF ART. *Art treasures of the Metropolitan*. Nova York: H.N. Abrams, 1952.

MORGENSTERN, F. Fachin e o culto a Moloch. *Instituto Liberal*, 4 maio 2015. Disponível em: http://www.institutoliberal.org.br/blog/fachin-e-o-culto-a-moloch. Não paginado.

MORIAH INTERNATIONAL CENTER. O fascinante mundo da arqueologia bíblica com Dr. Rodrigo Silva. Vídeo (115 min.), 2021. Disponível em: https://www.youtube.com/watch?v=Ll-EL-OXne0.

NAHAÏSSI, G. Maimônides: vida e obra. In: MAIMÔNIDES. *Guia dos Perplexos*: obra completa. São Paulo: Sêfer, 2018. Livro eletrônico [Kindle].

NEWTON, J. F. *Os maçons construtores*. Londrina: A Trolha, 2000.

OSHO. *Intimidade, confiar em si próprio e no outro*. Cascais: Pergaminho, 2002.

PACHECO JR., W. *Uma visão global dos 33 graus do REAA*. São Paulo: Madras, [s.d].

PIKE, A. *Morals and dogma*. [S.l.]: NuVision, 2007.

PIZZINGA, R. D. "Moisés Maimônides". *Pax Profundis*, [s.d.]. Disponível em: http://paxprofundis.org/livros/maimonides/mm.htm. Não paginado.

PROENÇA, Eduardo de; PROENÇA, Eliana Oliveira de (Org.). *Apócrifos e pseudo-epígrafos da Bíblia*, v. 1. Tradução de Claudio Rodrigues. São Paulo: Fonte Editorial, 2020.

SADDHATISSA, H. *O Caminho do Buda*. Rio de Janeiro: Zahar, 1977.

SALVAT. *Mistérios dos deuses egípcios*. Barcelona: Salvat, 2013. (Coleção 90 fascículos)

SAMUEL, R. de S. Prática de Tara Verde. *TARA*, 19 nov. 2008. Disponível em: http://omtaretuttareturesoha.blogspot.com/2008/11/prtica-de-tara-verde.html. Não paginado.

SANDARS, N. K. *The epic of Gilgamesh*. Londres: Penguin, 1993.

SANDBACH, R. *Por dentro do arco real*. São Paulo: Madras, 2005.

SANGHARAKSHITA, S. The wheel and the path. *The Middle Way*, nov. 1971, v. 46, n. 3.

SCHOEMAN, R. Jesus: the promised Messiah of judaism (Podcast). *Radio Maria USA*, 5 ago. 2017. Disponível em: https://podcasts.

apple.com/br/podcast/welcome-to-roys-jesus-the-promised-messiah-of/id1354630177.

SCHOEMAN, R. *Salvation is from the Jews*: The Role of judaism in salvation history from Abraham to the second coming. San Francisco: Ignatius Press, 2003. Livro eletrônico [Kindle].

SCHUMANN, H. W. *Buddhism*: an outline of its teachings and schools. Londres: Rider, 1976.

SILVA, C. V. *A leveza dos aforismos de* I pensieri di Bellavista. 2018. Dissertação (Mestrado em Literatura) – Universidade Estadual Paulista, 2018. Disponível em: https://repositorio.unesp.br/bitstream/handle/11449/153259/silva_cv_me_assis.pdf.

THOMAS, E. J. *The History of Buddhist thought*. Londres: Routledge & Kegan, 1971.

TOMMASI, T. *Mensagens de sabedoria*. 9. ed. São Paulo: Paulinas, 2018.

VENNELLS, D. *Reiki para iniciantes*. São Paulo: Madras, 2014.

VIEIRA, F. C. T. A Religião da Babilônia, Mitologia e o Código de Hamurabi. *Espiritismo e Ufologia*, 31 jan. 2012. Disponível em: https://espiritismoeufologia.blogspot.com/2012/01/religiao-da-babilonia-mitologia-e-o.html. Não paginado.

VOEGELIN, E. *As religiões políticas*. Lisboa: Vega, 2002.

WILKINSON, R. H. *The complete gods and goddesses of ancient Egypt*. Londres: Thames & Hudson, 2003.

WOLKSTEIN, D.; KRAMER, S. N. *Inanna*: Queen of heaven and earth – her stories and hymns from Sumer. Nova York: Harper and Row, 1983.

XAVIER, F. C. [Emmanuel]. *Há dois mil anos*. 49. ed. Rio de Janeiro: FEB, [1939] 2016.

YOUNG, W. P. *As mentiras que nos contaram sobre Deus*. São Paulo: Sextante, 2017.

ZEMAN, L. *A Última busca de Gilgamesh*. Tradução de Sergio Capparelli. Porto Alegre: Projeto, 2007. 3 v.

**FIGURA 1**

Maimônides.
Fonte: Prachaya Roekdeethaweesab/Shutterstock.com

**FIGURA 2**

A Ascensão do Profeta Elias e cenas de sua vida. Autor desconhecido. c. 1300. 34,3 × 24,3 cm. Museu J. Paul Getty, Los Angeles, Ms. Ludwig XIII/Domínio Público.

**FIGURA 3**

Jesus Cristo Pantocrator. Autor desconhecido. Monastério de Santa Catarina, Monte Sinai – Egito, sec. VI. © 2023 by St Catherine's Monastery at Mt Sinai

A imagem mais famosa da coleção do Mosteiro de Santa Catarina no Sinai é o Jesus Cristo Pantocrator, que retrata Cristo abençoando com a mão direita enquanto segura o Livro da Vida fechado na mão esquerda. Feito na primeira metade do século VI, é o mais antigo ícone de painel conhecido que retrata Jesus Cristo.

A composição é simples, com cores vivas e brilhantes, e a habilidade de execução demonstra a perícia dos monges que os pintaram.

A face de Cristo na imagem apresenta duas emoções diferentes: no lado esquerdo em que ele segura o livro sagrado, suas características são duras e severas, representando o Cristo como o Juiz que tudo vê, enquanto a expressão do lado direito vem com a mão abençoando e é calma e serena, representando o Cristo em seu papel de Salvador.

**Compartilhando propósitos e conectando pessoas**

Visite nosso site e fique por dentro dos nossos lançamentos:
www.gruponovoseculo.com.br

:ns

- facebook/novoseculoeditora
- @novoseculoeditora
- @NovoSeculo
- novo século editora

gruponovoseculo.com.br

Edição: 1ª
Fonte: Minion Pro